细读南北朝二百年

陈峰韬 著

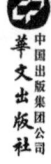
中国出版集团公司
华文出版社

图书在版编目（CIP）数据

细读南北朝二百年 / 陈峰韬著. —— 北京：华文出版社，2021.9
ISBN 978-7-5075-5480-9

Ⅰ.①细… Ⅱ.①陈… Ⅲ.①中国历史—魏晋南北朝时代 Ⅳ.①K235

中国版本图书馆CIP数据核字(2021)第134504号

细读南北朝二百年
XIDU NANBEICHAO ERBAI NIAN

著　　者：	陈峰韬
出版策划：	品　雅
责任编辑：	蒋　霞　闫丽娜
出版发行：	华文出版社
社　　址：	北京市西城区广安门外大街305号8区2号楼
邮政编码：	100055
网　　址：	http://www.hwcbs.com.cn
电　　话：	总 编 室 010-58336239　　发 行 部 010-58336267　58336230
	责任编辑 010-58336255
经　　销：	新华书店
印　　刷：	北京柯蓝博泰印务有限公司
开　　本：	710×960　1/16
印　　张：	20
字　　数：	280千字
版　　次：	2021年9月第1版
印　　次：	2021年9月第1次印刷
书　　号：	ISBN 978-7-5075-5480-9
定　　价：	52.80元

版权所有　侵权必究

自 序

自刘宋代晋至隋灭南陈的一百六十余年间,是中国历史上一个比较特殊的时段。这期间,以汉文明为主导的华夏帝国,与北方游牧民族建立的国家长期对峙,起始于两晋时期的诸民族交融和斗争持续深化,无论政治斗争还是军事冲突都呈现出极端复杂的态势,许多冲突模式甚至构成了南北对峙的经典模板,被后世一再仿效。

从当时社会来看,这固然是一个充满了灾难与痛苦的时期,但站在历史维度来看,冲突是不同性质文明碰撞的一种特殊形式,它带来的结果并非全是负面的。就当时汉文明的历史进程而论,两晋时期充溢着病态的贵族习气,通过自身力量已经无法荡涤和解决,换言之,汉文明走到了一个瓶颈期,非经剧烈的冲撞和融合,很难靠自身力量实现突破。此种条件下融入塞外民族的活力,是有一定积极意义的。

本书正是从这个角度入手,试图揭开南北朝时期的面纱,由点及面地了解那些逝去的人和事,以及他们在历史长河中留下的痕迹。本书的内容从北魏统一北方开始,一直讲到隋朝灭陈统一南北。

战争是这个历史阶段的主题。这一历史时期战争的广度、频度、烈度都是空前的,几乎是无年不征、无岁不战。长期的军事实践,必然带来军事思想、军事理论、军事技术的极大发展。据近现代考古学证明,骑兵战术正式形成的标志如高马鞍和双马镫，都是在这一时期出现的。骑兵领域的具装甲骑、集团冲锋战术等，都是在南北冲突中逐渐形成并定型。而新技术、新战术的产生，必然带来战争形态的重大变化，这一时期屡屡出现以寡克众的战例，不论频率还是众寡比例都令人瞠目。例如，东西魏沙苑之战，双方兵力比居然达到惊人的1：20，这种纪录在以往秦汉帝国时期是很少见的。

作战形式的拓展也是具有开创性的。步骑兵种之间的互相克制催生了阵形、兵法、技术的极大发展，如历史上难得一见的由宋武帝刘裕创造的经典阵形"却月阵"，将以步制骑的战术发挥到巅峰，令后人产生无限遐想。南方军队对水军的利用达到高峰，并有效地利用水军优势阻遏了北方凌厉的攻势。坚城战术的发展也越发提升了战争烈度，无论发生在北方的玉壁之战，还是梁朝开国的郢州之战、侯景之乱中的台城之围，在造成了数以十万计军民死亡的惨剧的同时，也间接影响了军事战略的设计以及军种配比的演进。南北之间军事对抗的形式在这一时期反复演进并定型，北方政权采取何种方式南征、南方政权如何组织北伐，成为后世南北对抗反复参照的模本。书中集中了大部分篇幅描写战争，虽不免挂一漏万，但欲通过有限的笔墨，尽可能多地展现那个时期精彩的军事篇章。

民族融合是一条重要的历史脉络。自曹魏将匈奴内迁，这条脉络已经隐然发端；五胡十六国时期，诸民族融合如同决堤之河，冲突乱流而不可控制，直到南北朝时，才真正成为南北相通之巨流。北方诸族特别是鲜卑族，与南方汉人政权互相攻伐与融合，广袤的华夏大地出现了远比魏、蜀、吴三足鼎立更为复杂的政治局面，演绎出一幕幕壮烈恢弘的历史活剧。我们既惊叹于刘裕北伐的气吞万里，也感叹于慕容氏数度复国的激越悲壮；既有感于魏孝文帝的儒雅气质，也疑惑于南朝历代皇室自相残杀的"流行病"；既为太建北伐失败而叹息，也为隋灭南陈的历史归一而赞叹。可以说，正是这些充满着活力的斗争，将患上富贵病的汉文明重新拉回到大气雍容、质朴剽悍的轨道，让整个华夏民族重拾强大的张力。

特殊历史时段的人，大多会有特殊的行为，这是社会条件和社会思潮在人身上的映射。南北朝时期出现的诸多怪诞行为、荒唐举动，乃至奇葩制度，可以说远远多于别的历史时期。例如，胡族在北方的残暴嗜杀，并非塞外民族本性就好杀，实因社会条件之迫，面对汉地文明根深蒂固的政治法统，以及急切不能打破的民心向背，他们往往付诸最简单的暴力，企图击碎汉文明的强大优势。又如，南朝宗室内斗层出不穷，刘宋、萧齐王室的自相残杀超出了人伦认知，凸显了王室子弟私德与教养的欠缺，难道是宋、齐皇帝不愿让儿孙们接受教育吗？并非如此，萧齐皇室的文化水平是南四朝中最高的，但仍避免不了残杀，想来更多是急速发展的庶族群体在面对最高权力时，思想与政治准备不足，才导致了惨剧的发生。

天下大势，分不如合，但分比合更激烈、更引人注目。在这一过程中，无论英雄人物、名臣大将，还是贩夫走卒、宫闱怨女，更能展现出真实的人性。历史的深处，往往显现出无比的复杂与真实，用一两条历史结论很难概括。例如，南朝难以言说的北伐情结，北魏孝文帝倾慕汉化与穷兵黩武双重性质的叠加，北周宇文泰几乎与生俱来的汉化意识，都令人感到诧异。历史人物虽然无法左右洪流演进的方向，但他们却都用自己的聪明才智，在一个个历史节点，迸发出夺目的光辉。

南北朝宏大的历史景观，远非一本书几十万字所能展现的，也非一段千余字的序言所能概括的。这段历史所涉及正史极多，如《晋书》，南北二史，宋、齐、梁、陈诸书，以及魏、周、齐、隋诸书，但遗憾的是，许多朝代的历史记录颇为粗疏，有些甚至不免荒诞，而且又不具备唐宋以来各朝代的辅助史料多到足以补正史之阙的有利条件。所以，一些历史细节不甚明了之处，只能以推理的办法概述之。虽然竭力以最简洁的笔触展现更多内容，但仍不免有许多缺漏。以笔者所想，达到专业历史读物的水准自是力有不逮，但期望通过本书，和读者朋友们共同了解、探讨魏晋南北朝历史的有趣之处。

言不尽意，读者朋友识见高明，还望多作批评。

陈峰韬

2020年12月13日

目 录

第一章　南北朝的前奏

　　慕容氏建国传奇　　　　　　　　　　　　003

　　慕容垂陨落：参合陂下的迟暮英雄　　　　009

　　广固悲歌：慕容氏最后一次被灭国　　　　017

　　卑微的姚秦　　　　　　　　　　　　　　024

　　游击战天才赫连勃勃　　　　　　　　　　031

第二章　北朝

　　道武帝复国：运气来了连战神都灭不了我　041

　　为何北魏太武帝打下淮南却守不住？　　　048

　　崔浩之死是为河北汉人背锅？　　　　　　056

　　女主临朝：铁娘子冯太后的政治伟业　　　064

汉化明星孝文帝，居然是个战争狂人　　074

宣武南伐——北魏最后的军事辉煌　　080

一代妖后北魏灵太后的作妖人生　　087

六镇起义，揭开北魏灭亡的大幕　　093

河阴之变，阴谋之中更有阴谋　　099

东西魏大战，高欢和宇文泰的对决　　104

府兵制逆袭强敌的秘诀是什么？　　109

北齐神武帝高欢的崛起之路　　114

北魏元氏皇族，亡国时连遭大难　　119

高欢众多儿子为何全不得好死？　　123

传奇女人娄昭君与她的儿子们　　127

兰陵王为何死得这么憋屈？　　132

魏收的《魏书》：到底是秽史还是良史？　　135

连杀两任北周皇帝的宇文护，是功臣吗？　　143

三朝岳丈独孤信，为何活成了悲剧？　　147

北周武帝灭齐是偶然事件吗？　　152

被加班和抑郁毁掉的年轻皇帝　　157

最后的名将：他不死北周不会亡　　163

鲜卑人的最后一次挣扎　　167

北周皇族被隋文帝杀尽　　171

北周灭亡之惑　　176

北朝齐、周两国截然不同的政风与国运　　182

第三章　南朝

刘裕的成功之路（上）	191
刘裕的成功之路（中）	199
刘裕的成功之路（下）	206
元嘉北伐到底败在何处？	213
刘宋为何屡屡出现宗室内斗？	221
齐永明之治真相：日夜不安的篡位者	228
东昏侯与萧衍起兵	234
马都不能骑，韦睿是怎么打赢钟离之战的？	241
陈庆之北伐败在这群人手里，不亏！	246
攻人不成反害己，浮山堰的责该谁负？	249
梁武帝四次舍身为僧，是其亡国之因吗？	254
梁朝的诸王争位大戏	260
"死神"侯景，一个人向南北朝三个国家宣战	265
梁元帝死前为啥烧了十四万卷书？	271
西梁风云——梁帝国苟延残喘了这么多年	276
陈霸先与王僧辩：你不坑我，我坑你	283
缔造南朝末世辉煌的陈文帝	291
太建北伐：陈朝痛打落水狗	298
隋灭南陈：二百年南朝终结于胭脂井	304

第一章 南北朝的前奏

慕容氏建国传奇

北朝的起点，以北魏的建立为标志。北魏的建国历程，与十六国的慕容燕、姚秦、赫连夏等国有密不可分的关系，且燕、秦、夏诸国又与刘宋发生过战争。故而，我们讲述这段悠远的历史，还要从慕容氏说起。

一、由弱到强的前燕帝国

鲜卑据说是东胡的后裔。三国末期，鲜卑轲比能部的后代，在曹魏的不断打压下，经历了由强到弱、由合到分的过程。到了慕容廆时代，因为其杰出的个人能力，慕容部突然发达了。

鲜卑人在汉末三国时期分布得很广泛，东到辽东，西至河陇，北至大漠，南至燕代，匈奴故地几乎全成了鲜卑的天下，其主体力量则是位于代北至辽东的三部鲜卑：宇文部、段部和慕容部。

三部之中，慕容部实力最为弱小，蜷居于辽西。宇文部、段部都与慕容部有怨，经常出兵攻伐，慕容部一直处于被压制状态。

285年，年方十六岁的慕容廆被立为慕容部之主。慕容廆身形魁伟，姿容俊美，天生的一副领袖气质，西晋重臣张华曾经见过慕容廆，赞叹他是"命世之器"。

慕容廆即位后想率众攻伐宇文部，但因遭到西晋的制止，慕容廆怒而进攻晋朝的辽西地区，还把东部的夫余国灭掉了。慕容部一系列不轨行为引起西晋的警觉，双方从以往的藩属关系变为敌对关系，再加上宇文部和段部一直虎视眈眈，慕容廆的处境越发险恶。

雪上加霜的是，因为生存环境的恶化，慕容廆与其庶兄慕容吐谷浑为争夺牧马场而发生内斗，吐谷浑一气之下率本部七百户远走河西，开创了河西鲜卑一部。后来，吐谷浑所部后人与当地羌人融合，形成了另一个强大的部族——吐谷浑。

经历了连番打击，慕容廆迅速认清了形势，他不敢再和西晋对抗，于289年向晋朝上表请降，西晋也投桃报李，封慕容廆为鲜卑都督。慕容廆还向宇文部和段部示好，"卑辞厚币"，逐步改善了连年征战的不利处境。

到了294年，慕容廆再率其部众向棘城（在今辽宁北票市境内）迁徙，并在那里开始了固定的农耕生活。慕容部从此开始了经济基础层面的汉化进程，这无疑使其生产力的发展速度远远超过了周边的部族。

随着慕容部的社会经济基础向农业社会转变，社会体制和政治制度也迅速汉化，加上慕容部采取的尊服西晋天子的政治策略，使辽西附近的汉人纷纷前往归附。慕容部俨然成为一个微缩版的汉制王朝。

形势就这样慢慢发生着转变。慕容部的力量后来居上，先后超越了段部和宇文部。307年，慕容廆自称鲜卑大单于，隐然跃居于三部之首。

西晋灭亡后，慕容廆继续称臣于东晋。但因其崛起过快，晋朝残留在北方的平州刺史崔毖唯恐其有异心，于是勾连宇文部、段部和高句丽三家，合兵围攻慕容廆于棘城。结果，因为三家各怀鬼胎，慕容廆又连施反间计，段部和高句丽都撤围而去，宇文部独自进攻慕容部。慕容廆与其子慕容翰分驻两城，内外夹击，大破宇文部，兼并其部众十余万人。崔毖的部众也被慕容部击溃，晋室在辽东地区最后的军事力量被彻底消灭。

慕容廆因为实力不断扩大而有了称王的想法。他两次向东晋太尉陶侃写信，劝他北伐后赵，还想让他向东晋建议封自己为燕王。但东晋一直不肯松口，只承认他对辽东的控制权，而不封王。333年慕容廆去世，世子慕容皝继位，成为慕容部新的掌门人。

337年十月，慕容皝在平定慕容仁的叛乱后，在一众汉臣的建议下，自立为燕王。封弈、韩寿、裴开、阳鹜等众多汉臣被正式任命为燕国官员。这一政权史称前燕，系慕容部建立的一系列燕国中的第一个。它虽未得到晋朝的承认，但其王朝实体已然形成，已不需要晋朝赋权了。

此后，慕容皝先是与后赵联手，消灭了多年宿敌段部鲜卑，将其部众瓜分吞并。前燕的势力范围进入幽州，开始与后赵相接。两家都不是省油的灯，石虎发动两次对前燕的进攻，第一次甚至打到燕都棘城，慕容皝一度要逃回辽东，在国相封弈、将军慕舆根等人的坚持下才反败为胜。第二次石虎又发大军，仍然无功而返。慕容皝缓过劲儿后陆续出兵进攻后赵，同样因为实力相当，谁也奈何不了谁。燕赵相持，从此成为死敌。

二、汉化与人才爆发

如果后赵一直保持稳定，那么慕容氏的前燕或许永远也进入不了中原。但天道无常，石虎死后，后赵发生冉闵屠胡事件，庞大的后赵帝国一夜崩溃，慕容氏趁机杀进河北。

当时慕容皝已经去世，其子慕容俊即位。慕容俊任命慕容恪、慕容评、阳鹜为主要辅臣，又重用五弟慕容垂，经过连续艰苦的战争，消灭了后赵和冉魏的残余势力，吞并了后赵的东半部分。

352年，自恃强盛的慕容俊放弃了祖、父两代的奉晋政策，宣布即位为皇帝，迁都于邺城（在今河北临漳县西、河南安阳市北郊），正式与东晋分庭抗礼。回顾自285年以来慕容部的艰苦创业，真可谓险象环生，一路荆棘。慕容廆、慕容皝父子都是不世出的英杰，慕容部之所以能在强敌环伺之下逐步发展壮大，正是靠着慕容廆父子的汉化决策。

所谓汉化，并不是单纯地衡量慕容部与汉人的亲密度。在当时实行汉化政策，有着强烈的实用目的。

永嘉之乱时，中原被胡族占领，汉人四处流徙，一大批人跟着晋元帝去了江东，又有一批躲到凉州依附前凉。但河北、河东（今山西省南部）的汉人却始终四处流浪，居无定所，而这两个地方，又是北方盛产士族的地区。刘汉、石赵政权，虽然其君主有一定汉化思想，但其国家体制都是以胡人为主，胡汉分治政策不仅让汉人在感情上无法认同，政治上也没有出路。

在这样的情况下，慕容氏在辽东一隅实行彻底的汉化政策，必然吸引大量汉人士族投奔。而汉人士族的参与，让慕容部的政治体制更加完善，行政效率大大提高。农业化的生产方式，又让慕容部部民与土地形成了稳定的结合关系，对部民的控制更加稳固有力。

依靠汉化而取得成功，这是慕容部迥异于刘汉、石赵以及宇文部、段部乃至拓跋部的地方。

而汉化为慕容氏带来的好处远不止这些。

从慕容廆时代，慕容氏就放开胸襟，让诸子弟学习汉化知识，系统的教育让慕容氏迅速进入人才爆发期。

慕容廆的儿子中，世子慕容皝儒学修为极为深厚。他受业于汉人经学大师刘赞，尚经学，善天文，在位时扩大了学校规模，还亲自到学校讲课，这又比石勒只会办学更进一步。

文化水平当然不是衡量部族首领水平高低的主要指标。会不会写文章、懂不懂经学，对统治部族也不是必要条件，但深厚的汉化功底，对于提高治理水平、促进部族统治秩序正规化，却有着极为重要的现实意义。

除了慕容皝，慕容廆的诸子中尚有慕容翰、慕容仁、慕容昭等人，都是杰出的将才。特别是慕容翰，长期统兵作战，在与宇文部、段部鲜卑的作战中不落下风，还以极为宏阔的眼界，为前燕制定了定辽东、下中原的战略决策。

慕容皝的儿子中英才更多。第四子慕容恪文武全才，在慕容皝死后，实际上挑起了慕容部的大梁，率军东征西讨，帮助慕容部取得了许多关键的胜利。

慕容恪最令人称道的，是他谦和的态度和令人称道的政治品德。慕容俊即位后，由于自身能力不足，对其他有本事的兄弟都有猜防之心，其五弟慕容垂受到他的排挤打压即为明证。但慕容恪的品德，使他免于被慕容俊猜忌，甚至在慕容俊去世后，慕容暐主少国疑，慕容评才劣嫉贤，慕容恪仍能凭借其贤明，以一己之力震慑住了邪气，为前燕保持了七年的政治稳定。慕容恪这种良好的品德，在胡族中是非常少见的。

慕容恪的两个弟弟，慕容垂和慕容德，也都是当世最为杰出的人才。这两人在后面另有专章叙述，此处就不多讲了。

纵观前燕的崛起历程，并没有打过什么决定国运的战争，胜势是从一场场小仗中慢慢积累起来的。一个部族打一两次胜仗不足为奇，但是经年累月甚至长达数十年都能保持极高的胜率，这就能看出部族的底蕴了。慕容部正是靠着底蕴，在漫长的命运拉力赛中，跑赢了周围的民族。

三、胡族的顽症——穷兵黩武

前燕帝国进入中原后，主要统治范围是辽西、河东、河北、山东，以及河南、淮北的部分区域，国力相对来说要强于同时崛起的前秦。

但前燕最具战斗力的时期已经过去了。

慕容俊自352年称帝，到360年去世，一直忙于攻占、消化后赵的地盘，同时与东晋的北伐军打了两仗。虽然都取得了胜利，但前燕扩张的势头减缓了：一方面地盘扩大，各主要军镇的留守兵力大大分散了前燕的机动兵力；另一方面，由于前燕从慕容皝时代就一直打仗，打了几十年，军队过于疲劳，无力再进行远距离的扩张。

虽然慕容儁在境内实行严格的扩户，企图凑齐一百五十万人的军队，以消灭前秦，但这件事还没有成功——其实也根本不可能成功，慕容儁就去世了。

慕容暐即位后的数年中，与东晋一直争夺河南。369年，桓温发动北伐，大军直入枋头（今河南浚县），几乎将前燕统治集团吓得逃回龙城（今辽宁朝阳）避难。

为何短短几年，前燕就一弱如斯？

事实上，慕容部之所以能战胜后赵，底子全是慕容廆、慕容皝时代打下来的，自285年至348年，六十余年的生聚教训，才积聚了足以和中原强敌抗衡的实力。350年至367年，长达十七年连续不断的战争，使慕容部不堪重负。慕容儁在位时期，鲜少见到鼓励农桑、扩大生产的记载，国家经济已积重难返，而慕容燕仍如上紧了发条的机器怪兽，不把所有的能量消耗完是不会止步的。

这大概是崛起时代的胡族文明的通病，而等到他们悔过的那一天，一切都晚了。

慕容氏开创了第一个帝国时代，但很快就见到了夕阳晚景。370年，前燕被前秦灭亡，慕容氏自皇帝以下的王公贵族悉数被俘至长安。

然而上天似乎格外眷顾慕容氏这个部族，希望的种子还在，那位胸怀故国的慕容垂，身处龙潭虎穴，却还抱着希望，一直苦苦等待着……

慕容垂陨落：参合陂下的迟暮英雄

慕容垂，原名慕容霸，慕容氏系列燕国中后燕的开创者。

这是一位充满悲剧色彩的英雄。他的传奇人生经历，见证了慕容部从辉煌到衰落的过程。如果说非要为慕容部找一位代表人物，那么毫无疑问，非慕容垂莫属。

一、丧家之犬

慕容垂是慕容皝第五子，是一位雄武过人、天资过人的英雄人物。慕容皝对他尤为喜爱，甚至超过世子慕容俊。由此，慕容俊对慕容垂极为嫉恨。慕容俊即位后，慕容垂虽被封为吴王，但慕容俊对其不理不睬。后赵爆发冉闵之乱时，形势已非常明朗，慕容垂向慕容俊建议出兵伐赵，但慕容俊却有意拒绝。及至大将慕舆根再以同样的建议进谏，慕容俊才同意出兵。说白了，就是要冷落慕容垂一下。

人在矮檐下，只好低头。慕容垂虽怀命世之才，在前燕的权力版图中却一直处于边缘地带。虽然他与慕容恪无法相提并论，但纵然是才能一般的慕容评，地位也大大高于慕容垂。慕容俊临崩前遗命慕容恪、慕容评、阳鹜辅政，慕容垂又被摒弃。

这一切，慕容垂都默默地忍受了。

369年，晋军在桓温率领下又一次北伐前燕。前燕军队屡屡战败，晋军前锋杀到枋头，距离邺城不足二百里。慕容暐惶惧不已，企图奔还龙城避难。

国难思良将，慕容垂挺身而出。他劝慕容暐坚守邺城以安众心，自告奋勇领兵拒敌。慕容暐于情急之下，也不管什么猜忌不猜忌了，命慕容垂率师出击。

双方大战于枋头。慕容垂掐准晋军补给线过长、同时水路不畅的命门，以小胜挫其锐，以持久战制其弊。桓温进无可进，求战不得，粮荒日甚一日，及至粮尽，无奈退兵。慕容垂率骑兵尾追七百里，在襄邑（今河南睢县）大破桓温，击溃晋军主力。

这场仗打得扬眉吐气，既让前燕转危为安，也为慕容垂正了名。然而彼时前燕政局已被慕容评把持，此人嫉贤妒能，不仅不给慕容垂应有的肯定，反而与太后可足浑氏合谋诛杀慕容垂。有人建议慕容垂先下手为强诛杀奸佞，但慕容垂不愿自相残杀。其子慕容令建议不如出奔避祸于燕旧都龙城，于是慕容垂便找了个借口北上。孰料刚到邯郸，素来不受慕容垂喜爱的儿子慕容麟逃回邺城告密，慕容评于是派兵追击慕容垂一行。

此时再回龙城，无异于自陷死地，慕容垂索性决定逃奔前秦。

前秦与前燕互相攻伐多年，慕容垂或许并没指望在前秦能有什么好果子吃。空怀济世安邦之才，却弄得有国难投、有家难奔，还要在敌国委身苟活，上天对慕容垂的不公，确实太多了。

好在前秦天王苻坚颇有兼纳天下的胸怀，虽然秦相王猛屡次劝苻坚要除掉慕容垂以绝后患，毕竟秦燕处于敌对状态，但苻坚不为所动，封慕容垂为冠军将军。

370年，蓄力已久的前秦趁前燕慕容评乱政，发兵进攻前燕，王猛率军连克前燕河东重镇，攻陷晋阳城。慕容暐遣慕容评亲率四十万大军救援河东。前燕兵多，前秦兵少，双方对峙于潞川。

如果前燕主帅是慕容垂，那么这场仗前燕赢面相当大。王猛虽然也是不世出的人才，但在军事指挥方面，恐怕尚逊于慕容垂。

然而历史不容假设，前燕主帅慕容评眼界才识过于低劣，对行军打仗缺乏基本的敬畏。他在大局掌控上全无对策，不知道分兵牵制诸部秦军，也没有一鼓作气击溃当面之敌，只会完全被动地招架秦军的攻势，从战略层面就先输一招。

尤其令人气愤的是，慕容评贪婪无比，竟然把主意打到正在舍生忘死战斗的士兵身上。他把驻军之处的山木和水源都管控起来，士兵打柴和汲水都要掏钱来买。慕容评从中获得暴利，士兵们怨声载道，失去了斗志。

王猛抓住机会与燕军决战，士气萎靡的前燕军大败，被歼五万余人。此后苻坚又增兵十万助战，前燕再无招架之力，邺城失守，全局崩溃，自皇帝慕容暐以下王公大臣悉数被俘。苻坚迁鲜卑贵族四万余户于关中，将前燕的统治力量连根拔起。

二、不放弃就有希望

亡国奴从来都是屈辱的。

虽然慕容暐等人都被苻坚授予官职，但慕容氏全都成了苻坚任意处置的战利品。慕容氏清河公主被苻坚纳为妃，长相俊美的慕容冲（燕帝慕容暐之弟）也被苻坚召为男宠。慕容垂也没有幸免，他的妻子段氏因为颇有姿色，也被苻坚霸占。

这些窝囊气，要么忍受，要么奋起反抗，但慕容垂根本无从反抗。慕容氏亲族和旧燕大臣，都把慕容垂视作复兴大燕的希望所在，慕容垂心里有数，但不作声。

苻坚灭前燕之后，把下一个目标对准了东晋。淝水之战爆发前的数年中，前秦大军不断南下进攻东晋南阳、襄阳、淮北等地，慕容暐、慕容垂、慕容越等人都率军征战。慕容垂摧城拔寨，在东晋荆汉战线屡建奇功，因此也更得苻坚的信任。

383年，淝水之战爆发，苻坚大败，仅以千余骑兵逃至当时在漳口（今湖北当阳）的慕容垂军中。不少前燕旧臣和慕容氏亲族都劝慕容垂杀苻坚起事。

就当时的形势而言，苻坚一败，军心大衰，加之东晋乘胜反攻，羌人、丁零、乌桓等异族蠢蠢欲动，前秦乃是破鼓任人捶之势。但慕容垂感念当年苻坚收留之恩，不忍杀之，反而把手中兵权拱手交还。

君子不乘人之危。慕容垂此时的表现，光明磊落，令后人称道。

不以怨报德，不代表慕容垂忘了家国之恨。公是公，私是私。慕容垂借口到关东震慑反侧，率亲族子弟开赴前燕故境，准备放开手脚，大干光复之业。

慕容氏亲族子弟和前燕旧臣纷纷来投，丁零、乌桓等部族也主动投附慕容垂，其部众很快扩充至二十万。384年正月，慕容垂自称燕王，分拜诸将臣僚，燕国宣告恢复。

慕容垂先率兵拿下洛阳，考虑到与长安太近，又四面受敌，于是调头围攻邺城。之前苻坚灭燕之后，派儿子苻丕率重兵镇守燕都邺城。慕容垂反复强攻不能得手，于是筑墙围困邺城。慕容垂的儿子慕容农也召集了十余万兵马，在河北前燕故地攻城略地。苻丕两面受敌，派大将石越率兵北击慕容农，结果被声势浩大的燕军击败，石越被斩首。

此后的战争形势异常烦琐复杂，苻丕、慕容垂、丁零、东晋、高句丽、匈奴屠各部互相攻杀。值得一说的是苻丕，此人意志极为坚韧，虽然关中已经大乱，没有一兵一卒来援，他仍坚守不退。甚至慕容垂撤开西面之围，答应放他回关中，他仍然坚持不走。

慕容垂围困邺城一年之久仍不能攻下，只好撤围北上。在此期间，丁零部与慕容氏反目，经过惨烈厮杀被消灭。

东晋大将刘牢之率师北伐，苻丕向晋军求援共同攻击慕容垂。

此时北方乱局已成。依苻丕之计，应当与东晋联手，稳定邺城以南的形势，逐步将慕容垂的势力向北压缩，绝不能孤注一掷，与慕容垂决战。但刘牢之挟屡胜之威，根本不把慕容垂放在眼里，甚至想先灭慕容后吞邺城，立一石二鸟之功。结果慕容垂连续退却，行骄兵之策，在五桥泽设伏击败晋军，刘牢之仅以身免。

慕容垂并不恋战，掉头北上，攻略冀州（今河北衡水市冀州区）、中山（今河北定州）、信都（今河北邢台市信都区），并收复龙城、辽东、玄菟等慕容氏故地，在中山建都。385年八月，困守邺城的苻丕得知关中已然大乱，无奈之下只好弃城西走。随着旧都的收复及前秦势力在河北彻底消失，慕容垂于386年正月即位称帝。为区别于慕容儁的前燕，其国史称后燕。

是年，慕容垂六十一岁。

成功虽然来得晚了些，但终于没有错过。

三、极盛与隐忧

慕容垂建国后，敌对势力还有很多。翟辽统领的丁零部族时降时叛，甚至还在滑台一带建立了政权。慕容泓、慕容冲、慕容永相继率领在关中的慕容鲜卑起事，最后在河东南部建立了西燕政权。匈奴余部也在河东北部不断闹事，更有拓跋鲜卑在代北不断恢复部族势力。拓跋部首领拓跋珪雄才大略，成为代北一支不容忽视的力量。

慕容垂采取先南后北、由东向西的策略，先击灭了盘踞在河北南部的丁零翟魏政权，而后不断发兵进攻山东与河南，将山东半岛收入囊中，基本上恢复了前燕的旧疆。此时，后燕的势力达到极盛。

必须承认，慕容鲜卑之所以能完成复兴，与慕容垂出众的个人能力是分不开的。同等条件下，如果由前燕故主慕容暐，或者慕容泓、慕容冲、慕容永之流来当领袖，或许能不同程度地恢复旧疆，但绝无可能把前燕全部疆土恢复，整个慕容部中，没有任何人具备慕容垂出众的军事水平和坚韧意志。

我们更应清醒地认识到，后燕此时只是达到了军事上的极盛。任何一个国家，绝不能仅靠军事胜利来维持运转。

前燕因穷兵黩武而亡，那么后燕一定要避免重蹈覆辙。慕容垂的当务之急，是迅速将战时状态调整到和平状态。和平状态包括哪些呢？大体而言，主要是完善的政治制度、权力分配秩序、稳定的农业生产条件和相对缓和的内外矛盾。

当然，和平状态不仅这些，上述诸项仅是国家稳定的最主要指标。但可惜的是，慕容垂在这方面用力不够。帝国的隐忧，慢慢凸显出来。

慕容垂最大的隐患在政治制度和权力分配方面。后燕的政治制度全面承袭前燕，事实上这也是诸胡入主中原后的通行做法，胡人没有自行创立新制度的能力，也没有足够的时间建设制度，因而大多抄袭魏晋制度。

慕容氏本族没有杰出的政治人物来维持和修补抄袭来的制度，能做这件事的是汉族士人。慕容垂的失误在于，他没有大量征辟汉人充实帝国，在这方面的胸襟和气魄，他远逊于其祖慕容廆。后燕的军政大权牢牢控制在慕容氏宗亲手中，特别是慕容垂的儿子们手中。在长期的征战中，慕容垂逐渐把各个大城的守备之责交给儿子，这原本无可厚非，但战事基本结束之后，慕容氏诸子仍旧手握重权，政治运转仍旧处于简单粗暴的模式之下，导致后燕很难迅速恢复国力。

由此而来，衍生出另一个至关重要的问题——权力分配失序。

虽说慕容垂一称帝就立了慕容宝为太子，但这位宝贝太子并非储君的材料，于才于德都没有超出几个兄弟多少，甚至在军事才能方面，还弱于慕容农、慕容隆、慕容麟等人。

慕容垂为了增加慕容宝的分量，甚至从历史的故纸堆里把"大单于"这个封号捡回来，加授给慕容宝。或许出于局面尚不安定的缘故，慕容垂并没有削夺慕容氏宗族的权力，这无疑为君权的代际传承埋下了隐患。

拓跋部复国后，拓跋珪正是看到后燕内政的严重问题，才有了攻而灭之的意图。

四、参合陂之败

后燕在北方的主要敌对势力是拓跋鲜卑。

拓跋部早年立代国,为前秦所灭,后拓跋珪复代国,其称帝后定国号为"魏"。慕容、拓跋两部早年是姻亲关系,慕容俊的一个女儿嫁给拓跋什翼健——拓跋珪的祖父,但及至后燕灭西燕,其势力范围拓展至河东、代北后,两家的冲突就不可避免了。

慕容垂自恃实力强大,意欲威服拓跋部,使之成为后燕的藩属。但拓跋珪雄心远大,不甘为后燕所控制,他目睹后燕政局不稳,早就有心要与后燕一决雌雄。

395年,拓跋珪发兵进攻后燕,慕容垂随即兴兵伐魏,意欲一举消灭之,永绝后患。后燕国中并不是没有明白人。散骑常侍高湖看出后燕经过长期战争,需要休养生息,况且拓跋珪才略过人,与魏作战,不仅不能急速攻克,还会伤国本,因此极力劝阻伐魏行动。慕容垂出乎意料地大怒,罢了高湖的官,派太子慕容宝率军北征拓跋魏。

往年进攻西燕时,后燕国中就出现了士马疲敝的问题。有人建议慕容垂应暂缓军事行动,慕容垂也想接受,但因慕容永另立政权,对后燕法统形成严重挑战,而且系出同源,对慕容氏王公贵族存在一定吸引力,内部隐患比周边的部族政权大得多,因此慕容垂倾其全力消灭之。其实拓跋鲜卑远在域外,对后燕法统和国内政局并无多大影响,但慕容垂不顾连年战争造成的不良影响,希图逞于一掷,这显然是对军事、政治形势的重大误判。

慕容宝率兵八万进入代北,拓跋珪后退示弱。慕容宝本无什么军事上的见识,于是挥师向前,一步步深入拓跋部的腹地。拓跋珪一边率主力与燕军隔黄河对峙,一边分派陈留公拓跋虔率骑兵五万屯河东、东平公拓跋仪率骑兵五万屯河北、略阳公拓跋遵率骑兵七万截断燕军归路。同时,拓跋珪还擒捉后燕的信使,并散布流言说慕容垂已病死。慕容宝数月不知后方消息，心中疑惧。

拓跋珪持重不战，与燕军从八月对峙至十月，期间慕容宝的弟弟慕容麟的手下人发动兵变，企图拥立慕容麟为帝，虽然立即被平定，但此后军中人心更乱。慕容宝遂不顾军事上的大忌，在敌军正面轻易撤军。

也是天有凑巧，黄河突然封冻，拓跋珪见机不可失，精选二万骑兵，踏冰过河追袭燕军。慕容宝非常大意，派出去殿后的军队既没有足够的警惕心，也没有远出侦查。燕军到达参合陂解甲休息时，魏军突然追至，燕军来不及招架，当场崩溃，慕容宝仅以身免。拓跋珪下令将俘获的数万燕军全部坑杀。

后燕经此一役，元气大伤。慕容垂打破常规派太子亲征的做法，也被无情地打了脸。慕容垂之弟慕容德看到了慕容宝地位受损的长远危害，劝慕容垂一定要亲征拓跋魏，以挽回岌岌可危的形势。

慕容垂此时已是七旬老人，虽然威名尚在，但已患病在身，左右思量后，还是决定亲征拓跋魏。396年三月，慕容垂召集各军镇驻守军队，留弟弟慕容德守中山，慕容宝的世子慕容会守龙城，自率大军秘密出征。

行军作战靠的是对形势的判断，以及每一步行动的合理性。慕容垂深知拓跋部以骑兵见长，又料敌人感到燕军新败，防备松懈。他没有走大道，而是选择越山而进，直到靠近平城（今山西大同），才派出骑兵突袭。

拓跋虔仓促出战，被燕军击杀。拓跋珪忌惮慕容垂的威名，远远躲开不敢交战。慕容垂想要率军继续北进，然而前日他经过参合陂时，看到数万燕军残骸，气得病发呕血，此时病情愈加严重，无奈只好班师。燕军回至上谷沮阳（今河北怀来），慕容垂病亡。

慕容垂的人生是饱经磨难的，上天仿佛也嫉妒这位军事天才，不愿多给其展现的机会，然而只要让他抓住哪怕一丁点儿机会，他便能创造出炫目的奇迹。

慕容垂的人生也是圆满的，他突破了在旁人看来几乎不可能逾越的阻碍，从亡国到复国，从砧板之鱼，一跃为龙。

不必奢求他能解决所有问题。他如同慕容部一把锐利的剑，替部族刺开了压在慕容氏身上沉重的黑帷，为族人带来了光亮，而这光亮，需要所有人共同去维护，用生命去争取。

仅此而已！

慕容垂死后，因为继承人安排得不好，国内迅速出现了连锁反应。慕容宝虽然是太子，却没有处理好内部矛盾，家族发生内讧，其弟慕容麟，其子慕容会、慕容盛、慕容策都卷入皇位争夺战。拓跋珪发倾国之兵征伐后燕，未及一年，后燕主体区域分崩离析，至407年，后燕退缩至龙城的一脉被臣下推翻。慕容燕又转入了新一段历史的洪流之中。

广固悲歌：慕容氏最后一次被灭国

398年，当慕容德从滑台撤走时，已经六十二岁了。

从慕容俊到慕容恪，再到慕容垂，慕容德的哥哥们在历史的舞台上出尽了风头。如今，光复大燕、恢复宗庙血食的任务，倏然间落到了他的头上。

一、平凡之子

慕容德是慕容俊的幼子，比慕容垂小十岁（慕容垂生于326年，慕容德生于336年）。慕容俊南下中原时，有慕容恪主持军政大局。慕容暐时代，慕容德虽然不受猜忌，但仅在枋头之战中短暂地亮过相，其余时间都是配角。

身为幼子，他的性格特点与慕容恪相近，对皇权既没有什么奢求，也甘于被诸兄的光环掩盖，故而在险象环生的王族权力倾轧中，这位平凡的皇子一直过得平平无奇。

前燕亡后，慕容德被俘至前秦。他既不像慕容垂一样怀璧其罪受人迫害，也不像慕容暐等处在权力的中心而被牢牢控制在长安。苻坚任命慕容德为张掖太守，在遥远的河西走廊过了几年逍遥时光。

一切看起来都平凡至极，没有丝毫亮色和特点。甚至到了384年前秦崩溃，慕容垂开始兴复大燕的事业时，年已四十八岁的慕容德依然没有树立起自己的志向。他一度想劝慕容暐牵头光复，在被拒绝后，这才东奔邺城，投奔了慕容垂。

慕容垂对慕容德的才德品识有很深的了解，他对这位幼弟一直青眼有加。后燕立国后，慕容德被委以重任，参赞朝政，很多军国大事慕容垂都会听从慕容德的意见。

攻灭西燕之役，慕容德发挥了很大的作用。彼时后燕连年征战，军力疲惫，群臣大都不赞成再大规模用兵。但慕容德看问题，既能看清表象又能识透规律，他说"（慕容永）扇动华戎，致令群竖纵横"，一下子戳中问题要害，慕容垂会心喜悦，大赞"司徒（慕容德）议与吾同，二人同心，其利断金"。

客观地讲，慕容德的特点是老成、稳重，这在普遍刚猛好战、轻锐有余、稳重不足的慕容氏家族成员中，是相当可贵的。

所以慕容垂临终之时，遗命慕容德率重兵镇守邺城，其意就在于借重他的老成持重，为危机重重的后燕帝国加上一道保险。

二、第二次光复大燕

398年，北魏攻陷燕都中山，后燕境内崩溃，没有一处能坚守下来。慕容德在邺城苦苦支撑，终因邺城城池太大，难以固守，故而撤向滑台（今河南滑县）。

有道是墙倒众人推。后燕在北方被北魏打成筛子，一直忍气吞声的东晋顿时也来了兴趣。东晋开始发兵进攻滑台，虽然不断吃败仗，但与北魏合力，打得慕容德两面受敌，难以应付。

慕容德将邺城中的家属和军民接出，四面环顾，并无一块立足之地。如果换作常人，比如那帮逃到龙城的以慕容宝为首的皇族，估计就立即作鸟兽散了。

在此关键时刻，慕容德发挥了至关重要的作用：稳定军心。

此时的慕容德已是慕容氏家族中辈分最长、年纪最大、资望最高的人了。

有他在，野心家不敢争权。不会发生慕容宝在龙城被反叛，最后死在自己人手里的惨事。

有他在，总代表着希望。他可是当年打过枋头之战、跟东晋五万大军对抗过的英雄。

有的时候，跨越过不平凡时代的人，本身就是力量的象征。

慕容垂没有看错他。

几经权衡，慕容德决定率众东行，进入山东。山东青齐、琅琊诸州郡此时处于东晋掌控中，但东晋桓玄正跃跃欲试要篡位自立，内部矛盾严重，无力顾及缘边之地，而北魏也在集中全力扫灭后燕在辽西的残余势力。因此，山东没有强大的外力阻止慕容德。

慕容德率军连克广固、琅琊、莒城、宁阳等地，青齐诸州基本被慕容德控制。400年，六十四岁的慕容德在广固（今山东青州）称帝，改元建平，史称南燕。

慕容德吸取了前燕、后燕穷兵黩武的教训，称帝后既不向北魏报仇，也不向南方发展，只是固守青齐，满足于御敌国门之外。即使后来东晋爆发桓玄之乱，出现可乘之机，慕容德也没有发兵南下。

如此低调的发展策略，在诸胡政权中实属一股清流。

一方面，确实是实力有限。慕容德所占山东数州之地，人少力弱，再加上后燕新败，慕容德保存下来的二万余人，实在经不起折腾了。

另一方面，慕容德真正认识到了一味好战的下场，反思自祖父慕容廆创业以来，六十多年时间生聚教训、积蓄力量，才换来慕容俊在中原的厚积薄发。然而即使是六十多年的资本，也仅能支撑前后二燕二十多年的战争。

强如兄长慕容垂，对外战争几乎战无不胜，也没有打下一个铁桶江山。

有些道理本不难认清，但难在有很多人的思想惯性太大，遇到弯不会转。慕容俊如此，慕容垂如此，后来的子孙辈更是如此。

而今，慕容德以两代帝国血的教训，终于换来了思想上的转变。

低调不是为了和平，强敌环伺之下，和平换不来生存。低调是为了收回拳头，积蓄力量，以便在需要时能够更有力地挥出去。

慕容德利用敌国暂时顾及不到自己的宝贵战略空当，集中力量开始打理内政。

他极力清查荫户，把鲜卑贵族控制的私人户口清理出来，重新纳入国家统一控制之下。这一举措损害了不少勋贵的利益，以至于激起了一起兵变，好在被慕容德及时平定。但从长远看，荫户问题一天不除，对于南燕这个体量极小的国家来说，必定严重影响国力。这件事，慕容德办得很对。

在此基础上，南燕还广泛推行了扩户之策，全国一共清理出五万八千户，为国家增加了大批税源。

慕容德在商山开设了冶铁作坊，在乌常泽设置了盐官，以增加国库收入。这都是政局稳定、民生向好的标志。

政治上，慕容德也颇有建树，他鼓励臣属们直言。一次君臣大宴，慕容德问诸臣，自己能和古代哪些君主相比。青州刺史鞠仲吹捧说：陛下是和夏朝少康、东汉光武帝一样的贤君。慕容德当场宣布赐鞠仲一千匹帛。一千匹可不是个小数目，即使立了大功也不至于赏这么多，鞠仲吓得连连推辞。慕容德大笑说：你拿肉麻的话调戏我，我就拿这个赏赐调戏你。

尚书韩范在旁直言批评说：自古天子无戏言，忠臣无妄对，刚才君臣的言谈互相欺哄，可谓君臣俱失。韩范的话说得有些刺耳，慕容德却毫不以为忤，反而赐了他五十匹绢，以鼓励他的直言。在慕容德的倡导下，南燕朝野一时出现了竞相直言的良好局面。

在齐鲁大地扎下根后，慕容德对齐鲁文化表示出了浓厚的热情。他遍访齐地先贤旧迹，到营丘拜望了战国名臣晏婴的墓和西汉城阳王刘章的庙，并宴请本地庶老。久违了的汉化举动，令慕容鲜卑赢得了齐鲁百姓的拥戴。在一次亲自主持的太学诸生的策试结束后，慕容德与众臣讨论起齐鲁的先贤人物。尚书鲁邃赞扬慕容德存问长老，认为可与当年武王伐纣而封比干墓、汉高祖临魏地祭信陵君之坟相提并论。

这个比拟固然有过誉之嫌，但也鲜明地显示出，南燕的执政风格已全然不同于前后二燕了。

三、金刀认亲

慕容德平稳地当了五年皇帝，于405年年底撒手人寰，享年七十岁（虚岁）。慕容德的儿子们在当年慕容垂复国之时，被前秦全部杀害，故而慕容德把皇位传给了哥哥慕容纳的儿子慕容超。

关于慕容超，还有一段颇为传奇的故事。当年慕容德被苻坚派去南征东晋，慕容德离家前，给母亲留了一把金刀。

慕容垂起兵后，前秦把慕容德的哥哥慕容纳以及两兄弟的儿子们全部杀死。慕容德的母亲公孙氏因为年龄大获免，慕容纳的妻子段氏当时正怀着身孕，被关在狱中。狱掾吏呼延平是慕容德的老部下，曾经犯过死罪被慕容德赦免。呼延平感念故主的恩德，于是带着公孙氏和段氏逃走，在羌人部落中避难。

段氏后来生了个儿子，就是慕容超。十年后公孙氏病死，死前把金刀拿出来交给段氏，让他们母子找机会返回东方。姚氏后秦建立后，段氏母子成了姚秦要挟后燕的人质。慕容超身材高大，英姿过人，他怕引起秦人忌害，便装疯卖傻，出去乞讨，以此骗过了秦主姚兴。

慕容德听说哥哥尚有遗腹子在后秦，便遣使迎接，慕容超在燕使的协助下，改换名姓，终于逃回南燕。

然而这位经历传奇、仪表出众的慕容超，并未给南燕带来新的希望。

慕容超没有任何政治经验，他即位后大肆排挤慕容德留下的旧臣慕容钟、慕容法、段宏等人，任用其祖母公孙氏的外戚公孙五楼。在北魏和东晋内政都相继稳固、开始扩张之际，南燕却连连发生内乱，虽然慕容超依靠公孙五楼削平了异己势力，但政局日渐紊乱，不复慕容德时代稳定祥和的局面了。

409年，东晋掌握实权的太尉刘裕，以南燕频频袭扰晋朝疆土为由，发兵北伐。刘裕大军水陆并进，所过之地都留兵筑城，以巩固补给线，一副志在必得的架势。

南燕的南部疆土无险可守，沂蒙山脉以南迅速被晋军攻下。南燕公孙五楼向慕容超提出了上中下三策的拒战方案。

上策是避晋军的锋锐，据守大岘（今山东临朐的穆棱关），而后从海道出兵，南下截断晋军的退路；再以另外一支军马，从陆路自兖州南下，同样截击敌之后路。这样前有坚城，后有堵截，晋军的攻势必然化解。

中策是紧守大岘，抓紧将庄稼收割，除去己方所需，其余悉数烧毁，使晋军无法就地补给。以此困敌，也能收到坐而制敌的效果。

下策是让晋军直入大岘，在广固城外决战。

公孙五楼策略的基点有三：

其一，后勤补给是关键。晋军是客，燕军是主，历来以主制客，核心优势就是补给。纵使晋军能从泗水将粮草转运至淮北，但再向北运送，只能靠陆路运输。刘裕之所以沿路筑城，就是要保卫补给线。

其二，大岘是南燕防线的关键。大岘是鲁南山地通往淄青平原的关口，据险设防，可以加倍消耗晋军的战斗力。

其三，燕军战斗力不一定拼得过晋军。

平心而论，公孙五楼的建议还是相当高明的，如果按其上策施行，进行大范围的战略调动和牵制，刘裕必然无法集中力量进攻广固。要知道，东晋的历次北伐，大多数败在粮运不济。

但可惜的是，慕容超年轻气盛，不愿出兵到大岘固守，也不愿意坚壁清野烧毁庄稼。他自恃燕军骑兵多，意欲放晋军到平原，以骑兵战胜晋军的步兵。

刘裕统率的东晋北府军士气正旺，进入大岘后，见野有庄稼，前无险阻，加之统帅高明，猛将如林，而且燕军没有逐城坚守，只据守临朐，野外道路通畅，没有任何能够限制晋军的不利因素，进入南燕境内作战，简直如同主场作战。

故而巨蔑水一战，双方甫一接触，晋军就击败了公孙五楼率领的燕军。稍后，慕容超亲率主力前出临朐，在城外与晋军决战。

如慕容超所愿，晋军展开步兵，与鲜卑铁骑在平川旷野上对攻。但慕容超预想中骑兵肆意屠杀蹂躏步兵的场面没有出现，刘裕用上了步兵对抗骑兵的传统招数——结车为阵。双方大战不分胜负。

关键时刻，刘裕又出奇谋，他不顾两军鏖战正酣，另遣一支部队，绕路直扑临朐城，将城池攻下。后方据点被端，慕容超吓得手足无措，仓皇逃回都城广固。晋军追而围之，把慕容超死死困在城中。

慕容超屡遣使者到后秦求救，但后秦困于北方赫连勃勃不断袭扰，无力出兵救燕。重重围困之下，南燕臣僚不断有越城而出投降的。燕臣张纲精于军械制造，刘裕命他制作攻城用的冲车云梯。公孙五楼挖地道出城反攻，被晋军打退。

慕容超眼见突围无望，便遣使向刘裕请降，请求燕晋以大岘为界，燕向东晋称藩。这无异于痴人说梦，刘裕胜券在握，坚决拒绝。

晋军从409年六月开始围城，一直到410年二月，晋军切断了广固城的水源地五龙口。城中缺水，再加上长期围困粮食断绝，很多人都得了软脚病。南燕尚书悦绾开城投降，慕容超与左右数十骑突围不成，被晋军生擒。

刘裕在广固城下苦战了八个月，心中早已怨毒异常。他本要杀尽城中燕人，在南燕降臣韩范的极力劝阻下方才作罢，但仍杀死慕容氏王公以下三千余人，慕容超被俘送建康斩首。

从285年慕容廆创业，首尾共125年，慕容氏立前、后、西、南四个燕国，有过辉煌，有过霸业。至此，一个部族政权彻底消失了。

卑微的姚秦

前秦崩溃后，姚氏羌族趁机在关中举事，建立了后秦政权。虽然羌族历史颇为悠久，两汉时也曾给中原王朝制造过大麻烦，但进入魏晋时期后，羌族崛起的速度却远远不如匈奴、羯、鲜卑与氐族，是五胡中最后一个兴起的。其国力一般，名气不大。这个缺少足够民族意识的部族政权，从其创业一代开始，几乎每一代都备受周边国家的打击，这在五胡十六国中，也是极为少见的。

一、姚弋仲自废武功

后赵时期，居于陇右、关中一带的姚羌部落，被后赵迁至滠头（今河北枣强）一带，从此开始了漫长的被统治与被奴役的生活。

姚羌的创业始祖姚弋仲是个极具个性的人物。相比刘渊的气度宏阔、石勒的雄武狡猾、慕容廆的算略长远以及苻健的稳健坚韧，姚弋仲性格耿直、行为率直，是个性情中人，但缺少一族首领应有的沉稳。

石虎时代，后赵军队进入陇右，控制了氐、羌等族世居之地。姚弋仲居然向石虎建议，"宜徙陇上豪强，虚其心腹，以实畿甸"。此举固然极大打击了与羌族具有竞争关系的氐人部族，却也给姚羌来了个釜底抽薪。

联系姚氏后来的表现，可以理解为姚弋仲是在向石勒效忠。这种行为在五胡竞逐的时代实属罕见。要知道，彼时各族都在争取民族自立，并想在混战中分一杯羹。姚弋仲此举，说好听些是一股清流，说难听些是没有民族自立意识。

当然，这种自废武功的行为，赢得了石赵的信任。石虎对姚弋仲极为看重，并罕见地包容了姚弋仲火爆的脾气。石虎武力夺取皇位后，姚弋仲气呼呼地说："奈何把臂受托而反夺之乎！"意即斥责石虎违背了辅助石勒幼子的誓言，石虎居然没有责怪他。

石虎晚年诸子自相残杀，诱发梁犊之乱，病中的石虎担心不已，驰召姚弋仲，想让他率兵平乱。姚弋仲见到石虎，仍然不管不顾地斥责石虎。《晋书·卷一百十六·载记第十六》中记载了这段妙言：

儿死来愁邪？乃至于疾！儿小时不能使好人辅相，至令相杀。儿自有过，责其下人太甚，故反耳。汝病久，所立儿小，若不差，天下必乱。当宜忧此，不烦忧贼也。犾等因思归之心，共为奸盗，所行残贼，此成擒耳。老羌请效死前锋，使一举而了。

这种赤裸裸打脸的话，一不小心就会惹恼喜怒不定的石虎。姚弋仲就是敢说，他揣准了石虎无力平乱以及对自己素来宽容的性格，所以该放炮时就放炮。但他毕竟是一族首领，纵然不为自己身家性命计，难道也不为本族部落数万人考虑吗？所以说姚弋仲没有鲜明的民族意识，并不是空穴来风。

后赵灭亡后，姚弋仲率兵与冉闵为敌，后又再次自废武功。他似乎不愿参与北方诸族的争夺战，而是投降了东晋，换了一个名字冗长的官位：使持节、六夷大都督、都督江淮诸军事、车骑大将军、仪同三司、大单于，爵封高陵郡公。

姚弋仲这种卑微的做派，其实是实力所限。姚羌实力微弱，只能一再屈服，以换取暂时的安全。

这种策略固然现实，但比诸其余诸胡，羌族似乎少了刚骨，少了与命运抗争的顽强与不屈。这种"装孙子"的战略，也直接决定了姚秦政权后来相对软弱的风格。

二、姚苌灭前秦

352年，姚弋仲去世，其子姚襄率众部南下，投降东晋，被东晋安置于谯城（今河南夏邑）。此时北方前秦与前燕分峙东西，根本没有姚羌的生存空间，姚襄不得不向东晋示好，并单马渡淮，拜会东晋名士、重臣谢尚。但姚羌的胡人属性，仍令东晋敌视。

东晋扬州刺史殷浩尤其讨厌姚襄，屡屡遣人刺杀姚襄。但因姚襄富有性格魅力，刺客每次都提前泄密于姚襄，刺杀便无一成功。姚襄就此与殷浩结成死仇。

353年，殷浩率众北伐前秦，兵败退回时，姚襄在山桑（今安徽蒙城）伏击殷浩，俘斩晋军达万余人。其后姚襄乘胜渡淮南下，聚集了七万余人的部众，直逼长江。建康大震，东晋因此与姚襄彻底决裂。姚襄自感江淮之间没有羌人部落可资利用的力量，于是投降前燕，率众北归。

但北归容易，落脚难。北方早已被燕、秦瓜分，根本无处立足。或许是连胜晋军的缘故，姚襄突然变得很有底气，竟然要带着区区数万人去打洛阳，想据洛阳为根据地。

结果先是被尾追而来的东晋桓温打得大败,仅剩数千人北逃平阳。其后,在平阳又被前秦张平所部打得抬不起头来。这位后来被后秦吹出天际、英明神武的姚氏杰出领袖,其成色不过如此。

好在前秦内部也有矛盾,姚襄在河东暂时获得喘息的机会。但姚襄念念不忘返回陇右故地,又不合时宜地率军西进。当时前秦已经稳居关中,建立了强大的国家,姚襄仅有二万余军队,真可谓以卵击石。然而一个非要走,一个不让走。

357年,双方大战于黄洛(今陕西三原),姚襄兵少,采取了深沟高垒策略与前秦军对峙。前秦苻坚、邓羌以骑兵挑战,刺激姚襄决战。

就当时形势而论,姚襄有取胜的可能吗?关中已是氐人的天下,在敌之境与敌对峙,这种天真的美梦,但凡有理智的人谁敢去做。姚襄似乎也明白这个道理,干脆发狠与前秦决战。

奇迹没有出现。姚襄被俘,被杀。

姚襄随军携带父亲的灵柩,意欲回故乡安葬,结果也被前秦俘获为战利品。前秦苻生并没有像石勒烧东海王司马越灵柩一样没有品性,而是以王礼安葬之,姚襄则被以公礼安葬。

姚襄之弟姚苌率残部被迫投降前秦。所幸前秦没有对姚羌赶尽杀绝,姚苌还赶上了苻坚的宽大政策,在前秦当上了高官。

淝水之战后,姚苌趁乱脱离前秦,在马牧(今河南灵宝)自称大将军、大单于、万年秦王。由于氐族势力空虚,关中一带羌胡纷纷重新萌发了部族意识,归于姚苌帐下的羌人达十余万户。所以后来姚苌虽然屡败于前秦之手,但仍然顽强地坚持了下来。

若是让前秦单独对付姚羌,氐人虽是大败之余,但收拾羌人应当不在话下。奈何鲜卑势力正盛,慕容冲率军在关中东部打得前秦招架不住。苻坚两线作战,终于抵挡不住,退出长安,避于五将山(今陕西岐山)。姚苌速遣骑兵袭击五将山,生俘了曾经不可一世的天王苻坚。

姚苌向苻坚索要传国玉玺，孰料苻坚倒驴不倒架，大骂姚苌："小羌乃敢干逼天子，岂以传国玺授汝羌也。图纬符命，何所依据？五胡次序，无汝羌名。"

苻坚骂得很有意思，一下子把姚苌骂得抬不起头来。"五胡次序，无汝羌名"，倒不是说羌族不在五胡之列。据专家考证推索，苻坚所说的五胡，与后世通行的包含匈奴、羯、鲜卑、氐、羌五大胡族的说法不一样，指的是匈奴、羯两部五位雄主，应该指刘渊、刘聪、刘曜、石勒、石虎五人。当时社会上流行许多关于五位雄主的图纬谶言，他们的帝王之业为北方诸族共同承认。

姚苌索要传国玉玺时曾说，"苌次膺符历，可以为惠"，大意是我姚苌依序接替你成为真命天子，可以造福胡族。苻坚的说辞，就是针对此说的狂打脸。苻坚后来被姚苌派人缢死于新平（今陕西彬州市）佛寺。

386年，姚苌攻入长安，并于长安称帝，国号大秦，史称后秦。

这引发了氐人对姚苌的强烈仇恨，他们把打不过鲜卑的窝囊气全撒到了羌人头上。苻坚的族孙苻登率军在陇右猛攻姚苌，其军中立起苻坚的神主，士兵铠甲上刻着"死休"，士气非常旺盛。羌人闻之丧胆。

姚苌虽然收服了陇右诸族，但与苻登作战无法取胜。姚苌倒也耐得住性子，他依靠雄厚的实力，与苻登打持久战拼消耗，并专门盯着苻登的老巢打。389年，双方战于大界（在今陕西彬州市以西），苻登的妻儿老小、五万余部众以及辎重都被姚苌俘获。苻登虽然取得战斗的胜利，但已无法改变战略上的劣势。

394年，姚苌病逝。姚苌的军事水平与其父、兄相比，并没有强多少，他之所以能够克成帝业，关键在于他抓住并充分利用了形势。他既没有其父姚弋仲外表掩盖下的深深的卑微感，也没有姚襄名不副实的优越感，他更像一个谨慎、狡黠的投机者，在时势的风口上，做出一番能称之为合格的事业。

三、平庸之主姚兴

姚苌死后，苻登率军奔袭长安，企图通过速决战击败后秦。姚兴颇有其父持重的风范，从容应敌。废桥一战，苻登主力被全歼，不久后在山南被尾追而来的后秦军击杀。

姚兴的统治风格与其父一样，持重有余、锋锐不足，遇到强敌往往不敢硬干，总喜欢退缩以求妥协。偏偏在姚兴执政的二十年间，与其敌对的各个国家都出现了雄武无比的军事强人，姚兴虽然顶着强国之君的帽子，却着实没什么威风。

后秦消灭氐人残余势力后统一了关中和陇右，基本上压服河西走廊。南面割据于蜀中的谯蜀政权也与后秦结为盟国，共同制衡东晋。但随着三个强大敌人的出现，后秦慢慢遇到了危机。

首先是东面的北魏。拓跋珪消灭后燕，势力范围扩张到河东，与后秦直接对峙。402年，因为北魏发兵攻击臣服于后秦的西北鲜卑，魏军兵锋深入后秦的西北侧后，引起两国关系骤然趋紧。拓跋珪是个一言不合就开战的雄主，他立遣平阳的守军进攻后秦的河东郡。河东郡是黄河要塞，乃是关中的大门。姚兴害怕此地失守危及关中，就亲率大军开赴河东，拓跋珪亦率军会战，双方对峙于柴壁（今山西襄汾）。

秦、魏两军投入战争的兵力总数近二十万，这是前秦灭前燕以来，北方单次战争投入兵力最多的一次，而且双方君主都亲临一线，可以说，战争规模相当大。拓跋珪发扬亲临一线的作风，率骑兵突袭姚兴的大营，斩首千人，把姚兴吓得后退四十里。后秦留在柴壁的姚平所部军队，被北魏军包围歼灭，被俘获者多达三万人。姚兴不敢再战，灰溜溜撤兵回了长安。北魏本欲乘胜进攻，但北方的柔然趁势攻其后方，魏、秦矛盾只好暂时搁置下来。

其次是铁弗匈奴的赫连勃勃。铁弗部本来是后秦的藩属，赫连勃勃在姚兴手下为将，深得姚兴器重。姚兴之弟姚邑看出赫连勃勃并非善类，劝其杀之，姚兴却看走了眼，想让赫连勃勃镇守北部边疆，以抗衡北魏。赫连勃勃一到代北，便拥兵叛秦，于407年建立大夏国，自称天王、大单于。赫连勃勃是个军事天才，在他手下，区区数万铁弗匈奴和鲜卑等杂胡兵马，被他锻炼成一支来去无踪的铁骑精兵。加上赫连勃勃创造的游击战术，姚兴屡遣大军剿捕均不能胜，反而损失了数万大军，后秦被大夏拖得越来越衰弱。

最后便是东晋崛起的军事新贵刘裕。后秦在东晋桓玄之乱时，曾出兵夺取了河南大部分土地，兵锋越过南阳，直抵襄汉。但令人费解的是，刘裕在405年遣使向后秦请和，请求后秦归还南乡诸郡，姚兴居然答应，将南乡、顺阳、新野、舞阴等汉北十二郡还给刘裕。

这些郡都是威胁襄阳的要地，不知姚兴割还东晋有什么目的。若说是缓和与东晋的矛盾，但又不像。410年，姚兴又发兵配合谯蜀进攻东晋的荆州，导致双方一直处于敌对状态，也为后来刘裕伐秦提供了借口。

总而言之，姚兴统治后秦的二十余年间，虽然把重心放在发展国计民生上，但由于各方强敌迭起，不断对后秦制造军事威胁，而姚兴于军事方面不怎么擅长，所以后秦的发展始终磕磕绊绊，而且他一直搞不清楚对敌国的主次关系。五胡入主中原以来，东晋虽然数度组织北伐，但均无法在北方立足，所以后秦最核心的敌人当属占据关东的北魏。但姚兴见事不敏，如北魏在河北立足未稳，后燕残余势力一直与其纠缠之时，后秦发兵进攻河东，攻取晋阳以南，则可北制北魏平城，东胁太行，地利上将会十分得势。

姚兴反而将大量精力用于打击河西诸凉政权，还汲汲于攻取河南之地。河西僻处一隅，诸凉历来都没有进攻关中的胆量和力量，而且如果尽力攻击他们，只会消耗大量精力，正所谓事倍功半。

虽然河南之地容易攻取，后秦也借机拓展了大片领土，但容易攻是因为东晋没有全力防守。河南处在秦、魏、晋三家要冲，易得而不易守，并不是军事攻略的首选之地。这些外部问题，还没有从根本上危及后秦的江山。真正的危机在其内部。姚兴处理诸子关系不当，既立太子，又宠任其他儿子，封了十一个儿子为公。姚兴又极其宠爱儿子姚弼，导致诸子都对储位有想法，姚弼甚至拥兵作乱。而姚兴一味纵容姑息，导致诸子矛盾激化。

最令人哭笑不得的是，姚兴病重时，叫小儿子姚耕儿假传自己病死的消息，试探儿子姚愔、姚弼等的动向，看看他们有没有反意。诸子本就不服太子姚泓，于是立即发兵入宫准备武力夺位，结果当然是年轻识浅的儿子们没玩过老谋深算的父亲。姚兴带病上殿，宣布赐姚弼、姚愔死。

为父者见诸子争端，应当教之以礼、齐之以法、正之以德。特别是对待储君，汉、赵、燕诸国早有恶例，姚兴不吸取教训，还要搞引蛇出洞，把自己的儿子推向万劫不复之地，可叹、可笑、可悲。

也正是因为这一点，后秦成了北方诸国中为数不多的被东晋活生生吞灭的国家之一。

游击战天才赫连勃勃

407年，赫连勃勃在代北地区建立大夏国，自称大单于、天王，一个凶残、顽强的小国，突然如超新星一般，令世人都为之侧目。

若从常理推断，无论从哪个方面看，赫连勃勃似乎都没有机会建立大夏国。赫连勃勃是铁弗匈奴，匈奴族在汉、前赵时期短暂地爆发过能量，后赵时便被打回原形，走上衰落之路，此后再也没能复兴。赫连勃勃所处的环境也不具备建国称王的条件：代北北部有新兴的柔然，东部是强盛的北魏，西南则是庞大的后秦。

但赫连勃勃就是于看似不可能之中，硬是杀出了重围。其成功的原因何在呢？

一、北魏死敌铁弗人

赫连勃勃是铁弗匈奴人。所谓"铁弗匈奴"，据《魏书》的说法，是父系匈奴人与母系鲜卑人的后裔。"铁弗"这个称号，似乎是对匈奴有敌意的拓跋鲜卑给他们的贱称，所以赫连勃勃建国称帝之后，对这个称呼咬牙切齿。

铁弗匈奴作为南匈奴的一支，与西迁到代北的鲜卑生活地区重叠，历史上两家大部分时间都是敌对关系，铁弗实力远比鲜卑弱，所以一直被压着打，铁弗部被迫龟缩在朔方一带，这造成了铁弗部对拓跋鲜卑的刻骨仇恨。

前秦灭亡代国后，由于无法一口吞掉拓跋鲜卑的部众，便把代国力量一分为二，让铁弗部的刘卫辰和独孤部的刘库仁各统一部，替前秦镇守北部边疆。但前秦也没安什么好心，因为害怕这两部勾搭到一起再次形成一个统一的部落联盟，于是挑拨两部互相争斗。

这一做法，也成为后来姚羌对付赫连勃勃的策略。

刘卫辰靠着狡诈狠毒，一直在朔方维持着部落势力。但天外有天，人外有人，拓跋珪复国后记恨当年刘卫辰帮助前秦灭代，咬着牙追着刘卫辰打，刘卫辰兵败被杀。魏主拓跋珪对铁弗部贵族实行了灭绝性的大屠杀，刘氏家属、宗党五千多人被一锅端掉，全部被杀死。

赫连勃勃是刘卫辰的儿子，铁弗部被屠杀时，他年方十一岁，侥幸逃出，投奔了鲜卑薛干部。拓跋珪向薛干部索要赫连勃勃，薛干部不给，又把赫连勃勃送到鲜卑破多兰部。破多兰部首领没弈于后来臣服于新兴的后秦帝国，赫连勃勃便成了姚兴的属下。

赫连勃勃成年后，身材魁梧，仪表非凡，加之聪慧无比，很得姚兴赏识。

由于铁弗匈奴当时在朔方尚有残余势力，作为铁弗遗孤，赫连勃勃与北魏是死仇，姚兴便想让他统领三城（今陕西延安）、朔方一带的杂胡，协助没弈于镇守后秦的北疆。这其实就是当年前秦利用铁弗匈奴抵御拓跋鲜卑的做法。

赫连勃勃因聪明外露，令人感觉不适。姚兴的弟弟姚邕认为，如果让赫连勃勃统领其部落势力，无疑是龙归大海、虎入深山。姚兴暂时听从了兄弟的建议，没有给赫连勃勃配属部落。

二、激进地建国

姚兴对北魏一直心存怯意，特别是柴壁之战后，拓跋珪生龙活虎的样子着实把他吓得不轻。姚兴不愿意在代北与北魏直接对抗，思来想去，又打起了赫连勃勃的主意。

正所谓"长考出臭棋"，虽然手下人不断劝阻姚兴别信任赫连勃勃，姚兴还是于402年左右，任命赫连勃勃为安北将军，把三交城（今陕西横山）的五部鲜卑以及杂胡二万余落——胡人一户谓之"一落"——配给赫连勃勃。

扶植代理人，与强敌进行对抗，本来是一件经济划算的事，但这事也分谁干。赫连勃勃绝非善类，明眼人都看得出来，姚兴也不会不知道，他之所以还这么做，大概是急于摆脱北魏的威胁，抽出精力经略中原。

同时，在姚兴的算度中，赫连勃勃就算招诱铁弗的残部，但以拓跋珪之生猛，两家必然会重新陷入无休止的仇杀，后秦便可一边放心地向河南进取，一边坐收渔翁之利，用铁弗匈奴消耗北魏。

这种一厢情愿的算计，却未能让姚兴如愿。

首先看北魏与赫连勃勃的关系。当年拓跋氏摁着铁弗打，根源在于两者都要争夺河套地区。这是生存地之争，无可妥协。但北魏进入河北后，疆域骤然扩大，铁弗部不再是其唯一的敌人，甚至连主要敌人都不是。北方柔然已经崛起，辽西的北燕也屡打而不死，南方已与东晋接壤，这几家哪一个都比铁弗部强大。北魏主动出击铁弗部的意愿不那么强烈了。

再看铁弗部。赫连勃勃招诱旧部，在朔方形成了新的部落核心，但他也没有傻乎乎地立即找北魏报仇。彼时北方诸国，以北魏为最强，赫连勃勃没有挑战北魏的实力。姚兴预想中的二者相拼的局面没有形成。

最出乎姚兴预料的，是赫连勃勃的野心与狠毒。作为部落首领，多多少少都有点儿自立的野心，姚兴的祖上，即便部众不满数万，也满怀着建号称王的期望。但赫连勃勃的野心与欲望特别大。

他到朔方五年后，北魏拓跋珪与后秦修好通使。赫连勃勃预感北魏和后秦可能会联手把自己卖了，于是不顾兵力寡弱，悍然在朔方建号称王。还没等后秦回过神来，赫连勃勃就发兵突袭破多兰部，杀死自己的岳父兼救命恩人没弈于，吞并了他的数万部众。接着，他又进兵攻灭了薛干部，再次吞并数万部众。

这头代北草原上的狼，终于露出了獠牙。

赫连夏国的建国历程，是北方诸国中最为激进的。在实力不足、四面皆敌的情况下，敢于骤然建号称王，既能看出赫连勃勃强烈的欲望，也反映出此人对形势的精准把握。

北方诸国林立，各有各的死敌，这往往是新兴部族最好的立国机会。赫连勃勃没受过什么汉化教育，大概是常年混迹于诸国混战的氛围之中，对时局有着十分敏锐的嗅觉。

当然，他之所以敢于背叛自己的恩主姚兴，还是掐准了后秦逐渐衰弱的死穴。

姚兴虽无韬略，却十分喜欢对周边的弱小国家用兵。后秦对河西的几个国家大多持敌对态度，动不动就出兵打击。然而打又不专打一个，时不时还对仇池、蜀中以及河南用兵，兵分则力弱。赫连勃勃认定，后秦绝没有力量来打铁弗，而大夏国的战略非常具有针对性——南侵后秦。

三、游击战

赫连勃勃建国后，迅速占领了朔方以南直到三城的地盘，其手下人开始膨胀，劝其建立都城，并提出了攻高平并据而为都的建议。高平在今宁夏固原一带，是关中平原西北部的军事枢纽，东可进关中，南可制秦州，西可接陇西，地位非常关键。

赫连勃勃狂而不傻，粗中有细。高平虽属要地，但一来过于靠近长安，又远离自己的老巢朔方，在实力不足的情况下贸然进驻于此，等于找打；二来大夏国初建，高平瞰制诸方，容易制造敌意，成为后秦和河西诸国的众矢之的。

赫连勃勃有自己的考虑，并提出了被后人奉为最早的游击战略计划：

> 吾大业草创，众旅未多，姚兴亦一时之雄，关中未可图也。且其诸镇用命，我若专固一城，彼必并力于我，众非其敌，亡可立待。吾以云骑风驰，出其不意，救前则击其后，救后则击其前，使彼疲于奔命，我则游食自若，不及十年，岭北、河东尽我有也。

用游击战对付后秦，管用吗？非常管用，至少对军事孱弱的姚兴非常奏效。

此后数年，赫连勃勃一直奉行避实就虚的游击战，不断袭扰后秦北部，攻占了岭北的大部分土地，残存的后秦城池白天都要紧闭城门。

姚兴感到了赫连勃勃的威胁，数次发大兵北上进攻赫连勃勃，但夏军尽量避免与秦军主力对抗，以高速机动的战术不断袭扰秦军。发生于408年的朔方——木城之战，就是经典的游击制胜的战斗。

408年，姚兴派大将齐难率二万兵北击朔方，赫连勃勃闻讯向东北撤退，躲到河曲一带。齐难捕捉不到夏军，只好退兵，归途中秦军大肆劫掠大夏的部众。赫连勃勃设伏袭击齐难，斩俘七千余人。齐难正欲引兵再战，赫连勃勃却又退开。秦军退至木城（今陕西榆林），赫连勃勃再次追至，双方大战，秦军全军覆没，齐难被生擒。

此战被认为是秦夏对峙的转折点，此后后秦屡发大军，均是败多胜少。410年，姚兴御驾亲征，在平凉击败夏军金纂所部，成为秦军仅有的"遮羞布"。

此后夏军不断袭击后秦北部各个据点，臣服于后秦的诸部胡族，见势不妙纷纷投降夏国。赫连勃勃势力渐增，改变了不立都城的初衷。413年，赫连勃勃下令在朔方水北、黑水之南营建都城，名为统万，其地在今陕西靖边。

统万城是一座建筑工艺非常高的夯土式城池，主持筑城的叱干利非常残暴，他要求蒸土筑城，如果以锥刺土入一寸，便要杀死工匠。在工匠们的努力之下，统万城建造得十分坚固，至今仍能见到其遗迹。

建都的同时，赫连勃勃正式进行封拜，仿照晋朝的官制任命百官。他还把自己的姓由刘改为赫连，意即"徽赫与天连"。

姚兴至死也未能再对夏国发动有力打击。姚兴死后，诸子内讧，东晋刘裕乘势发动北伐，进入关中消灭后秦。

后秦实力远比慕容南燕强，而且在战略防御上也没犯什么大错，一直与晋军硬拼，之所以抵挡不住，与夏国持续的袭扰消耗不无关系。据《晋书·卷一百三十·载记第三十》（赫连勃勃篇），秦、夏历次战斗，秦军被消灭的有生力量多达十万人。如果把这部分兵力全部投入对东晋的防守，刘裕即使能打下后秦，也要付出极为惨重的代价。

刘裕对北方形势看得很明白，晋军进攻之初，刘裕就遣使向夏国下书，请求两国通好，并与赫连勃勃约为兄弟。

赫连勃勃与后秦打了十年仗，心心念念的是灭亡后秦，夺占关中。好不容易把后秦由强拖弱，东晋却趁乱来摘桃，现在还要求通使、约为兄弟，岂不是欺人太甚？但赫连勃勃并没有怒而与东晋决裂，反而虚与委蛇，让刘裕放手打后秦。

赫连勃勃判断，刘裕的根本之地在江东，得关中后必然返回，届时无人是自己的敌手。果然，刘裕因心腹重臣刘穆之去世，加之又急于篡晋称帝，于是留其幼子刘义真率诸将留守关中，自率大军返回建康。

赫连勃勃果断出兵与晋军开战，晋军诸将皆败于夏军之手，关中之地终于被夏国并吞。418年，赫连勃勃兴致极高地在灞上筑坛称帝，改元为昌武。

赫连勃勃对其兴起之本，有着清醒的认识。他得长安而不都之，却要返回统万城，正因铁弗故地在彼。北魏的政治核心平城与统万遥遥相对，不由赫连勃勃不亲自坐镇统万，以与北魏对峙。425年，赫连勃勃病逝，享年四十五岁。

赫连夏北至河曲，南至秦岭，东至河东，西控陇右，疆域广大，仅比后秦稍小，也算得上一个军事强国。

赫连勃勃是北方不世出的军事天才，刘裕闻听其事迹，亦曾自叹不如。才识平庸的姚兴被治得束手束脚，北魏开国雄主拓跋珪也未能制其于死地。可以说，以铁弗一个小小匈奴别部，驭使北方诸杂胡，而开创如此之大的基业，在十六国中是十分少见的。

大夏政权处在十六国向北朝过渡的关键历史节点。从历史的角度看，当年匈奴刘渊以武起家，灭亡西晋，开启十六国极乱之世；一百余年后，又是匈奴铁弗人站在历史的潮头，为北方重新统一奏响序章。

所谓历史的巧合，正是如此。

第二章 北朝

道武帝复国：运气来了连战神都灭不了我

十六国向北朝过渡的历史进程中，北魏开国皇帝——道武帝拓跋珪是一个具有里程碑意义的人物。拓跋珪的成功，有当时民族融合渐已成型的历史条件和时代背景，更是他本人出类拔萃的军事天才发挥了重要作用。

一、传奇般的复国

拓跋珪是拓跋部百年难得一见的杰出统帅，比之当世任何英雄都不逊色。遍观当时与拓跋珪有竞争关系的诸国杰出人物，我们发现，拓跋珪所处的时代真是太妙了。

拓跋部建立的代国存在时间很早。315年，拓跋部首领猗卢建立代国。376年，前秦发兵攻灭代国，代国国主拓跋什翼健被其庶长子所杀，代国灭亡。什翼健嫡子拓跋寔君的儿子拓跋珪时年六岁，苻坚本想把他迁到关中，但燕国旧臣燕凤建议：拓跋旧部仍然很多，前秦无法有效对其进行控制，不如让独孤部刘库仁、铁弗匈奴刘卫辰分统拓跋鲜卑的部众，待拓跋珪长大，再以其为部族统领。

苻坚一向号称迁徙狂魔，前燕、前凉、姚羌被打败后，王公子弟都被一锅端迁到关中，为何独独对拓跋珪这个六岁小孩网开一面呢？

原因不难理解。拓跋部当时的状况确如燕凤所说，拓跋部族人很多，如果前秦要直接管理，势必要派出足够多的军队镇守。而氐族人太少，苻坚派氐族宗亲去四方重镇守卫，已经占用了大部分氐人力量。拓跋部并非前秦关注的重点，在南下伐晋的关键准备期，没必要再分出力量去代北跟拓跋鲜卑消磨时间。

况且，当时谁能看出来，拓跋珪这个年方六岁的黄口小儿，日后竟然是逮谁灭谁的杀星呢？

幼年的拓跋珪生存环境险恶，有一次几乎要被独孤部杀了，幸赖外祖父的贺兰部庇护，才得以长大成人。

以上是《魏书》关于拓跋珪早年经历的说法，《资治通鉴》也予以采信。但是现代人对拓跋珪的经历另有说法。有人认为，拓跋什翼健并没有被儿子所杀，拓跋家族包括拓跋珪在内都被迁到长安成了人质。这一说法在《晋书》"载记"第十三中有记载。那么记录拓跋珪先人事迹的《魏书》为什么要说什翼健死于儿子之手呢？

一些支持者的说法大致是，因为什翼健强娶了去世的儿子的老婆贺兰氏，贺兰氏生的儿子和拓跋珪既是叔侄又是兄弟，人伦之理大乱。在前秦大军压境时，贺兰氏以拓跋珪的名义绑了什翼健献给前秦。北魏建国后，拓跋氏不愿将这段污秽的史实公之于众，便修改了国史。

可信不可信呢？近年来史学界对此一直有争论，但没有太强有力的证据，姑且算作悬案吧。

不管怎么样，淝水之战后，前秦崩溃，拓跋珪于386年得到诸部首领的支持，在牛川召开大会，宣布复立代国，不久自称魏王，建都于盛乐（在今内蒙古和林格尔）。

一国之主，不是光凭开个会就能定的。苻坚遗留下的三部对峙局面仍然存在，独孤部首领刘显先是把铁弗匈奴打得大败，又把当年被迁到关中的什翼健少子窟咄请了回来，让他以叔夺侄之权。

十六岁的拓跋珪显示出过人的精明。他一方面依靠母族贺兰部，另一方面利用后燕慕容氏和独孤部的冲突，共同打击刘显。刘显招惹了后燕慕容垂，结果被后燕连续暴捶，部众离散，刘显和其代理人拓跋窟咄都被杀死。

此后，拓跋珪便如爆发的超新星，在与铁弗匈奴、贺兰部的战争中连续获胜。铁弗匈奴几乎全族被屠杀，拓跋珪最终确立了他在代北的权威。

这一阶段，拓跋珪虽然年少，却临危不乱，特别是其叔父窟咄回归后，对他的法统制造了极大挑战，但拓跋珪仍能坚定信念，与敌对部落死战到底，显示出他作为合格国君的基本素质。

二、侥幸逃脱慕容垂的打击

394年，拓跋珪统一代北，燕代两家接壤，矛盾便开始显现。慕容垂虽是不世出的名将，但已经步入人生晚景，无法再和生龙活虎的拓跋珪竞争。

慕容垂建立后燕，自以为宇内无敌，多多少少对拓跋珪有些轻视，再加上后燕连年征战，虽然意识到拓跋珪不是等闲之辈，也没有与其为敌。

但形势逼人，两虎相争，不决出胜负怎能罢休。

395年，在经历一次边境冲突后，后燕终于决定出兵，太子慕容宝亲自挂帅，领八万人自五原伐魏。拓跋珪以退为进，示弱以诱敌，把素无才能的后燕太子慕容宝耍得团团转。之后参合陂一战，拓跋珪亲率骑兵攻击，俘燕兵四五万人。

这场仗如果是慕容垂挂帅，以八万全盛之师进攻北魏，以拓跋珪新立之国，无论如何也抵挡不住。

参合陂之战后，拓跋珪一跃成为北方的新贵。396年，虽然慕容垂"回光返照"来了个反手一击，挥兵一直打到平城，几乎要将拓跋部南境吃掉，然而慕容垂最终败给了时间，他在进军途中旧病复发，不久便死于班师途中。

拓跋珪是幸运的，他目睹了一个强权帝国——前秦的崩溃，又亲眼见证了一代传奇慕容垂的谢幕，等到他走上历史前台时，环顾北方，已经没有什么可以和他一较高下的敌手了。

慕容垂死后，拓跋珪迅速发兵进攻后燕，除了在中山、邺城、信都等重镇遇到了一些麻烦外，其余河北城镇基本如摧枯拉朽。到398年，中山、信都被拿下，坚守邺城的慕容德畏惧代国兵威不得不撤走。曾经不可一世的后燕，不到两年便被拿下。

那么，拓跋珪真的只是凭运气才统一诸部、击败后燕的吗？不然。

后燕的将帅群中，慕容德是足以开国建基的人物，慕容垂的儿子慕容农、慕容麟，慕容恪之子慕容楷，以及慕容宝之子慕容会，都是一时俊杰。当年后燕创业，慕容氏诸子都是战必胜、攻必取的杰出将领，但在与拓跋珪对阵时，总觉得捉襟见肘，完全不是敌手。

参合陂之战，慕容德、慕容麟全在军中，虽然他们曾劝慕容宝要提防北魏的追兵，但二人大概也只是出于一般军事原则提醒，都没有坚持意见。为何？从一般规律看，他们认为魏军主力在黄河西岸，渡河需要一定时间，燕军是有足够的时间预警的。

他们没有预料到，拓跋珪对战机的把握如此精准和敏锐，也根本没有想到拓跋珪敢于猛追穷寇。这是战术素养的差距，更是战略视野的差距。后来中山、信都陷落后，慕容德身为后燕最后的支柱，居然弃城南逃。什么原因？他被打怕了。

三、舍代用魏：古怪的国号意味着什么？

拓跋珪复国不久后，就把国号改为魏。

十六诸国定国号，大都与起家之地有关。刘曜、石勒皆以其祖居之地赵地为国号，慕容氏起家于辽西，属于古燕国一带，苻氏、姚氏祖居之地都是关陇，这是秦国的故地。

而拓跋鲜卑祖居之地是代地，也就是雁门以北、大漠以南。所以，猗卢建国，以代为名，很符合十六国起名的惯例。

魏地的核心区域在邺城，纵使取其广义，能涉及河东北部，与代地勉强搭界，但明眼人都看得出来，这个国号起得有点儿古怪。

那么拓跋珪为何这么做呢？说起来，不得不佩服这位少年君主的眼界。

398年，北魏尽取后燕之地，实力大增。拓跋珪下令有司议定国号，讨论到底定为代还是魏。

这个行为本身，就很不寻常。

十六国建国立号，从来没有什么犹豫，几乎都是本能地用自己祖居的地望作为国号，除了打着兴汉旗号的刘渊例外。

拓跋珪复国之初，就改代为魏。改就改吧，但这个国号用了十三年，为什么又拿出来议一议，难道刻意引发国人思想上的混乱吗？

拓跋珪的帝王心术，确实令人佩服。

改代为魏，有着两重考虑。

其一，虽然代是拓跋鲜卑自己起的国号，而且已经沿用了一百多年，但这个国号，曾经被晋朝册封过。如果继续沿用这一国号，表明拓跋鲜卑仍是东晋的藩属，在政治上拓跋珪不能接受。

在军事上，拓跋珪更不能接受。拓跋珪平定后燕，兵锋进入中原，已然有争衡天下的意图，顶着一个藩属的帽子，日后如果与东晋开战，少不了引发国内汉人力量的反对。

其二，魏是汉末三国以"当涂高"谶纬的寓意所在，不仅当年三国时各家实力派争相以"当涂高"自诩，到了西晋末年，这一流传了数百年的谶语仍然在社会上广为流传。西晋幽州刺史王浚当年有称帝野心，也把自己的先人往"当涂高"上靠。

拓跋珪改称魏王，自然也是想往这个意思上靠，把自己塑造为承上天之命、接受新法统的圣君。

加上当时匈奴、羯、氐、羌和鲜卑其他部落都已显现衰败之象，社会上又流传着"五胡运终""真人出"等新的谶语，拓跋珪背后的汉人政治班子，也敏锐地察觉到社会思潮的动向，已经迫切地希望出现一个能够终结乱世、拯救万民于水火的"真人"。

民心即力量。

改代为魏，背后潜藏的其实是拓跋珪争取人心、打造圣君人设的政治需求。

从这个意义上说，天兴元年（389）的定国号之辩，其实是一次思想统一活动，让魏国朝野意识到，他们是一个迥异于五胡十六国的新式王朝。

毫无疑问，拓跋珪成功了。在后秦仍沉浸于部族王朝的暮气之中时，在南燕苟且地保守一境之地时，在赫连夏残忍地进行返祖式的历史倒退时，在河西走廊诸凉仍然为生存而战时，在南朝终于消灭了门阀政治准备走向皇权复振的历史关口时，一个气吞万里、野心勃勃的北魏崛起了。

四、拓跋珪之死

409年，北魏宫廷突然爆发了一场血腥政变，拓跋珪被儿子清河王拓跋绍杀死，举国为之震惊。一代开国雄主，为何遭此不测？

事情还要从拓跋珪定下的一项惨无人道的制度说起。

拓跋珪立太子时，曾以"子贵母死"之制，先杀了太子拓跋嗣的母亲刘皇后。据说子贵母死是拓跋鲜卑旧有的一项制度，但起源于何时无可考证。

《魏书》记载拓跋鲜卑早期的历史时，曾有过一句"诘汾皇帝无妇家，力微皇帝无舅家"。所谓"诘汾皇帝无妇家"指的是神话传说中，拓跋诘汾与天女交合，生了拓跋鲜卑的始祖力微，无妻而生子，所以说"无妇家"。

"力微皇帝无舅家"则是指力微杀妻之事。力微的妻子是没鹿回部（又称纥突邻部，鲜卑人）窦氏之女，大概是因为没鹿回部介入了拓跋部权力交接之事，故而力微杀窦氏，又杀窦氏的娘家兄弟，以免外戚干政。

拓跋珪早年能够复国，得到了贺兰部的大力支持。但随着拓跋珪渐成气候，强大的贺兰部也没少给拓跋珪找麻烦。拓跋珪的舅舅、献明皇后贺兰氏的弟弟贺兰染干一度举兵围逼拓跋珪的行营，几乎要了少年拓跋珪的命。后来拓跋珪花费了极大精力才打服贺兰部，并使其部落离散。

拓跋珪潜意识中似乎传承了拓跋鲜卑祖上对强大的外戚的恐惧，所以他立太子时，立即对出身独孤部的刘皇后有了戒心，这才有了立子杀母的举动。

这一灭绝人性的举动引起了拓跋嗣的强烈抵制，他当着父亲的面大哭，不愿接受太子之位。拓跋珪用汉武帝当年立昭帝而杀其母钩弋夫人的故事教育拓跋嗣，拓跋嗣却只是哀泣不止。盛怒的拓跋珪便舍弃了拓跋嗣，改立清河王拓跋绍。

立清河王还是沿用老办法，先把他的母亲贺夫人抓起来，准备处死。这位贺氏也是贺兰部中人，是当年拓跋珪避难于贺兰部时所娶。这样一个女子，更是坚决不能留活口。然而贺夫人不甘心就死，托人秘密传信出去，让拓跋绍来救自己。拓跋绍率帐下卫士和几名宦官，趁着天黑跑进宫里，正在休息的拓跋珪不防有变，急切之间找不到弓、剑和刀，被乱党杀死于宫中。

拓跋绍后来企图继位为帝，贺兰部人闻讯也赶来支持。拓跋嗣迅速召集朝野众臣，发兵平定了政变，并继位为帝，是为明元帝。

拓跋珪的复国传奇至此告一段落。这位皇帝雄奇诡峻，与五胡开国之君有许多相似之处，却又处处透着不一样的气度。他以征战起家，却不迷信武力，对待强敌能够以军事、政治手段双管齐下。他以鲜卑出身，却继承了鲜卑诸部汉化的成果，虽然仍是胡人胡语，却也广泛吸收汉族士人进入政权。拓跋珪身死之日，虽然北魏仍是偏居一方的区域性政权，但王朝的政治视界已达于天下四方，在法统和气度上已然和东晋平起平坐。

所谓"五胡运终，真人出"，拓跋珪相信这样的言语，后来居然也真的按这样的人设把自己打造成颇具新气象的一代雄主，在凌乱不堪的乱世，收拾出一条大致规整的坦途，令人赞叹。

人与命运，有时真是相互成全的。

为何北魏太武帝打下淮南却守不住？

450—451年，在北方横扫万里的北魏太武帝拓跋焘，终于腾出手来进攻南朝刘宋。然而，令人意想不到的是，他在北方屡试不爽的突击战术和灭国无数的鲜卑骑兵，居然接二连三遭到失败。

历史进入了新的阶段，战场形势和重点都发生了新的变化，南北双方都被拖入了新的历史维度。

一、北魏军队的战术风格

北魏太武帝拓跋焘，是北魏第三位皇帝，明元帝拓跋嗣之子。对比十六国而言，北魏皇位和平传承至拓跋焘，不经意间破了许多项纪录：北魏是十六国以来，第一个入主中原后和平传递两次皇位的，第一个接连三代皇帝都是英武之君的，第一个将汉化政策与军事攻略同步推进近三十年的，第一个基本消灭继承制混乱问题的……

拓跋焘的父亲明元帝是个开拓之君，他在位的十四年间，接连出兵进攻刘宋王朝的河南之地，为北魏帝国扩展了极大的生存空间。拓跋焘继承了其父祖的雄武，他在位期间，将北魏版图扩至整个北方，十六国时期残余下来的边隅政权，都在他手中覆没。草原上新兴的柔然帝国，也被他打得大伤元气。

太武帝于429年灭亡赫连夏，431年吞并河西的西秦，436年灭亡北燕，439年消灭北凉，又连续发动对柔然的十几次进攻。北魏军队的战术风格正是在这些战争中定型并发扬光大的。其中尤以灭亡赫连夏的战争，将北魏军剽悍轻捷、善于远距离奔袭的战术特点展露得淋漓尽致。

425年，赫连勃勃死后，其子赫连昌即位。426年，拓跋焘发动了进攻大夏的战争。赫连夏曾经以游击战术拖死后秦，亦曾以灵活狠辣的攻击打败东晋的北伐军，但那些令人闻风丧胆的战略战术似乎都随着赫连勃勃的去世而消散。

拓跋焘对赫连夏的战略安排，总体看是击其中路、牵制两端，即首攻河东，而以重兵分别牵制大夏的首都统万城和南都长安。

制定这种战略，对军队的兵力和调动速度要求都非常高。北魏骑兵构成比例高，这个总体战略合情合理。

具体战术运用原则上，拓跋焘极力避免进攻坚城，而是追求在野战中决胜。消灭大夏的两次关键战役——统万城之战和平凉之战，都是以骑兵野战最后决胜。427年，太武帝决意进攻统万城，他先扬言统万城不易攻，遣司空奚斤率兵南攻长安，摆出一副主攻长安的样子。赫连昌果然中了调虎离山之计，遣其弟赫连定率兵南援长安。

其实，拓跋焘进攻的重点是统万城。他闻听夏军分兵南下，立即拣选三万精锐轻骑兵，甩开辎重兵和携带攻城器械的步兵，渡过黄河奔袭统万城。

统万城是当时北方最为坚固的大型城池，只带轻骑兵决然无法攻下，北魏内部很多人都反对轻骑奔袭，如果一旦拿不下，前有坚城后有黄河，形势就坏了。

但拓跋焘意气自若，他判断统万城分兵后防守空虚，必能一战而破之。那么，难道赫连昌不会据城固守吗？从形势看，统万城周围没有足够多的城池配合，如果据城坚守，迁延时日，待后续北魏步兵赶到，统万城中薄弱的兵力将会是死路一条。

拓跋焘亲率三万骑兵直扑统万城，赫连昌猝不及防，果然率兵出城迎战。拓跋焘亲自上阵与夏军拼杀，他的战马反复冲杀被绊倒，几乎要被夏军俘获，可见战斗之激烈。最终夏军被击溃，赫连昌不及入城，率败兵向西逃窜，拓跋焘一面遣兵穷追，一面消灭残敌。赫连昌之弟赫连满、侄儿赫连蒙逊在统万城北被击杀。

这场激战事实上只是一场击溃战，夏军还有相当一部分逃入城中。拓跋焘率军入城，结果被夏军闭城围攻，拓跋焘差点儿死在城里。拓跋焘和其大将拓跋齐找来一些宫女穿的裙子，系在槊上让城头的北魏军拉他们上去，方才逃出。

北魏军后续部队相继到达后，终于将夏军残余兵力驱逐干净，并彻底占领统万城。北魏军入城后立即大规模抢掠，获取大夏官私马三十余万匹，牛羊数千万。

战胜后的抢掠也是当时战斗的一部分，用以补充给养。北魏军在广袤的北方作战时，几乎每次打下敌国城池，都必须就地劫掠物资。这个在北方几乎屡试不爽的办法，后来在南方屡屡碰壁，这也几乎是南朝克制北魏最有效的办法。

与统万城之战类似，北魏军于428年再以轻骑兵奔袭赫连昌驻扎的平凉城，拓跋焘如法炮制在野外决战中彻底击溃夏军，并于阵上生擒了赫连昌。429年，赫连昌之弟赫连定据平凉称帝，并发兵主动进攻北魏，拓跋焘亲率轻骑直扑平凉，意欲调动赫连定回救平凉。结果赫连定再次中招，在野外遭遇拓跋焘，毫无悬念地被击溃。

可以看出，剽悍、迅速、锐于决战，是北魏军的鲜明特点。虽然魏军也拥有一定数量的步兵，并且会使用基本的步兵攻城战术，如进攻北燕时，北魏军就曾以步辅骑，以分割包围之术连下几座坚城，但总体上，北魏军各种战略的安排、各种战术的设计，都以骑兵为核心。

那么这种战术风格，拿到南方战场上，还适用吗？

二、悬瓠之挫

在450年之前,拓跋焘把主要精力放在平定北方诸国上,没有进攻南朝。反倒是宋文帝刘义隆趁北魏军南顾不暇,发动北伐,企图夺回被明元帝夺走的河南之地。

450年二月,拓跋焘亲率十万大军南下,企图扭转长期受攻的战略态势。拓跋焘在北方集结兵力时,宋文帝刘义隆获知这一消息,迅速下令北部淮泗沿边诸城,如果北魏军小股军队袭扰,则各城敛众坚守,如果北魏军主力来攻,各城都弃城不守,把军民迁到寿阳集中固守。

从这一方案可以看出,刘宋方面对北魏军队的特点有一定认识,知道北魏骑兵战术的厉害。

魏军过黄河南下,刘宋淮北诸城望风而退,南顿、汝南二郡弃城撤回寿阳。但因为侦察情报不够及时,汝南郡治所悬瓠城(今河南汝南县)并没有撤干净,北魏大军到达悬瓠,迅速将城包围起来。当时主持汝南郡军务的,是刘宋豫州刺史刘铄属下左军行参军陈宪。陈宪手中仅有战士不满千人,形势相当严峻。

拓跋焘的十万大军包含了步兵,所以围城之后,北魏军一改北方常用的骑兵突击战术,派步兵进行攻城作战。乍一看魏军似乎挺在行,他们用上了填土堆城的专业工具蛤蟆车,以及撞击城墙的冲车,冲车上还加装了大钩,用以钩扯城头的雉堞。为了加强对城头的攻势,北魏军架起木制的高楼,也就是类似于现在脚手架一样的架子,北魏兵登上高楼向城中平射弓箭,以压制宋军的防守。

面对这样一支看起来很有职业素养的步兵部队,人数处于绝对劣势的宋军似乎没有坚守的希望了。但关键时刻,陈宪发挥了稳定军心的作用。他指挥城中军民死战不退,北魏军钩坏了南城城墙,他便在缺口内迅速堆起女墙,并设立了栅栏以阻挡北魏军。

北魏军在城下遭到重创,死者多达万人,尸体堆积得几乎与城墙同高,城外的护城河也被填平，但仍然攻不进去。

这场战斗使北魏军的弱点暴露出来。虽然北魏军有步兵，但步兵缺乏攻城经验，手段比较单一。穴地、投石、绝汲、筑围、灌城等技术手段都没有用上，主要靠人肉冲锋，而防守方最乐于见到的就是敌军以人命硬攻。

拓跋焘沉不住气了，或许是感到再这么攻下去，会招致各路宋军的合击，于是分遣一万余步骑，在汝南以东六郡劫掠刘宋的百姓，把他们全都迁到汝阳。这么做的目的是在汝南以东、寿阳以西制造一个隔离带，防备寿阳的宋军主力来袭。

刘宋也没有任北魏军继续围攻。宋文帝刘义隆遣人命令镇守彭城的武阳王刘骏，让他以骑兵突袭北魏军。这一决策，在战略上是一手妙招。为何？两军开战之后，是在悬瓠城交火，实际上真正的战场核心是寿阳。宋军全线收缩于寿阳，收缩得愈紧，反击的力度就愈大，不要忘了，这是在南朝的主场。

拓跋焘一直严加防范的也是寿阳方向的宋军，劫掠生口、死攻要点，目的就是想调动宋军，并在空旷的淮西歼灭之。

而彭城则完全处于战局之外。彭城历来是徐兖一带宋军防守的支点，基本不参与汝河流域的防守，主要原因就是两者距离太远。那么此时从域外调一支军马来袭，完全出乎北魏军的算度，刘宋很容易夺取战略上的主动，形成多方向攻击之势。

刘骏也对这一战略安排很赞同，马卜搏集彭城方圆百里内的马匹，组建了一支拥有一千五百匹战马的精锐骑兵，而后携带三天的口粮，以参军刘泰之为首将，率安北将军府骑兵行参军垣谦之、田曹行参军臧肇之、集曹行参军尹定、武陵左常侍杜幼文、殿中将军程大祚，将军马一分为五，急袭汝阳。

拓跋焘的关注点在寿阳，根本没有想到彭城方向会杀来一股奇兵。正所谓"逐年打雁，却让雁啄了眼"，毫无防备的北魏军被杀伤三千余人，辎重悉数被毁，劫掠的南朝百姓也一时溃散奔走。

这一战略妙招，如果打击对象是南朝军队，那么毫无疑问，会引起南朝军队大规模崩盘。但宋军的对手是北魏军，北魏军上下常年浸淫于骑兵突袭战术，仗怎么打、怎么守，什么地方是关键，已然轻车熟路了。北魏军经过最初的慌乱后，发现预料中的后续打击并没有跟上来，骑兵突袭只完成了第一步。他们很快查明，原来宋军并没有预备力量，只是一击即退。北魏军迅速发起反击，没有后招的宋军迅速陷入慌乱。垣谦之顶不住压力撤退，其余诸部全被打散，主将刘泰之战死，臧肇之落水而死，程大祚被生擒，生还将士仅有九百余人，战马仅剩四百匹。

彭城奇袭当然发挥了战略上的作用，北魏军辎重被烧，悬瓠城仍然没有攻克，北魏军已经无力再继续打下去。在寿阳方向的宋军又派出一支救兵，并击杀了北魏军大将乞地真，拓跋焘选择退兵。

悬瓠之战，显示出双方在南方作战时对彼此的战略战术认识得都不够，都是在摸着石头过河。北魏军打攻坚战缺乏经验，以近百倍的优势兵力拿不下一座小城，骑兵的战术优势完全被克制。宋军虽有战略上的妙招，却忽视了双方在骑兵战斗力上的巨大差距，战略上的神来之笔，却在战术层面成了"送人头"，导致战略效果大打折扣。

这场规模不大的战斗，实际上是南北朝战争一个新的起点。在双方都没有后顾之忧、集中力量搏斗时，战争仍然存在诸多变数，这是对双方统帅极大的考验。

三、瓜步—盱眙之战

悬瓠之战一定程度上挫了北魏军的锐气，刘义隆因此大受鼓舞。450年七月，刘义隆不顾群臣反对强行令诸军全线反击，这就是著名的元嘉北伐中的第二次北伐。关于元嘉北伐我们另有专章叙述，此处只从北朝的角度讲述拓跋焘的反制措施。

宋军主力北伐至滑台久攻不克，拓跋焘遂发大军六十余万，号称百万，反攻刘宋。大军分为三路进发：一路自洛阳南下，攻汝南诸郡直指寿阳；一路攻马头（在今湖北公安北）；拓跋焘亲率主力自山东南下，进攻彭城方向。

彼时宋军在淮北方向，以彭城为支点，兵力前伸至山东，黄河沿线尚有历城驻扎着一定兵力。但拓跋焘没有计较宋军残留下来的据点，而是急速奔袭至彭城，列兵于城下与宋军对峙。

经历过悬瓠之战，拓跋焘对宋军守城的能力心有余悸。他在城外装得极度轻视宋军，还与镇守彭城的刘宋太尉、江夏王刘义恭往来使节。拓跋焘向刘宋武陵王刘骏索要美酒和甘蔗，刘骏如数赠送，还得到了拓跋焘回赠的骆驼。

北魏军对彭城发起了试探性的进攻，发现宋军守备严密，便弃而不攻，径自越城南下。当时各地宋军畏北魏军之强，都敛民保城，坚壁清野，并不出城作战。北魏军得以畅通无阻地杀到淮南，在盱眙城边，北魏军遭遇了宋将臧质率领北上救彭城的一万余人，双方发生激战。臧质损失惨重，只带残兵七百余人逃入盱眙城中。

城中原有盱眙太守沈璞在此守备。沈璞是个有心人，他初到盱眙时大修城防，储积军粮。当时刘宋北伐军声势正盛，淮河沿线是正儿八经的后方，并没有防守的必要，但沈璞未雨绸缪，在城中准备了两千人的兵力和足够的储备，不想今日居然用上。臧质入城后见有兵有粮，不由得大为宽心。

北魏军此时一门心思要直趋建康，虽然听说盱眙城中有粮，但怕拖慢南下的节奏，于是只留下数千兵力监视盱眙，大军主力继续南下。450年十二月，北魏军主力抵达瓜步（在今江苏南京六合区）。瓜步在长江北岸，系建康当面的渡口。宋文帝刘义隆调发水军沿江警戒，严防北魏军过江。

自280年东吴灭国以来，建康城已有一百七十年未见烽火，建康百姓吓得"荷担而立"，时刻准备跑路。刘宋高层也发生了激烈的争吵，太子刘劭斥责主张北伐的近臣江湛、徐湛之，宋文帝不得已也自我责备了一下。

但拓跋焘军事上的顺利到此为止了。

狂飙突进，从黄河打到长江，拓跋焘充分发挥了骑兵军团的优势，纵横千里无人能敌。但他最终遇到了瓶颈：没有水军。面对江上往来的刘宋水师，拓跋焘无计可施，如果强行以民船渡江，基本就是死路一条。

骑兵突袭战术的弊端也显露出来，由于刘宋坚壁清野，无法因粮于敌，北魏军不敢长时间驻留瓜步。拓跋焘果断于粮食耗尽前沿江举火，恫吓了刘义隆一番后，率大军北撤。

途经盱眙，拓跋焘命众军围攻，企图劫掠粮草以资北归。盱眙城的城防已非常牢固，在臧质和沈璞的主持下，北魏军虽然拿出了更多的攻城手段，但都被宋军反治得束手束脚，北魏军在城下抛尸万余。

此时传来消息，宋军大治水军，要从海道北上入淮，在北面兜击北魏军。拓跋焘不敢意气用事，只好沮丧地撤围北归。盱眙士兵本要追赶，但沈璞头脑清醒，制止了属下的冲动。至此，瓜步—盱眙之战结束，双方主力虽然没有大范围的交锋，但思想上却都受到了巨大的震动。

于北魏而言，虽然北军力量上占了优势，但从战略思想到战术运用，北魏的军事准备并不适应南北对抗的形势。以往大范围突击、骑兵主力对决便能灭人之国的战略，在南方并不适用。南方水域星罗棋布、因山据河的各种据点，是以速度见长的骑兵的克星。快速闪击、千里奔袭的战法，看起来吓人，但在改变敌我作战形势上并没有太大的效果。

在军备体系上，北魏也有明显的短板——后勤补给。北魏之前太习惯于劫掠，而不会根据战线的浅近梯次部署辎重，这一点刘宋绝对是北军的老师。如果这个症结不解决，北魏军便无法适应在南方旷日持久的战争。在技术兵种的准备上，北魏的缺陷主要体现在步兵、水军方面，步兵攻城经验不足，面对坚城办法不多，极其影响作战效率。水军则近乎于无，这对日后在南方作战无疑是个致命的软肋。

对刘宋而言，在此之前，东晋与北军对抗，战线几乎都在黄河与淮河之间，北军很少能越过淮河。此次瓜步之危，令人出了一身冷汗。这种崭新的战术，刘宋之前见所未见。如果北军加以完善，那么黄河防线、淮河防线，都将如纸糊一般，根本无法阻挡北军的闪击。要制约来去如风的北魏铁骑，刘宋的国防体系过于疏离，南北之间距离太大，争夺黄河四镇（金庸、虎牢、滑台、碻磝）似乎已不可能，北方没有足够的水系提供保障。由此看来，防线必须后退，以淮河南北的水系和坚城，构成绵密坚实的梯次防线。

这些思想上的震动，日后都转化成了宋魏双方在国防体系建设上的具体举措。绵亘了一百余年的南北战争，可以说，许多战略思想都于此发端。不过对于两位当事人——拓跋焘和刘义隆来说，这一对年龄相仿、正富春秋的敌对皇帝，却都在之后几年内死于非命。

拓跋焘虽称不上掌握什么真知，但对于北魏一朝来说，他却是本国军事建设史上最富于探索精神和锐于践行的拓路者。

崔浩之死是为河北汉人背锅？

450年，北魏平城城南，一辆槛车拉着一位七旬老翁，送往处决的刑场。押送的士兵朝他身上解小便，老翁不堪其辱，一路上哀号不止，直到人头落地……

这位老翁，正是北魏三朝老臣、河北汉人高门的代表、博学硕儒、司徒崔浩。北魏官方给出的说法是，崔浩主持撰修北魏国史，记录了许多不实、不雅之事，导致北魏拓跋氏先祖被天下非议。故而史称崔浩被杀之案为"国史之狱"。一同被杀的，还有参与国史修撰的百余名秘书郎。崔浩姻亲遍布河北、河东，诸如范阳卢氏、河东柳氏、太原郭氏多被株连族灭。

据史料看，崔浩儒学功底非常深厚，对文字的分寸把握得很好，不至于在国史撰写上犯这么低级的错误。那么，崔浩之死，到底是什么原因呢？

一、崔浩的地位有多高？

崔浩地位之高、对北魏早期作用之大，在北魏历史上找不出第二个，故而他的死一直是北魏政治史上一个重要的公案。

事实上，崔浩人生之传奇，不止在于他莫名其妙地被杀，他引人关注的政治地位，更令人惊讶。

崔浩出身河北清河崔氏，崔氏在三国曹魏时期就是响当当的名门望族。元帝渡江时，崔氏人物大都没有跟着南下，而是留在北方十六国继续出仕。崔浩家学深厚，对儒经义理、阴阳玄象、百家之说无不精通。401年，北魏道武帝大量任用汉族士人进入政治中枢，年轻的崔浩以秘书郎为起点，逐渐在北魏朝中扎下了根。

409年，崔浩拜博士祭酒，并承担了为明元帝讲述儒家经义的任务。也正是在明元帝时代，崔浩开始在军国大事中发挥作用。

411年秋，平城一带发生饥荒，有人向明元帝建议迁都至邺城。明元帝心里没底，便问崔浩的意见。崔浩认为，平城作为国家政治中心不可轻动，且大夏的国都统万城近在咫尺，如果夏国突袭平城，从邺城救援万万来不及。明元帝揣思再三，最终听了崔浩的话。

后来明元帝生了病，好几年治不好，急得五内如煎。他问崔浩一旦自己病死，诸子幼弱将如何安置。崔浩就提出了太子监国之策，让明元帝提前了解太子的理政能力。

有些历史问题，在后人看来简单无比，就像我们现在看明元帝的情况，觉得太子监国再简单不过，明元帝为何想不到？但是在当时的情况下，这一制度几乎没有人实践过。当年后赵石虎让太子石邃掌权太多引发内乱，殷鉴不远，明元帝岂敢轻易采用？

崔浩一并提出，在太子监国的同时，"选公卿忠贤陛下素所委仗者使为师傅，左右信臣简在圣心者以充宾友"。明元帝认为如此比较合适，便采纳了崔浩的建议，并选取司徒长孙嵩、山阳公奚斤、北新公拓跋安、太尉穆观、散骑常侍丘堆、崔浩共六人，充任辅政大臣。这一制度一经施行，立即发挥出有效的作用，避免了诸子争位和宗室抢班夺权的危机。

崔浩因此大受荣宠，一度令鲜卑勋贵们排挤诋毁。太武帝拓跋焘一度不得不罢了崔浩的官，但不久后便将崔浩召回，拜为太常卿、东郡公。

此后崔浩便一直在太武帝身边，为其参谋军国大事。虽然太武帝不是每次都会采纳崔浩的意见，但事后所见，崔浩的分析无不切中时宜，太武帝便对他越来越信任，给他加了侍中、特进、抚军大将军、左光禄大夫等职务，准许他出入宫中皇帝卧内。

太武帝时代恢复了魏晋中枢的尚书机制，下令尚书如果遇到拿不定主意的事，都要先请示崔浩再施行。

431年，太武帝灭亡赫连大夏后，为表彰崔浩的建策之功，将其晋升为司徒。此后一直到450年国史狱案发，崔浩一直位居司徒，仍然受太武帝宠信。

二、战略大师

那么，崔浩的长处究竟是什么呢，为何能让太武帝如此信任？

我们且看一段太武帝的评价。

北魏大破高车部落后，太武帝宴请几位高车豪帅，座中指着崔浩对高车人说：

> 汝曹视此人，尪纤懦弱，手不能弯弓持矛，其胸中所怀，乃逾于甲兵。朕始时虽有征讨之意，而虑不自决，前后克捷，皆此人导吾至此也。

可以看出，太武帝最为看重的，实际上是崔浩的战略谋划。太武帝时代的几次大规模军事行动，背后都有崔浩的身影。

请看几次比较经典的战略决策的过程。

429年，太武帝决意发倾国之兵打击柔然，彻底解决北部边患。朝中很多人反对北击柔然，理由大致有三：

第一，柔然远在漠北，距离太远，不好打。

第二，柔然地瘠人贫，得地不足用，得人不足使。

第三，刘宋在南方虎视眈眈，有可能趁机北侵。

崔浩认为，虽然柔然骑兵来回迅捷，但北魏兵也以骑兵为主，彼此不相上下，以大军击之必然能赢，不用对他们有多大的恐惧之心；柔然的牧地很多，得之可用为马场，柔然骑士还可以征为北魏之兵，就像丁零、羌胡、高车等族一样；至于刘宋，当年刘裕在时，尚不免关中惨败，他们没有能力渡过黄河北攻。崔浩甚至放言，就算把河南地都丢给刘宋，他们也未必敢来取，取了也守不住。

太武帝听从崔浩的建议，决意北伐。有人问崔浩此行能不能打胜，崔浩精准地预言，柔然人不会料到北魏大举进攻，必能破之，但就怕诸将意志不坚定，恐怕最后功亏一篑。

柔然人向来不怕北魏，北魏军深入柔然之地时，柔然人还散放牛马，一点儿防备都没有。果然，柔然被北魏军打得措手不及，被俘的牧民和牛马极多。但随着大军深入漠北，北魏军将领害怕柔然人有伏兵，再三劝说太武帝见好就收。太武帝拗不过众人苦劝，终于退兵。

然而，据后来的情报说，当时柔然可汗大檀正在病中，无力指挥，只好坐在牛车上缓缓西逃。北魏军的前锋距大檀最近时只有一百二十里，如果当时骑兵再继续追，两天内就能把柔然彻底消灭。太武帝后悔不迭，此后也就更加佩服崔浩的先见之明。

434年，太武帝与众臣商议西击北凉，崔浩再次展现出他过人的战略观和大局观。

当时北魏连年征伐，军队疲劳，暂歇军事的呼声很高。包括奚斤在内的三十多名高官，都劝太武帝不要远征北凉。奚斤等人认为：北凉远在河西，距离过远，且其地卤斥，水草不丰，不能为大军提供足够粮草。如果北凉坚壁清野，大军到后于无所获，攻城又攻不下，难免会不利。

崔浩坚持认为：北凉内乱不已，而西北近来连年发生灾患，国力大损，这是千载难逢的好时机。至于北魏军疲乏的说法，崔浩指出，虽然北征损失了八千多匹马，但这对拥有三十多万匹常役战马的北魏军来说并不算什么，况且寻常年度就算不打仗，退出常役或是病死的马也有上万匹，不能因为一次损失就放弃好机会。

曾经进攻过北凉的古弼和李顺说，北凉姑臧城（今甘肃威武市凉州区）附近有雪山，到了夏天正是雪融水涨的时候，如果北凉把融水的渠口断掉，北魏军到了城下，百里之内无水可饮，后果不堪设想。

崔浩事事从大局出发，却不料这些朝中重臣总是用一些看似合理、实则荒谬的细节来搪塞。古弼、李顺甚至还说，耳闻不如目见，他们都到北凉实地看过，你崔浩何苦还要强辩。

崔浩一面坚持说北凉并非水草荒芜之地，一面毫不留情地戳穿李顺说：你们无非是受了北凉人的贿赂，所以一再反对进兵。奚斤、李顺等无以答之，太武帝最终采纳崔浩的意见。及至打到北凉，果然均如崔浩所言。

崔浩任司徒近二十年间，凡是参与谋划的大事，所言无不切中要害，帮助太武帝厘清了对时局的认识。可以说，太武帝的赫赫武功，谋谟之功多半都是崔浩的。

三、死因猜想

那么，这样一位勋高位重、博学多识的政治家、军事谋略家，怎么会一夜之间从高位坠落，落了个九族受诛、身首异处呢？

崔浩事北魏三朝历经五十年，其中二十余年都在顶级高官的位置上。从一般的历史规律来看，长期活跃于权力高层的，没有几个人能安然存活于权力的旋涡之中。

崔浩被杀，直接原因是修史不当，但这一说法实在有些勉强。拓跋部早期的历史确实有些荒唐污秽之处，比如部落时代拓跋什翼居然娶了儿子的老婆，这件事在北魏建国后已成丑闻，绝不能进入史书遗臭万年。

后人认为崔浩修史"备而不典"，所以招来杀身之祸，大概是指对史实记载得较为详尽，但事关皇族名声的一些敏感问题处理得很不妥当，有伤皇家威仪，不足以作为典范。

然而，要知道，文史、经义都是崔浩的看家本事，什么事能写，什么事不能写，敏感的事写到什么程度，这对崔浩来说易如反掌。崔浩本人又没有什么董狐笔式的节操，他对皇帝一直很恭顺，何况拓跋氏三代皇帝对他很信任，可以说是他一切名位、荣耀的恩主，他根本没有在史书中揭露拓跋氏早期丑闻的动机。相反，他倒是有曲意回护拓跋氏的政治需要，这大概也是太武帝任命他作为国史修撰总负责人的原因之一，所以崔浩获罪时，也不明白怎么回事。

与崔浩一同参撰国史的另一位汉族重臣高允，就曾在太武帝面前为崔浩说过话。高允说：如果崔浩的死罪有其他原因，那么为臣的断然不敢说什么。如果只因为修史书犯了忌讳，那么决不至于灭族。太武帝闻言更怒。

高允这么说只是胡乱猜测吗？太武帝也只是一般的愤怒吗？并没有那么简单。到了一定级别的政治人物，其所言所动都是有所指的。

事实上同样作为接近政治核心的汉族重臣，高允早就预测过崔浩的命运。

崔浩某年向监国太子拓跋晃举荐了数十位士人，请求将他们直接任用到郡守的位置上。拓跋晃感觉不妥，他认为郡宰的位置需要用有经验的人。早前从各州郡选上来的人，在一些低级别的职位上锻炼已久，不如把他们先外放出去当郡守，新选上的人则去补这些低级郎吏的空位。

拓跋晃之说本没有什么不妥，而且他是监国太子，理当按他说的办。但崔浩不知哪儿来的硬气，非要固执己见。高允眼见此事，说崔浩与主上争执，是取祸之道。

事实上崔浩与太子的争执，也远非派几个官员任职那么简单。太武帝在位时曾发动过一场规模浩大的灭佛运动，崔浩就是坚定的支持者。

支持就支持吧，如果全是出于公心倒没问题。比较敏感的是，崔浩是天师道的信徒，他反对佛教的动因，其中包含了宗教斗争。虽说不是私欲，但越是这种宗教之争，引发的偏见和仇恨就越深。偏偏太子拓跋晃又是佛教的拥趸，太武帝下令灭佛时，太子几次求情，让不要过于酷烈，同时还利用他的监国之便，故意把灭佛诏旨缓发了几天，好让僧人们逃跑。

崔浩不依不饶地煽风点火，向太武帝进谗言，说太子拜的是佛教僧人玄高，故意挑拨太武帝和太子的父子之情。太武帝大怒，将玄高处死。

可以说，这一系列事情，使崔浩与太子几乎处于敌对的状态。

而太子的态度，又代表了相当一部分鲜卑勋贵的态度。崔浩私下里做人有些过于讦直，容不下人，又不屑于和那些靠打打杀杀起家的勋贵搞好私人关系。长孙嵩、奚斤和他同受顾命辅佐太武帝，古弼也是鲜卑人中少见的直臣，他们算得上是北魏勋臣中比较正直、有能力的重臣，照理说从公忠体国这个共同的立场上，他们和崔浩应该肝胆相照才对，但这些人对崔浩都有很深的成见。

太原王氏的子弟王慧龙从南朝逃奔至北朝，崔浩久慕太原王氏的风范，赞叹王慧龙"真贵种矣"。长孙嵩听了非常不高兴，随即引申为贬低鲜卑贵族的意思，并向太武帝告状，太武帝一度也十分愤怒。

崔浩不仅和鲜卑贵族有矛盾，与河北汉人大族的关系也不是很好，如李顺。李顺出身赵郡李氏，论门第与崔浩不相伯仲。崔浩的弟弟、侄儿都娶了李顺家的女子，按理说关系应当很亲近才对。但崔浩与李顺又莫名其妙地互相看不上眼，崔浩凭借着太武帝的宠信，经常说李顺的坏话。如前所述，在北魏进攻北凉前，李顺曾发表过反对意见，本来两人的争执基本出于公心，倒也没什么。但千不该万不该，在灭亡北凉后，崔浩旧事重提，说李顺之前屡次出使北凉，受了不少沮渠氏的贿赂，所以才一直为他们说好话。太武帝竟因此杀了李顺。河北名士，居然做出这样有亏品格的事，无怪乎同为汉人名士，高允会对崔浩颇有微词。

　　综合这些情况，再对照北魏初期汉化的形势，可以看出，崔浩作为鲜卑急速汉化过程中的杰出代表人物，一定程度上引发了鲜卑勋贵的抵制。诸如太子拓跋晃、长孙嵩、奚斤、古弼等，都不愿见到汉人势力急剧扩张，以及对鲜卑贵族利益的侵蚀。所以佛道之争也好，政见之争也罢，乃至于私人恩怨，或是崔浩个人品格中的缺陷，都可以作为杀崔浩的动因，但最根本的还是在于汉化与守旧力量之间的深刻矛盾。太武帝杀崔浩，可以说一定程度上是为了安抚鲜卑贵族。

　　至于国史之狱，鲜卑贵族既没有组织文字狱的文化功底，也没有在这个领域罗织罪名的习惯，鲜卑贵族极有可能利用了汉族名士中敌视崔浩的力量，找到了陷害打击崔浩的突破口。而崔浩死非其罪，事实上太武帝也明白。后来宜城公李玄伯去世，太武帝闻讯对左右说"李宜城可惜"，接着他又忽然说"崔司徒可惜，李宜城可哀"。毕竟崔浩是陪伴他二十多年的政治伙伴，说杀就杀了，尽管迫不得已，但想来确实令人怅悔。

女主临朝：铁娘子冯太后的政治伟业

北魏诸帝执政时间都不是很长，执政时间最长的太武帝拓跋焘，在位二十八年，其余的多在位二十年左右。值得一提的是，文明太后冯氏的实际执政时间长达二十三年，压过了绝大多数北魏皇帝。

文明太后执政掌权极为特异。其一，北魏皇帝大多是英明有作为之主，直至六镇起义爆发前的宣武帝，还能积极对南朝用兵，并取得极大优势。冯太后之夫文成帝、嫡子献文帝、嫡孙孝文帝，个个都不是平庸之君，冯太后居然能力压二帝，实在令人惊叹。其二，北魏自立国之初，便对后宫干政做了极为严格的防范，也就是所谓的"子贵母死"之制，那么冯太后是如何突破这些制度障碍，一跃成为事实上的皇帝的呢？

一、年轻的太后

冯氏出身北燕冯氏王族，祖父冯弘被北魏攻击逃入高句丽。冯弘一贯轻视高句丽，求托于人家的卵翼之下仍然极为傲慢，不把高句丽放在眼里，后来满门被杀。

冯弘之前废了结发妻子王氏，王氏的儿子冯朗、冯邈投奔北魏，这位冯朗就是冯氏的父亲。冯朗官至秦、雍二州刺史，冯氏虽系王族枝丫，却是出生在异国他乡的落魄之人。冯朗后来因事被杀，冯氏以罪人的身份被迁入宫中。

在此之前，冯弘的一个女儿入宫，成为北魏太武帝拓跋焘的昭仪，她是冯氏的姑母。在姑母的照顾和教育之下，冯氏倒也没有十分窘迫，还"粗学书计"，具备了一定的文化素养。不得不说，这一段特殊经历，为她日后的传奇人生打下了基础。

452年，北魏宫中发生了政变，宦官宗爱刺杀太武帝拓跋焘，拥立南安王拓跋余为帝，但不久后君臣之间再度发生内讧，宗爱又杀拓跋余。殿中尚书长孙渴侯与尚书陆丽等人拥立太武帝之孙拓跋濬为帝，是为文成帝。

时年十三岁的拓跋濬立十二岁的冯氏为贵人，后又将其立为皇后。

虽然还未成年，但冯氏已目睹了太多残酷之事。宫闱之幽深、政治斗争之惨烈，特别是雄主太武帝居然死于宦官之手，不能不令冯氏早做防范。日后如何对付政敌，冯氏已不再有思想顾虑了。

465年，文成帝在二十六岁的盛年去世，皇位传于年仅十二岁的太子拓跋弘，是为献文帝，成了寡妇的冯氏被尊为皇太后。

拓跋弘并非冯氏所生，其生母是李氏。456年，在拓跋弘不到两岁之时，在文成帝保太后常氏（文成帝的保姆、乳母）的主张下，李氏被赐死。当时场面相当凄惨，常太后让李氏一一写下族中兄弟的姓名——以备以后升赏，又把李氏认下的宗兄李洪之叫到宫中嘱咐后事。李氏一口一个兄弟，每叫一声，便抚胸大哭，说不完、道不尽的全是求生之意。但李氏在朝中并无强大势力，最后还是被杀。

冯氏陪伴文成帝十几年，却没有生下一男半女。是冯氏没有生育能力吗？恐怕未必如此。在子贵母死制度的阴影之下，北魏后宫有生子者，孩子幼儿大多活不长，许多都是妃嫔为求自保而亲手结束了孩子的性命。冯氏有无此类行为不得而知，但在那样一个残酷的环境下，即使冯氏做出如此选择，也并不让人感到意外。

不管过程如何，冯氏侥幸借助子贵母死制度，早早地解除了太子生母的威胁，成为后宫独尊的太后。献文帝年幼不能亲政，文成帝死前遗命太原王乙浑以丞相身份辅政。乙浑权势熏天，任意诛除异己，先后杀了尚书杨保年、平阳公贾爱仁、南阳公张天度，以及从汤泉入朝的侍中、司徒、平原王陆丽。不管乙浑是否与小皇帝拓跋弘一条心，也不管诛除大臣的动机如何，这种行为都严重威胁到皇室的权威。冯太后果断采取措施，利用文成帝刚死、政治秩序尚未稳固的混乱之机，以谋逆的罪名将乙浑逮捕并处死。

消灭了外朝最大的实力派，冯太后随即临朝听政，成为北魏事实上的主人。

冯氏很清楚，太后地位的获取，是以当年献文帝之母惨死为代价的，献文帝不可能不对她有怨言。日后献文帝长大亲政，她将何以自处？

她是个善于学习历史经验的人。北魏自来有乳母当太后的政治惯例，太武帝之保姆窦氏、文成帝乳母常氏都凭借这层关系当上了太后。冯太后与献文帝并无抚养之亲，于是把目光投向了下一代。

467年，献文帝之妻李氏生了个儿子，也就是后来的孝文帝拓跋宏（又名元宏）。冯太后效法当年常太后，下令将李氏以旧例处死，并将年幼的拓跋宏接过来自己抚养。这样一来，她就兼具了嫡祖母与乳母的双重角色，日后拓跋宏继位为帝，她的位置就稳固得多了。这一年，冯太后刚刚二十六岁，献文帝十四岁。

二、与献文帝斗智斗勇

十四岁的小皇帝虽然不能亲决政务，但并不代表帝、后之间没有冲突。冯太后的地位、权力并不稳固，小皇帝身边也围拢了一批人，企图与太后对抗。467年，冯太后宣布归政于皇帝，自己专心抚养孙子。

献文帝周围的一帮大臣便利用这个机会，不断怂恿皇帝夺回权力，彻底消灭冯太后再次临朝听政的可能。这些大臣中，以京兆王拓跋子推（献文帝的叔父）、南郡王雍州刺史李惠（献文帝的岳父、拓跋宏的外祖父）为首。

拓跋子推、李惠都是明察而有才干的人物，志在扶助献文帝，反对太后秉政这种不正常的权力现象。但由于冯太后已有一段临朝听政的经历，对朝中形成了足够威慑，献文帝身边并没有团结起来多少铁杆支持者。

除了拓跋子推、李惠之外，有迹可查的皇帝支持者，大概只有献文帝的弟弟建昌王拓跋长乐、李惠的岳父韩颓等寥寥数人。这个小集团，对冯太后远远构不成威胁。

心与力不相协，血气方刚的献文帝却不知道掩饰对冯太后的怨恨，过于直白地表达了夺权的意图，结果招致冯太后强有力的反击。

471年，在多方角力之后，满朝大臣几乎都站到了冯太后一边。据《魏书·灵征志上》载，"显祖皇兴元年（467）七月，东北无云而雷"。按照古代星象、易理解释，"无云而雷"意味着"君独处而无臣民"。以天象附会政治的说法固然没什么道理，但这代表了北魏时人对冯太后、献文帝对峙政治局面的看法。也就是说，年少的献文帝的支持者几乎被剥离干净，成了光杆司令。

少年皇帝固然血气方刚，但纯靠血气支撑，往往刚而易折。或许是对未来失去了希望——毕竟冯太后春秋鼎盛，献文帝忽做惊天之举，宣布要禅位于皇叔拓跋子推。

消息一出，朝野大震，起初无人敢应声。在献文帝一再催问意见后，皇叔任城王拓跋云、大臣源贺、宦官赵黑带头抵制这一决策。谁都能看得出来，如果把皇位送给拓跋子推，冯太后就失去了继续掌权的机会和理由，献文帝这是要拼一个鱼死网破。

群臣怕引起更大的皇族内讧，于是坚持劝献文帝不要禅位，即使禅位，国家有定制，应当传位于太子，而绝不能以侄禅叔。

面对群臣的强烈抵制，献文帝无可奈何，只好把皇位禅于年仅五岁的太子拓跋宏，自己做太上皇，时年十八岁。禅位事件中冯太后不发一言，却能逼得献文帝乖乖按她的设想走，可见冯太后手段之高超。但冯太后并未真正取得政治角力的胜利，献文帝把皇位交给拓跋宏，表达了对冯太后政治地位和权威的承认，冯太后只能顺坡下驴，勉强维持现有二元对峙的局面。

好在献文帝并没有把精力全部放在内部斗争上，这位年轻的太上皇继承了拓跋鲜卑先祖的勇武之风，连年率兵北击柔然，数次取得辉煌的胜利，并依靠不断获胜积累威望。献文帝虽迁居于简易的崇光宫，每月仍要正式朝见一次，朝中大臣如高允等人还经常到崇光宫汇报重大事宜。许多大政方针，献文帝仍直接参与处置，诸如淘汰贪鄙之官、选拔清节之才、修改礼仪规格等，并继续推行他定下的法制政策。

473年，献文帝南巡至山阳郡，途中遇到一位叫薛虎子的小官，此人之前因事被冯太后从将军罢免成士兵。薛虎子向献文帝痛哭求情，居然打动了献文帝。献文帝带他沿路询问河南的政事民情，一连数十里相谈甚欢，又加上沿途州民反映薛虎子为官清廉有为，献文帝居然当即下令薛虎子官复原职。

这么直接、毫无顾忌地处置，显示出献文帝仍想有一番作为的心气，以及对冯太后的不服。冯太后对献文帝的高调行为一直没有做出积极反应，两人貌似相安无事地维持着和平局面。但献文帝不灭的雄心，注定了帝后之间无法一直保持平衡。

事实上，早在献文帝禅位之前，诛杀李弈事件就已在帝后之间种下深深的仇恨。冯太后年轻守寡，耐不住春闺寂寞，与李弈在宫中私通，秽声传于朝野。献文帝忍无可忍杀了李弈，冯太后虽然当时没有发作，但内心之愤怒是无法消弭的。

献文帝禅位后数年间，冯太后始终居静不移，似乎也给献文帝造成了错觉，导致他的动作越来越扩大化，以至于隐然有超越冯太后之势。种种情形，使冯太后无法继续坐视献文帝伸张权力。

延兴五年（475）的北郊大阅兵，成了诱发终极冲突的导火索。当时献文帝数次北击柔然，志得意满地在北郊阅兵，显示自己的武功。

冯太后对此极为警惕。朝中权力分割，献文帝多取一些，倒也没有太大妨碍。但如果一任献文帝加强对军队的掌控，有朝一日培养出一批忠于他的将领群体，这可是要命的大事。冯太后于是加紧了对京师军队的掌控，开始布置最终行动。

就在北郊大阅兵后的几个月，冯太后宣布京师内外戒严，将京师的宿卫兵马分为三等，并规定了出军、宿止的次序。戒严一般来讲都是应对重大军事危机的,当时北魏内外并没有特别突出的危险,冯太后如此举动,当然是为了加强对军事力量的控制,以防止出现意外。

果然,戒严令下达七天后,宫中突然传出献文帝暴死的消息。献文帝当时仅有二十三岁,此前一直没有生过什么病,这么突然地去世,引起时人很多猜疑。有人认为献文帝被冯太后下毒害死,魏收所作《魏书》采纳了北魏国史的记录,不点名地暗指冯太后就是主使者。

不管怎么说,三十六岁的冯太后终于彻底摆脱了献文帝的阴影,再次走向前台临朝听政,并被孝文帝尊为太皇太后。

献文帝生前信任的几位宗室、大臣,如拓跋子推、拓跋长乐、李惠、李䜣、韩颓等都相继被贬官或赐死,献文帝的政治班底被清洗一空。

三、锐意改革

冯太后汲汲于夺权听政,手段狠辣果决,在政治方面,她的见识与才能可谓非常高明,并不亚于想有所作为的献文帝。

在其听政期间,北魏完成了两项非常具有划时代意义的政策制度改革。

其一是三长制。

三长制的大意是:立党、里、邻三长,定民户籍。具体来说,就是五家为邻,设置一个邻长;五邻为里,设置一个里长;五里为党,设置一个党长。三长的职责是检查核定户口,组织乡里基层的赋税、徭役、兵员征发工作,加强对社会基层的监管。

为什么要立这样一个制度呢?原因在于之前北魏的户籍管理相当混乱。起初北魏实行宗主督护制,基层社会由所谓的"宗主"进行管理。宗主,有的是以血缘为纽带聚集起来的大宗族的族长,有的是一乡一地的豪强。这种制度,其实是东汉以来世家大族背景下的历史遗存。

这种制度的利弊，因为时代不同而呈现在不同方面。汉末三国时社会混乱，政府控制力减弱，百姓只能依靠自身力量勉强生存。世家大族站出来，分担了原本应该由政府承担的统治、保卫和经济职能。

一旦社会进入相对稳定的时代，世家大族、豪强、宗主便又体现出消极的一面。他们的出现是民间自发形成的，并不代表政府意志。特别是经济上，宗主往往倾向于隐瞒户口，少缴纳赋税。这是朝廷官府所不能容忍的。

冯太后、孝文帝的时代，北魏开国已近百年，统治逐渐稳定，宗主督护制已经失去了替政府管理乡里的历史意义，更多地表现出截流赋税、分割政府财源的负面作用。

北魏大臣李冲鉴于当时"民多隐冒，五十、三十家方为一户"的突出弊病，向冯太后、孝文帝建议立三长以取代宗主督护制。

要改革实行了近百年的宗主督护制谈何容易，没有足够政治预见力是绝对做不到的。李冲提出建议后，以中书令郑羲、秘书令高祐为代表的一批朝臣强烈反对，但为什么反对，他们又说不出所以然。

还有的人认为，改革固然可行，但不宜太急，当时正好赶上征收赋税的周期，如果骤然变法恐会导致基层大乱。

众说纷纭，莫衷一是。

冯太后力排众议，说："立三长，则课有常准，赋有恒分，苞荫之户可出，侥幸之人可止。何为而不可？"于是三长制正式推行。

这个制度于政治上增强了朝廷对基层的控制力度，于经济上扩大了赋税人口基数，毫无疑问具有积极意义，北魏官方控制的户数大大增长。著名史学家周一良先生曾对青、齐、兖、徐诸州的人口变化进行了考察，从三长制建立之前，到北魏末年，该区域户数从二万九千余户增长至八万八千余户，增长率达200%多。户数是北魏征税的主要指标，可见变化之大。

其二是均田制。

这个制度产生的背景，是北方十六国以来连年战乱，导致人口流徙，田地大量抛荒，生产力极度被削弱；北魏建国后，鲜卑贵族和旧有豪强大量兼并土地，同时又以庄园、坞壁等形式大量蓄养田客，这些被蓄养者如同豪强的奴隶，不向国家纳税，甚至有的还成为豪强的私人军队，构成对国家安全的潜在威胁。

综合这些因素，北魏在冯太后的主持下，于太和九年（485）实行了均田制。主要内容包括：

（1）男子年十五以上赐露田四十亩，女子二十亩，为了保证轮种，一般都是数倍授田。这种露田一律归国有，不准买卖，年老免予税课后交还国家。露田必须种植粮食作物，这是国家征税的基础。因为不种树、不遮阴，称之为露田。

（2）男子授予桑田二十亩，世代拥有，不用交还国家。桑田须按一定比例种植桑树、榆树和枣树。桑田超出每人二十亩配额的，可以自由出卖。能够种麻的地区（南北朝时麻类作物广泛分布于西起甘肃、东至山东、北至河北、南至黄淮的广大地区），男子授予麻田十亩，女子授予五亩，这种田与露田的授还方法相同。桑、麻都是制造绢、布的原材料，桑田和麻田是古代授田的重要内容之一。

（3）奴婢——指为贵族、豪强充任劳役的奴客，也按平民的标准进行授田。此外，有耕牛一头授田三十亩，每家不得超过四头耕牛的配额。

（4）土旷人稀之处，任凭百姓耕种，亩数、田的种类不受限制。

其余细节不再一一细表。这几条措施表明了一个事实：经过长期的战乱，田地抛荒的现象着实十分普遍，人少地多，所以朝廷能较为自由地进行均田。

在此之前，北魏没有实行过土地制度，这种有利于平民的土地制度，也不会侵犯鲜卑贵族和豪强太多利益，实施起来没有什么政治包袱。

均田制定制于485年，三长制大约出现于486年。在两者谁先谁后的问题上，学界的看法并不是很统一。现在的史料已经很难支撑两者时间先后的考据，但有许多人认为，大概在均田制推行的过程中，官府发现基层户口统计得过于混乱不清，无法客观地计口授田，因此力推三长制，以尽快查清楚户口详数。

三长制与均田制的有效结合，处处透露着开明、革新、进取的政治气象，也体现了政治操作层面的规范性、有序性、人本性。这都是十六国时代各政权所不具备或者不全具备的。北魏之所以能走得更远，在国家体制、统治政策上探索得更深，基础正在于此。

冯太后主政时代处在北魏发展渐近成熟的关键时期，她的政治能力在北魏的一切治绩和进步中，毫无疑问占据了极为重要的分量。

四、培养明君

从476年，冯太后恢复临朝听政，到490年去世，其间她一直居于主导地位。哪怕她的嫡孙孝文帝拓跋宏已经成年，太后听政也没有停止。

冯氏的抚养战略达到了目的，名义上二人是祖孙关系，实际上情同母子——毕竟两人年龄只差二十六岁。孝文帝对冯氏非常亲近，尊重如同亲母。

冯太后有着较为明显的汉化倾向，她力主推行的三长制、均田制，包括官员班禄制，无不释放了明确的汉化信号，实际上这也是十六国以来胡人汉化的一个共同趋势。冯氏出身的北燕，系出鲜卑慕容氏，慕容氏诸燕政权又是十六国中汉化最早的，因而她推动北魏实现统治政策上的逐步转变，是纯乎自然的。

冯太后对孝文帝的教育培养，也贯彻了汉化的理念。冯太后亲自撰写了《劝戒歌》三百余章，又作《皇诰》十八篇，让孝文帝阅读。孝文帝日常学习的内容包括儒家经典、老庄思想、佛学等，终日手不释卷，勤读不辍。

长久的政治浸染、文化培育，可以说是孝文帝日后坚决推行汉化政策的主要原因，冯太后手把手地带着孝文帝学习治国之策，是一位标准的政治导师。

但即便如此，两者之间的关系也并非十分完美。

冯太后无子无女，终究心里空落落的，对任何人都不能完全放心，即使是她躬亲抚养的嫡孙孝文帝，也不无防备。

在孝文帝十五六岁时，冯太后见他聪明异常，怕他日后因为母亲被赐死对自己不利，于是把他幽禁起来。当时正值冬月，天气寒冷，孝文帝身上只穿着单衣，整整三天没吃上一口饭。

冯太后召集元丕、穆泰、李冲等大臣讨论，想立孝文帝的弟弟咸阳王拓跋禧为新帝。拓跋禧与孝文帝同父异母，不存在杀母之仇。

但这一动议遭到诸大臣的集体抵制。孝文帝并无失德表现，对冯太后也一直十分孝敬、恭谨。冯太后筹思再三，只好作罢。

孝文帝对此吃了一惊，但对冯太后更加恭谨，言行没有表露出任何怨怼之意。就这么一直持续了几年，祖孙之间相安无事，直到490年冯太后去世，享年四十九岁。

孝文帝对这位亦母亦师的祖母太后感情复杂。在政治上，他坚定地贯彻了冯太后倾向汉化的政策，于冯太后去世后第四年将都城南迁洛阳，全面开启汉化进程。在礼节上，他对冯太后表达了高度的尊重，一度哀恸过度，水米不思，甚至想守孝三年。

公允论之，冯太后是北魏最有作为的统治者之一。正是在她听政期间，北魏国力达到一个高峰，她培养出的杰出君主孝文帝，亦是中国政治史、文化史上的一位奇人。有绩如斯，冯太后不朽矣！

汉化明星孝文帝，居然是个战争狂人

作为北魏推进汉化最有力的皇帝，孝文帝给人的印象大概是一位谦谦君子，对汉文明充满真挚的感情。然而揆诸史实，我们发现，这位对汉文明极度热爱的汉化改革明星，其实骨子里仍然流淌着游牧民族好战的热血。

正是这位孝文帝在位期间，曾经固若金汤的南朝防线被打开，南朝对北朝的防御形势发生质变，基本上奠定了北朝后期北强南弱的局面。

一、迁都洛阳：孝文帝其实是一箭双雕

北魏孝文帝拓跋宏主政后极力推动汉化改革，拓跋氏皇族和鲜卑诸贵姓，就是在他的命令之下全体改姓汉姓的。

494年年底，经过数年的酝酿，孝文帝正式下令将首都从平城迁往洛阳。他以南征南齐为借口，率众臣和诸军行至洛阳后，正式宣布了迁都的命令。

在以往的历史叙述中，有一个偏离史实的认识，即孝文帝南征是借口，迁都才是真正目的。事实上，这种认识完全误解了孝文帝。

我们暂且回顾一下孝文帝即位以来的经历。

孝文帝的身世经历其实比较特殊，因为一个人，文明太后冯氏。

前文已述，冯氏是文成帝的皇后、献文帝的嫡母（非生母）、孝文帝的嫡祖母。这位冯太后是位铁娘子，当年文成帝早逝后，她抚育年幼的献文帝，自己临朝听政。献文帝长大后她一度归政，但二人性格上的差异逐渐暴露，加之献文帝对冯太后宠幸男宠颇为不满，借机杀了李弈、李敷等人，引发帝后之间巨大的矛盾，冯太后遂施展毒辣手段，牢牢掌控朝政。

孝文帝时期，冯太后主政，相继推行官俸制（又称班禄制）、三长制、均

田制，政局稳定，国力提升。太武帝逝世后数十年，连续不断的政局动荡终于结束，北魏开始恢复扩张的野心。

孝文帝虽然很惧怕这位名分上的祖母，但在长达十八年的耳濡目染中，他基本上继承了冯太后内政汉化、外事扩张的政策。所以亲政之后，他立刻全面推开汉化政策，同时在军事上延续了冯太后期间对南朝扩张的策略。

孝文帝将都城南迁洛阳，其实并不是借南征玩障眼法，而是真真实实地想要一箭双雕，既把政治中心迁到洛阳，又就近指挥汉（江）北、淮北诸军，对南朝发动凌厉的进攻。

那么为什么孝文帝选择在亲政仅仅三年、汉化改革进行到关键时刻，选择发动大规模战争呢？

二、第一次亲征：孝文帝的野心好大

孝文帝南征，有内外两重因素的刺激。

内因方面，北魏太武帝时期的扩张政策虽然随着太武帝遇刺而暂告中止，但并没有彻底消失。只不过因为文成、献文两代皇帝实际执政时间较短，受到的约束又比较多，故而无暇展开对南朝的大规模进攻。而到了孝文帝时代，经过文明太后冯氏十多年的努力，政局稳固、国力增强，对于一个骨子里印刻着扩张基因的鲜卑帝国，国力上升必然带来新一轮的军事征服。

外因方面，主要是南朝屡屡发生内乱。

494年，南齐武帝萧赜去世，他的两个儿子相继被西昌王萧鸾废杀，萧鸾即位，是为明帝。萧鸾自以得位不正，恐怕宗室子弟群起而攻之，便先下手为强，杀尽武帝子孙。宗室自相残杀的同时还导致部分将相被诛，南齐朝野上下人人自危，政局动荡。

孝文帝正是趁此机会发动的进攻。

事实上，在480年至481年冯太后主政时，北魏就已趁南朝宋、齐易代，发动过对淮河沿线的进攻。南齐虽系新建之国，但齐高帝长期担任淮北方向的统帅，对沿淮军事形势极其熟悉，故而军队响应十分迅速，有力顶住了北魏的攻势，北魏军并没有占到什么便宜。齐高帝和齐武帝在位的十余年间政局较为稳定，北魏在军事上找不到机会，便渐渐安定下来。

此时南齐政乱，正是因乱略地的好机会。

那么南北双方的战争焦点区域在哪里呢？孝文帝南征的总目标又是什么呢？首先我们要了解一下北魏与南朝的对峙形势。

北魏与南朝的对峙，大致分为三个阶段。

第一阶段是晋末宋初。宋武帝刘裕北伐克定河南、关中和青齐一带；当时北魏刚刚建国，把主要精力用于北方的战争，疆域也局限在河北一隅，即使赫连勃勃趁势侵吞关中，北魏也只能坐视不理。这时是完全的南强北弱时期。

第二阶段是元嘉对峙时期。北魏与刘宋在河南、青齐一带发生激烈的战争，刘宋发动的三次元嘉北伐都以失败告终，丧失河南大部分领土，北魏逐步前推至淮河一线。北魏太武帝拓跋焘甚至在刘宋第二次元嘉北伐失败时，打了一个反冲击，打到瓜步城下。然而由于刘宋国力尚强，加上北魏军事准备不够充分，不能很好地适应淮河沿线的战争特点，北魏制刘宋进攻之弊有余，进攻淮南则不足，可以说是双方相持的局面。

第三阶段即是孝文—宣武时代的全面进取期。北魏之前利用宋明帝内乱和宋齐易代之际，相继占据山东半岛和河南南部，但在南齐的顽强阻击之下很难稳定地占有淮河一线。

特别是淮河上游地区，南朝占据着义阳（在今河南信阳）一带，对河南腹地的威胁始终存在。北魏主要目的有二：其一是在西线彻底打破淮河防线，把军事压力推进到江北沿线；其二是消灭南朝在襄汉一带的势力，彻底解除南朝对河南的威胁。

494年，温文尔雅的孝文帝露出獠牙，开始了长达四年共三次的疯狂南征。

第一次南征发生于迁都洛阳之后。南齐雍州刺史曹虎致书愿献襄阳投降，孝文帝随即发四路大军，分别进攻南郑、襄阳、义阳、钟离。

其中南郑和义阳两路是主攻方向。

义阳是南朝司州的首府，对河南的威胁最大，因而北魏投入十余万人，包围义阳并进行了猛烈的进攻。南齐明帝萧鸾一面指示城中死守，一面加派兵力增援义阳。北魏的军事准备并不充分，在齐军的内外夹击之下败退。

南郑方向，北魏也出动了部分守备部队进攻，企图乘虚夺下汉中。但因北魏在西线的兵力有限，虽然有名将元英主持进攻，但仍在梁武帝萧衍之兄——南齐大将萧懿的指挥下，被打得狼狈不堪。

襄阳方向由于不明情况，北魏军没有展开进攻；钟离方向则因为南齐派兵反制，陷入僵持局面。

孝文帝率众三十余万——其中包含不少非战斗人员，自洛阳前赴悬瓠城，大会群臣后，率军沿淮东行，到达寿春、钟离一线。南齐不断派兵骚扰，但因北魏军多骑兵，野战条件下并不能达到什么效果。

孝文帝并不想继续进攻南齐的坚城。他到达寿春城外的八公山，登上山作了诗后扬长而去，大概是怀念了一下当年苻坚在此地的情景。

到达钟离后，孝文帝突然命令诸军围攻该城，似乎想从此地突破淮河防线，效法当年太武帝直捣建康的神迹。然而由于准备不充分未能破城，孝文帝不得不率军北返。

这次南征，孝文帝的决心很大，摊子也铺得很大，从汉中到沔北，从淮河上游到中下游，东西延绵数千里；但因为准备不够充分，加之南齐反应迅速，并没有取得太大进展。

三、第二次南征：切小口出重拳，生吞沔北诸郡

497年，孝文帝充分检讨了第一次南征的教训，经过周密认真的准备，再次御驾亲征。

这次南征，特点很突出。

第一，目标聚焦，只打沔北诸郡，目的就是夺取河南南部，解除洛阳面临的国防威胁。

第二，力量强大，发动的兵力多达二十余万。这个数字是真实的军队数量，不像第一次那样包含非军事人员。

沔北诸郡指的是哪些地方呢？

沔就是汉水的上游（古代也指整个汉水），汉水北部的地区是南朝的雍州（治所在襄阳），一直向北延伸到南阳一带，距离洛阳非常近。孝文帝一开始就投入重兵分割包围了南阳和新野。

南齐明帝忙于削平内部宗室势力，对沔北的经营不够重视，既没有主动出击以威胁洛阳，也没有投入足够力量坚守。所以，当北魏大军以雷霆之势进攻时，南齐军根本无力迅速反应。

南齐明帝遣中央禁军北上救援，但远水不解近渴，又调寿阳、钟离一线守军北攻以牵制北魏。孝文帝经过激战拿下沔北五郡，将南朝雍州州境压缩至襄阳一带，长江流域的门户洞开。

第二次北伐取得的战果是相当突出的。南朝的雍州北部以南阳为中心的地区，自此之后再也没有恢复，直到南陈灭亡。

北魏得以经营南阳，以之为前进基地，屡屡从此进发，威胁襄阳甚至郢州、荆州。东面的义阳三关也失去了侧翼掩护，南朝在巩固防守形势时愈加显得吃力。但孝文帝的战略目的仍然没有达到。只取沔北不取义阳，不能控制水路要冲。同时，南齐在淮河中下游显示出的强大战斗力，依然令北魏无计可施。特别

是南齐豫州刺史裴叔业率寿春之众越境反击，一度把涡阳城打得快要守不住了，这是一个令北魏颇为头疼的问题。

四、第三次南征：孝文帝中道崩殂

孝文帝第二次南征末期，南朝政局再次发生动荡，齐明帝去世，其子萧宝卷即位。

499年，南齐为稳定形势，派出首屈一指的名将陈显达率建康的中央禁军，再次开赴沔北，统领兵力共约四万人展开反扑。

陈显达此前有过长期镇守樊城的经验，与魏军多次交手，胜多败少。齐明帝时代，他备受信任，是中央职务最高的将军，威望非同寻常。他率军前来，显示出南齐志在必得的信心。

陈显达自襄阳出兵进入南阳一带，迅速攻下了马圈城和顺阳城。北魏遣名将元英抵挡，但被陈显达击败。孝文帝闻讯大怒，下诏严责元英。

沔北诸郡地位之重不言而喻，如果被陈显达夺走，以后想要再拿回来可就难了。权衡之下，孝文帝不顾患病之体，亲率大军十余万自洛阳南下，与陈显达决战。

南齐军数量远比北魏军少，加上此前攻城已耗费了许多力量，无法抵挡孝文帝带来的生力军。经过激战后，陈显达部被击溃，弃军南逃，兵力损失达二三万，基本上失去了战斗力。

北魏军本来可以趁势进攻襄阳、樊城，但孝文帝连续奔波劳累，终于病情加剧，没过多久，便在悬瓠城病逝。北魏军也无法再继续南攻了。

孝文帝亲政九年，长达四年多的时间都是在一线战场度过的。他虽然从根本上推动了鲜卑贵族的汉化，但也对南朝充满了深深的敌意。他推动的三次南征，更是深刻改变了南北对峙的局面，使南朝在长江中游的门户洞开。

孝文帝的继任者宣武帝元恪，正是看到了孝文帝南征的巨大成果，才更加不遗余力地持续推行南侵战争。北朝因此获得了太武帝以来不曾有过的战略优势，可以说，这些都发端于孝文帝。

宣武南伐——北魏最后的军事辉煌

500年至505年，北魏宣武帝趁南朝齐梁易代，发动了一次规模空前的南征。在东至大海、西至益州的数千里战线上，魏梁双方展开了南北对峙史上最为浩大的对攻，新生的萧梁王朝差点儿被扼杀于诞生之初。最终南朝再次躲过了厄运，经过数年惨烈的拉锯战，战线又回到了战争爆发之初。

一、南北形势

相比于南朝，4世纪末至6世纪初一直维持政治实体存在的北魏，无疑是一个政治奇迹。一心向往汉化的北魏寿命绵长，而南方自号为正朔的汉人王朝，却接连不断发生政权更迭。第一次是420年刘宋取代东晋，第二次是479年萧齐取代刘宋。502年，北魏第三次目睹了南朝新政权的诞生。

彼时南齐末帝萧宝卷为政昏暴，连连诛杀元勋宿将。南齐高帝时代就已屡立功勋的老将陈显达备受猜忌，在江州起兵反叛，萧宝卷以崔慧景镇压之。当时镇守军事重镇的大将，许多都受猜忌。豫州刺史裴叔业镇守寿阳，也不获信任，萧宝卷将其调任为南兖州刺史，企图把他调离军队，在建康就近控制。

裴叔业自认地位不如陈显达，陈显达尚且叛乱，自己如果放弃了军队，肯定也难逃一死，于是据寿阳投降北魏。

寿阳是淮河沿线最重要的堡垒，失去寿阳则淮南门户洞开，建康一线的国防压力空前增大。所以萧宝卷立即组织兵力救援，但率兵出击的大将崔慧景也因受猜忌，并没有北上寿阳，而是反戈回击建康城。萧宝卷急遣萧懿（梁武帝萧衍之兄）讨伐崔氏。

未承想，萧宝卷依靠萧懿平定崔慧景之乱后，又有人进谗说萧懿也有了谋反之心，萧宝卷又杀了萧懿。连番屠杀功臣，终于引发天下集体反对，萧懿的弟弟萧衍在襄阳起兵讨伐萧宝卷。南朝国内大乱，南齐的主力都在长江沿线抵挡萧衍的雍州兵，寿阳方向也就无人顾及了。这给了北魏天大的良机。

北魏自499年孝文帝去世、宣武帝元恪即位以来，虽然六位辅政大臣之间多有争斗，但总体政局平稳，宣武帝遂发兵南下接应裴叔业。北魏与刘宋、南齐对峙七十余年，寿阳一直是南朝最坚固的据点，此次不战而得，战略优势空前扩大，顿时刺激北魏再兴南征之念。

此时经过明元、太武、孝文诸帝的南征，北魏军队不再是当年动辄需要皇帝亲自率军出击的状态。孝文帝迁都后，淮河沿线的驻军数量空前增多，在与南军长期的作战中，锻炼出一批非常有经验的将领，朝中统帅如中山王元英、邢峦，一线的将军如杨大眼、奚康生、傅永等。刚从南朝投降北魏的王肃，也有着丰富的淮河沿线作战经验。

这批有经验的将领，使得北魏制定南征之策时更有针对性，更加善于寻暇伺隙，抓住和利用南朝国防上的短板。

二、淮南的争夺

北魏拿下寿阳之后，接连派出几位中枢重臣到寿阳一线主持军务，并在寿阳设置常备兵四万人。

这意味着什么呢？

在孝文帝之前，北魏在南部边境没有大量常驻兵力，一者边境军镇太多，北魏根本负担不起，这也是北魏为什么迟迟打不透淮河防线的重要原因之一。就像北魏任城王元澄所说，兵仗易集，粮草难集，有兵无粮就没法打仗。二者北魏军队之前习惯于骑兵作战，骑兵速度快，更适宜于集中驻扎在军事要地，四方有事则高速驰援。

而在寿阳一城之地驻扎四万人马——这四万人马的构成已大为改变，不再以骑兵为主，而是步骑兼重。在前线长期驻军花费极大，加上寿阳为新得之地，人心不附，无法就地征兵征粮，一切补给都要从后方运送。北魏舍得这么大放血，意味着决心已下，企图以寿阳为基地，按照南朝军队的打法，逐城逐地地向南推进。

从500年起，南齐虽然拿不出大股兵力，但仍然派出几支小股兵力袭扰寿阳的北魏军。南齐李居士、胡松二将率万余人马进驻宛塘（在寿阳之南），齐将陈伯之也溯淮河西上，不断袭击寿阳外围。

除此之外，南朝再无有力的军事行动。北朝方面随着后续兵力不断到达，扭转了数量上的劣势，开始成为主攻的一方。北魏军不断向寿阳四周用兵，陆续击溃南朝军队。后来梁朝建立，南齐末帝萧宝卷的弟弟萧宝寅和大将陈伯之父子相继投降北魏。萧宝寅为了报仇，在洛阳皇宫哭泣哀求宣武帝出兵进攻梁朝，宣武帝便派他二人到寿阳前线，利用他们知晓南军虚实的优势，持续对南朝进攻。

南朝一直到502年四月萧衍正式建国，始终抽不出兵力北上，因为稳定新生政权是第一要务。

北魏也瞅准了这一形势，尚书左仆射源怀建议趁南朝内乱赶紧出兵。他认为虽然萧衍处于优势，但淮南、荆州等地的南军各自观望，与萧衍不是一条心，应该"乘厥萧墙之衅，藉其分崩之隙，东据历阳，兼指瓜步，缘江镇戍，达于荆郢。然后奋雷电之威，布山河之信，则江西之地，不刃自来，吴会之乡，指期可举"。

宣武帝认同了这一看法，立遣颇有韬略的任城王元澄到寿阳主持军务。

但理想很丰满，现实却不容乐观。寿阳城作为一个区域性战略支点，要靠周边城戍互相配合才能发挥好作用。元澄到任后发现南军似乎已经稳住了形势，南军将领蔡道恭在寿阳以南大修城防，梁城、合肥、钟离、洛口等重要据点都不易攻下。

更出乎北魏意料的是，萧衍以迅雷不及掩耳之势打下建康，并取得了南齐各地实力派的一致拥戴。如此一来，要再大举兴兵，就又会形成两国全面对抗的局面。

元澄认为，只以寿春的四万人马，同新兴的梁朝对抗，而且战场靠近梁朝的腹地，是绝对打不赢的。

宣武帝元恪也认同这一看法，便叫停了淮南方向的大战，并形成了固守寿阳、逐步拔城、长期对峙的战略决策。

自此之后，直到505年梁朝发起天监北伐反攻北魏，双方再未发生大战。

三、攻陷义阳三关

淮南方向陷入僵持，但北魏在河南方向却取得了重大突破。

501年十二月，北魏中山王、镇南将军元英上书，请求率三万人从汝南南下，进攻萧衍的老巢雍州襄阳郡。此时萧衍的主力全在建康，荆襄一带空虚，如果元英趁机出击，或许真有可能批亢捣虚，直接将荆州拿下。

但宣武帝没有采纳这一建议，大概是因为淮南方向战事正紧，大量兵力都投入寿阳，此时分兵荆襄，两边不能兼顾。宣武帝更看重淮南，所以出兵荆襄被搁置了。

但随着梁朝政局逐渐稳定，以及梁军在淮南方向反击力度的增大，其他战略方向开始有了变化。503年，梁朝截断巢湖东关的出口，企图使巢湖水满溢倒灌淮南城戍。为了粉碎梁军这一企图，宣武帝一面向寿阳增兵反制，一面重提旧事，令中山王元英率军进攻义阳，以牵制梁军。

义阳是大别山一带的重要关口，同时也是淮河上游的重镇，地理位置十分关键。元英率军南下后，立即与梁军展开了激战。

梁朝义阳守将是司州刺史蔡道恭，城中守军只有五千人，军粮只够半年支用。但蔡道恭毫不畏惧，坚守城池数月。元英指挥大军舍死围攻，一直打了一百多天，义阳城犹自巍然挺立。元英悬军于敌境，一度被打得心生退意。但事情突然间有了转机，蔡道恭积劳成疾，不幸去世，他的堂弟蔡灵恩于危难中接任守将之职。

元英闻讯决定继续围攻。

梁武帝本来派了大将曹景宗率兵来援，但曹景宗惧怕北魏军势大，只敢远远观战，并不派一兵一卒解围。梁武帝无奈之下又派马仙琕率兵进援义阳。

当时城中南梁军已被打得无力反击，不能出城助战。马仙琕率军急进，元英在上雅山筑垒，命诸将在山中设伏，佯装失利，引诱马仙琕深入，待其来到平地，伏兵齐发。马仙琕是萧衍的开国名将，虽然误中埋伏，但仍能临危不乱，与北魏军展开激战。可是北魏军以逸待劳，数量和质量上都有优势，马仙琕死战不能取胜，他的一个儿子在激战中阵亡，无奈只好退兵。

然而义阳危急，马仙琕不敢不救，又以万余人马主动进攻北魏军。一日之中三次交战，都被北魏军击败。

如此恶战到八月，马仙琕始终不能前进一步。义阳城中守军势穷力竭，蔡灵恩开城投降，义阳就此易手。义阳三关武阳关、平靖关、黄岘关守将闻讯也都弃城南逃。至此北魏打开了进攻荆襄的门户。

可惜的是，宣武帝没有把义阳方向作为突破点继续深入。随着淮南战场形势日趋紧迫，加上梁武帝于505年发动北伐，淮南方向吃紧，元英被调往寿阳作战，义阳方向的进取计划便戛然而止了。

四、进取蜀中

504年，梁朝汉中地区突然发生叛乱，梁州长史夏侯道迁据汉中之地向北魏投降，宣帝武随即以邢峦为镇西将军，率众接管汉中。

这是怎么一回事呢？

夏侯道迁是个没有气节的投机分子。他在南齐时和裴叔业一起在寿阳，因为与裴有嫌隙，便逃奔北魏。北魏让他跟随王肃在寿阳与梁军作战，王肃死后，他感到无人可以依靠，又投降了南梁。梁武帝把他远远地放到了梁州，在时任梁州刺史庄丘黑手下做了长史，兼任汉中太守。

庄丘黑不久病死，大概是梁武帝觉得梁州的将吏都不太可靠，便派其心腹王镇国到梁州接任刺史。夏侯道迁以为梁武帝是针对自己的，于是再度据城降魏。为了取信于魏人，他还杀了仇池（在甘肃陇南一带）氐人首领杨灵珍父子当投命状——杨氏父子系从北魏叛降南梁的。

邢峦本是士人出身，但此人眼界非凡又留心军事，在孝文帝时代，他曾随军征战汉沔一带，是个文武全才的人。此次他率兵二万余进入汉中，因为有夏侯道迁的接应，迅速控制了以南郑为中心的汉中地带。

当时汉中诸城戍，只剩下白马戍、补谷戍、石亭等城未降，邢峦遣兵分道进攻，没经过什么像样儿的战斗便拿下诸城。邢峦部下大将王足一路猛冲猛杀，居然连川中门户剑阁也攻了下来，兵锋直逼涪城（今四川绵阳）。

那么益州的首府成都是什么情况呢？

萧衍灭南齐之时，南齐故益州刺史刘季连曾据成都反抗，但随后被萧梁宗室萧渊藻平定，萧渊藻而今仍在成都镇守。从总体看，益州的形势并不稳定，新建立的梁朝没有形成足够的威慑力。梁军没有大股兵力驻守益州，用以抵抗的梁军部队都是几千人的规模，此时正是攻取蜀中的大好时机。

据历史经验，蜀中之险，一在汉中，这是战略性的门户；二在剑阁，这是进入川中的要道；三在涪城，这是成都最后的屏障。这三重保险中，最重要的是剑阁，一入剑阁，便可深入成都平原。

魏军围攻涪城之时，益州军民投降的达到十之二三，向北魏上缴编户数据的达五万多户。照这个形势发展下去，益州崩溃是迟早的事。

但就在此时，北魏方面出了问题。

邢峦进逼涪城后，因为占据地域过广，加之一些占领政策过于急躁，招致蜀中百姓的反抗。进占巴西郡（今四川阆中）的魏将李仲迁纵情酒色，不理公务，邢峦本要杀他以正军法，于是李仲迁图谋叛魏，不料城中军民先下手将其杀死，后又据城归降梁军。

对汉中的汉、氐豪强大族，邢峦起初也待之以礼，但随着北魏军前进至蜀中，汉中不断出现武装反抗，邢峦为此杀了不少豪强。一时间蜀、汉气氛紧张，人人自危。邢峦迫于情势，上书请求宣武帝再发大军入蜀，以稳定局面。

此时梁武帝不断加紧对淮南方向的攻势，牵制了北魏大部分精力，宣武帝不愿继续增兵攻蜀。邢峦反复上表劝说，仍然无法说动宣武帝，这直接影响了北魏军继续进攻的势头。

更糟糕的是，在邢峦大军征进之时，宣武帝任命王足为行益州刺史，也就是代理刺史。但正在涪城相持之时，宣武帝又任命梁州军司羊祉为正式的益州刺史。王足闻讯大为丧气，竟不顾大局撤了兵。

505年年底，因为梁武帝发动了声势浩大的北伐，为了反制梁朝，宣武帝决定加强淮南方向的力量，派元英、邢峦相继到淮南参战，北魏对益州的进攻就此中止。

宣武帝南伐，占领了南朝不少土地，形成了对南朝的强大压力，这也是北魏建国以来对南朝威胁最大的一次。然而不得不承认，这次南伐没有在任一战略方向上取得彻底的胜利，淮南方向占领了寿阳，但由于梁军拼死反制，淮南防线并没有被撕裂，益州方向更是劳而无功，义阳方向也没有威胁到南朝雍州。这既有宣武帝决策的失误，也有北魏国力不足的原因。

宣武帝之后，北魏内部矛盾逐渐暴露，新的风暴正在酝酿，宣武南伐成了北魏军事上最后的辉煌。

一代妖后北魏灵太后的作妖人生

北魏历史上有两位著名的太后，一位是孝文帝的祖母冯太后，一位是孝明帝（孝文帝的孙子）的母亲灵太后。这两位太后一正一邪，在北魏历史上堪称双峰并峙，盖过了许多皇帝的风采。尤其是这位灵太后，其一生做事风格云谲波诡，令人叹异不已。

一、命硬的胡贵嫔：不怕子贵母死

灵太后的"灵"字是谥号，她本姓胡，名仙真，系北魏司徒胡国珍之女，被北魏宣武帝征为妃子。

在北魏当皇帝的妃子是个高危职业。为何如此说？皆因北魏子贵母死的奇葩制度。

北魏的开国皇帝道武帝定下了这个制度：凡是欲立皇子为太子，便要杀了其母，以防后宫、外戚干政。

关于这个制度的由来，大概是因为鲜卑拓跋部处于部族时代时，其首领的妻子大多娶自强大的部落，这些部落极易对拓跋部的继承人造成强大干扰。

北魏始祖神元力微，起初荫托于没鹿回部，没鹿回部大人窦宾将其爱女嫁与力微。本来这是件好事，但这个窦氏女儿很有政治野心，企图联合娘家两个兄弟干掉力微，把拓跋部兼并过来。力微果断杀了妻子窦氏，连同没鹿回部的两个小舅子一同杀死。

这大概是北魏历史上最早的杀妻事件。

北魏道武帝立儿子拓跋嗣为太子时，对儿子说："昔汉武帝将立其子而杀其母，不令妇人后与国政，使外家为乱。汝当继统，故吾远同汉武，为长久之计。"

自此之后，连续七位太子的生母被杀：明元帝拓跋嗣的母亲刘皇后、太武帝拓跋焘的母亲杜皇后、恭帝拓跋晃的母亲贺皇后、文成帝拓跋濬的母亲杜皇后、献文帝拓跋弘的母亲李皇后、孝文帝拓跋宏的母亲李皇后和妻子林皇后。

所以到了宣武帝时代，很多后妃都不想生儿子，生了之后多有养不活的，其实都是怕自己被残忍地杀死。胡仙真入宫时却许愿说，愿意为皇帝生一个儿子，最好还是长子。

宣武帝本来就对子贵母死不怎么接受，因为这一制度已经严重威胁到继承人的问题。所以当胡仙真生下儿子时，他大喜过望，立即立此子为太子，并且不杀胡氏。

宣武帝去世后，唯一的儿子元诩即位，母以子贵，胡氏被正式尊为皇太妃，逃脱了子贵母死的宿命。

二、后宫斗争中脱颖而出

胡仙真初当皇太妃时，并没有什么地位，因为宣武帝有一个正妻高皇后。高皇后娘家势力非常大。

高皇后的姑母文昭皇后是宣武帝的母亲，堂兄弟高猛因为文昭皇后的缘故袭封为渤海郡公。高皇后的伯父高肇封平原郡公，担任尚书令，另一位伯父高显封澄城郡公。

特别是这个高肇，还娶了宣武帝的姑姑高平公主。高后因此非常高调强势，在宫中独揽大权。胡仙真虽然贵为当朝皇帝之母，却不能对政权有所干预。

正所谓月满则亏，水满则溢。高氏家族在朝中权势过盛，连元氏诸王都敌不过他们，以至于严重侵犯了元氏贵族和其他权臣的利益。

判断一个人厉害不厉害，关键在于他能不能看清形势和利用形势。在这一方面，胡仙真无疑是高手中的高手。

元诩即位之初，高皇后本欲沿用"子贵母死"的制度处死胡仙真，胡仙真毫无还手之力，但是她在诸股政治势力的对峙中敏锐地看到了一线生机。

当时高肇率军出征，攻略梁朝的蜀地，朝中政务暂时由高阳王元雍代理，京师的军事也暂时由领军将军于忠负责。于忠奉高皇后之命拘押胡仙真，准备处死她，但于忠和高皇后不是一条心，他只命人把胡氏看管起来，却没有杀死她。

胡氏趁机与于忠等人结成政治同盟，于忠又和高阳王元雍密谋：先尊高皇后为皇太后，以麻痹她；而后利用高肇从蜀地撤兵，回洛阳奔丧之际，埋伏力士刺杀高肇。

高肇很久不知朝中情况，带兵回洛阳后便迅速进宫会丧。他得知高皇后已经正位为皇太后，感觉大势已在掌握之中，就没有多加防备。

进宫后眼见朝野百官聚于一堂，他更加坦然地认为不会有什么阴谋，于是愚蠢地任人安排。他进入皇宫的舍人省，不知早已有人等候多时。皇宫卫士邢豹、伊甕生等十余人一拥而上，当场把茫然不知所措的高肇活活掐死。

高太后位居深宫，对此毫不知情。元雍马上矫诏发布命令，宣称高肇犯下大罪，已经自尽身亡，高氏余党全部既往不咎。

随后于忠带兵进宫，逼迫高太后出居金墉城（洛阳城西北角的小城），胡仙真随即以太妃的名义临朝听政。

胡氏做出一副倚重元雍、于忠的样子，先掌握了主导权，又随便找了个借口杀了高太后，彻底消除了后宫中的隐患。

三、专权、淫乱与佞佛

元雍和于忠都小看了胡仙真，他们以为拥立一个年轻识浅的寡妇做傀儡，便可随心所欲地掌握大权，没想到失算了。

特别是于忠，作为皇宫政变的主导者，掌权后不断排除异己，连高阳王元雍都被列入打击范围，这引起了朝中宗室诸王和亲贵的集体反对。

于忠为了巩固自己的地位，又把看似无害的胡太妃抬出来，正位为皇太后。胡仙真早已对朝中局势洞若观火，为了除掉于忠这个最大的权力障碍，她巧妙地打出了一系列组合拳。

其一，升于忠为尚书令。妙在哪儿呢？于忠本身是武将出身，控制禁军和搞武力斗争挺在行，但被抬出来当尚书令、直接处理政务却是外行。

这相当于给狗塞过来一只大象，看起来挺大，但啃不动，吃不下，还把原本的领军将军的权力分散了。

其二，封元氏诸王为三公，清河王元怿为太傅，领太尉之职；广平王元怀为太保，领司徒之职；任城王元澄为司空。这一招强化了诸王势力，分化了于忠的权威。

果然，于忠虽然明面上权力加大，但由于自身能力的短板，无法有效行使权力，很多政事还需委托诸王大臣来办，他对胡太后和皇帝的控制力度相应地减弱了。

胡太后遂抓住机会，以尚书令应专任一职的名义，解除了于忠领军将军的职务，实际上剥夺了他控制京师武力的权力。

于忠眼睁睁地看着权力被消解，却无力应对，除了乖乖被架空外，一点儿还手之力都没有。至此，胡太后从形式到实质上完成了权力的一元化，从宫中到朝中,再也没有人能挑战她的权威了。

她把自己下的命令由"令"改为"诏",不再以"殿下"自称,而是自称"朕"。就连祭祀,她也越俎代庖,把儿子元诩撇在一边,自己当主祭者。这在中国数千年历史中,也是少有的。

胡太后整治群臣很有一套,治国理政很有主见,故而她临朝以后的权力和地位越来越稳固,没有什么人能对她形成挑战。

但这并不意味着北魏帝国政局的好转。

自孝文帝汉化改革以后,北魏国内已经开始出现种种乱象。

首先是汉化派与胡化派的分裂。当年孝文帝大力推动改革,实际上在拓跋氏皇族内部是有很大反对声音的,包括其他鲜卑贵族,并不完全赞同这种过急、过速的改革。孝文帝完全靠个人的权威压服了反对派。

其继任者宣武帝元恪如其所谥,在军事上颇有作为,但政治上毫无建树。对汉化如何深化和推行,他并没有拿出什么对策,因此无法弥合汉化带来的族群分裂。这为后来六镇武人受冷落,淤积对中央的怨恨埋下了伏笔。

其次是政治腐败。汉化的元氏贵族在洛阳迅速沾染上了富贵习气,事实上这也是所有王朝末世都有的通病。宣武帝有所察觉,但并没有下决心去整治,原因在于,宣武帝一朝的政治再次陷入了寡头政治模式,动辄诸王辅政,动辄宗王、外戚秉政,既有的制度无法正常发挥作用。而北魏王公贵族有汉化之绚丽,却没有继承汉人的政治监督文化,故而一旦出现政治寡头,必然带来贪污腐败和政治腐败。

这才是胡太后真正面临的矛盾,而非哪几个朝臣作梗这种疥癣之疾。

可在这些大方向、大问题上她并没有什么明见,反而一味纵容个人欲望。

佞佛是她的一大败笔。她自幼便接触佛教,临朝称制后把对佛教的崇信发挥到了极致。她大兴土木兴建寺院,其中洛阳永宁寺是代表。这座佛寺连同寺中的寺塔,穷极奢华侈丽,远近叹为观止。表面上这是佛教界一大盛事,但背后是大量财富的消耗与民力的投入。

在她的提倡下，诸州开始大量兴建佛寺、浮屠，亲王诸贵也在洛阳大肆兴建寺庙，以寺大塔高竞夸。胡太后对僧人赏赐无度，动辄数以万计，将国库折腾得空乏枯竭。

胡太后最令人不齿的是淫乱。

她年轻守寡，登上尊位后肆无忌惮地纵于淫欲。起初她贪恋名将杨大眼的儿子杨白花，逼迫他通奸，杨惧祸南逃。胡太后追思不已，作《杨白花歌》，让宫女们咏唱。

之后，她又逼迫小叔子清河王元怿与自己私通。最终，朝野群臣不忍闻其丑行，领军将军元叉遂与宦官刘腾趁机发动政变，在宫中杀了元怿，又把胡太后与孝明帝分隔软禁，元叉矫诏总领政务。

四、葬身黄河

"剧情"发展到这里，如果换作稍有政治头脑或者野心的人，估计会迅速把帝后解决掉，另择宗王登位，将政治局面焕然一新。

历史把机会给了元叉，他却不能把握。

元叉本身毫无政治能力，只是凭借胡太后的宠信与提拔才当了领军将军，他也没有一个成熟的政治班底。他意外地执掌大权，却不能很好地掌控局面，胡太后虽然被软禁，在政治上却仍然具有极大能量。

后来胡太后借元叉在外宴饮之机，偷偷与朝中大臣会面，集体商议解除了元叉的领军职务，于反手之间消除了他的权势。

重新掌权的胡太后非但没有吸取教训，仍然肆意宣淫，弄得朝中秽乱不堪。

此时六镇起义已经爆发，胡太后根本无力处置。后来朝中反对的声音越来越大，加之孝明帝已经长大成人，许多正直有担当的宗室和大臣开始向孝明帝靠拢，反对胡太后的倒行逆施。

胡太后先是杀了几个与孝明帝亲近的臣子，企图压服反对派的声音。无奈越杀越多，反对浪潮如春园之草，日见其增。孝明帝也对母亲的所作所为无法容忍，胡太后恼羞成怒，一不做二不休，竟然将孝明帝毒死，找了一个姓潘的嫔妃生的女儿，假装是儿子，立其为太子，扶这个孩子登位当了皇帝。过了几天，待形势稍稳之后，她才宣布这位新皇帝是个女婴，于是另择宗室子弟元钊为帝。天下哗然。

鲜卑族的风气纵然开放，纵然能容忍女性抛头露面，但胡太后的所作所为终究突破了底线，深为胡、汉所厌弃。

这些丑闻很快传遍天下。此时契胡族首领尔朱荣已在镇压六镇起义的战争中逐渐崛起，他借口到中原镇压义军，率兵进入洛阳。

腐败至极的胡太后根本无法应对北地新生的武人集团，她自欺欺人地率领孝明帝后宫嫔妃落发为尼，以示断绝尘缘，将政权拱手让出。

尔朱荣可不是昏愦无能的元叉，他以迅雷不及掩耳之势将胡太后与新立的少帝沉入黄河淹死。

可叹一代妖后，最终以这种耻辱的方式走完了放荡邪僻的一生。

六镇起义，揭开北魏灭亡的大幕

历史之轮转到6世纪初叶，存在了一百四十余年的北魏帝国走到了尽头，民族矛盾、汉化过急、腐败等弊病重重堆积，已经严重到无力维持运转的地步了。

523年，北魏六镇发动第一次武装起义，就此揭开北魏灭亡的大幕。

历史上凡是起义者，主力都是被压迫的农民，但六镇起义却是一场性质迥异的武装暴动，历史的真相是什么呢？

一、六镇地位的衰落

六镇是北魏初年为防范柔然南侵，而在平城北部设置的六个军镇，自西向东分别是沃野镇（今内蒙古五原北）、怀朔镇（今内蒙古固阳西南）、武川镇（今内蒙古武川西）、抚冥镇（今内蒙古四子王旗东南）、柔玄镇（今内蒙古兴和）和怀荒镇（今河北张北县北）。

六镇与平城的距离都不远，地位非常重要，北魏派出担任六镇镇将（北魏军镇的长官，兼统军民）的，也都是被视为"国之肺腑"的鲜卑勋贵。北魏前期战争频繁，以军功起家是很多鲜卑贵族踏入仕途的第一选择。镇将受重视，六镇世代当兵的军户地位也相对较高。在平城时代，由于与京城距离不远，六镇虽然物产不丰，但各类物资供应比较充足，且由于北魏早期军事补给多采取劫掠方式，每次与柔然作战总能抢一些牛马回来，故而，六镇早期的生活是相当不错的，是北魏军界的香饽饽。

随着孝文帝将都城南迁洛阳，并急速推进汉化，加之柔然与北魏关系趋于缓和，六镇的地位开始发生变化。

汉化改革首先带来的影响是政治地位上的变化。北魏汉化改制以前，官员基本上不分文武，武将地位高了，可以直接到中央当大官。孝文帝所定的勋臣八姓，大多都是上马管军、下马管民的文武合一型人物。

汉化改革以后北魏实行清浊分途，也就是文官和武官的培养路径分开，武将一直是武将，文官一直是文官，这就一下子断了六镇守将的仕途之路。后来参与镇压六镇起义的广阳王元渊向朝廷上书分析起义原因时就说，六镇的将军们干一辈子也就是个级别低得可怜的将军,很难再回到洛阳;而他们的亲戚,原来留在洛阳没有到边镇当将军的,却能安安稳稳享受和平生活,隔几年就升一次官。所以六镇军官们难免心生怨恨。

北魏的官员选拔体制也不够完善。地方官员因为考绩、评定、选拔的制度落后,标准混乱,往往要经过六七年甚至十一二年,才能升迁一级。而在洛阳朝中当官的,哪怕是闲散职务,因为亲近吏部,基本上每四年就能升迁一次。北魏尚书左仆射萧宝夤对比南朝的官制,曾上书建议加以改革,以免外任官员心生怨言。但宣武帝元恪之后朝政逐渐紊乱,没有人去管,也没有人去改,这就更让远在数千里外的六镇军将们绝望。

再次是军事形势趋缓。自从鲜卑诸部南入代北、中原,柔然便占领了漠北草原,并不断南下侵扰北魏。即使北魏连续不断地发兵打击,也只能做到远远驱逐而不能彻底消灭。但到了5世纪末,柔然连连遭遇灾荒,实力大衰,被迫与北魏改善关系。

北魏迁都洛阳后,对柔然侵略可能性的直观感觉大大降低,导致洛阳朝廷对六镇的地位也不再高看一眼、厚爱一分。之前有人提议过,把六镇从镇城提升为州,以便安抚一下诸镇的镇将们,但朝廷始终没有同意,甚至连镇将的任命也越来越漫不经心,有的军镇连镇将都没有,而要别的镇将兼任。六镇的兵员因为鲜卑子弟都不愿意去,而改用罪犯、杂胡等,兵员构成越来越杂。六镇军人之前享受的免除赋税的特权,此时也都不再享受,导致镇兵们的日子越来越难过。

这一切,日复一日地刺激着六镇军民,终于到了524年,随着一次偶然的事件,矛盾轰轰烈烈地爆发出来了。

二、破六韩拔陵起义

523年,柔然人因为持续饥荒,连连派兵南下劫掠,六镇饱受其害,怀荒镇镇民请求镇将于景开仓放粮。当时的镇将因为升迁无望，把一腔怒火全都发泄到他们视之为奴隶的镇民身上，于景不但没有同意，态度还十分蛮横。镇民们激愤无比，聚众杀了于景。

524年三月，沃野镇人破六韩拔陵聚众造反，一时之间响应者甚众。破六韩拔陵建年号为真王，分兵进攻怀朔镇。

北魏朝廷大为震惊，随即于五月派临淮王元彧率兵北上平叛。元彧是个性格懦弱的文人，根本不是生猛剽悍的起义军的对手，被起义军打得大败亏输。

朝廷又遣安北将军李叔仁平叛，结果再次被起义军击败于白道（今内蒙古呼和浩特市西北通武川大道）。没办法，朝廷又派七十岁的老臣李崇率兵北上平叛。

李崇经历了文成帝、献文帝、孝文帝、宣武帝和孝明帝五朝，是当时朝中威望最高、军事经验最为丰富的老臣。就在六镇起义的前一年，他还亲自率领十五万大军北击柔然，深入柔然腹地三千里。任用李崇为帅，可见北魏平叛决心之大。

李崇率广阳王元渊、崔暹、费穆等人北上，崔暹起初不服从李崇的节制，擅自出兵与起义军决战，结果被打得全军溃败，崔暹单马逃归。李崇指挥大军与起义军苦战，勉强遏止起义军南下蔓延的势头。相持一个冬天后，李崇率军撤回平城休整。

本来这对北魏朝廷来说是个不错的势头，但广阳王元渊（本名元深）想争夺军队的控制权，上奏朝廷说李崇的长史祖莹贪污军用物资，李崇因此被免官。但元渊也没能阻挡住起义军的攻势，大军连连败退，撤向了明州。此时六镇已是遍地烽火，北方边境上敕勒、高车等部族纷纷参加叛乱。北魏宣布改六镇为州，提高镇将的待遇，同时将兵户赦免为平民。著名的水利、地理学家郦道元受命到六镇宣抚，但大乱已成，这些迟来的措施已经没用了。

关中莫折大提也起兵叛乱，北魏无力征讨六镇乱军，只好请昔日的仇敌柔然人来共同镇压六镇。

525年夏，柔然阿那瑰率众自漠南进入武川镇，向西进攻沃野镇。经过连番打击，终于稳住阵脚的元渊开始逐渐反击起义军。破六韩拔陵在柔然和北魏军的夹击下抵挡不住，南渡黄河逃避，其大将破六韩孔雀被杀，破六韩拔陵失踪。崩溃的起义军纷纷向北魏军投降，朝廷下令，将多达二十万户的六镇乱民安置在冀、定、瀛三个州。

破六韩拔陵所部起义告一段落。

三、葛荣之败

沃野镇起义不久后，525年八月杜洛周起义于柔玄镇。526年正月，原本投降北魏被安置于定州的六镇兵户再次叛乱，鲜于修礼被拥为首领。两部起义军都在定州附近活动，北魏再派广阳王元渊镇压。

不久，鲜于修礼被部下乱党所杀，部将葛荣杀乱党自立为主。杜洛周后来也被葛荣兼并，被安置在河北三州的六镇兵户也全都被葛荣统领。一时间葛荣部众号称百万，称雄于河北，六镇起义达到高潮。

北魏遣章武王元融进攻葛荣，两军战于白牛逻（在今河北博野县东南），北魏军人少，苦战一天不能取胜。起义军将元融团团包围起来，元融不幸中了流矢阵亡，葛荣下令将元融尸体送还北魏。

元融之死引起河北魏军极大震动，元渊暂避葛荣锋芒，率军退至定州。不料定州刺史杨津怀疑元渊有投敌之心，双方互相猜疑发生内讧，元渊不及防备，被打得只率左右逃走，走到博陵郡界，突然遭遇葛荣义军游骑，被俘至义军大营。面对这个屡屡镇压起义军的死仇，葛荣当即下令将其处死。

章武、广阳二王之死，标志着北魏政府对地方控制力的彻底丧失。此后北魏再也无法组织起大规模的军队与起义军对战，这也直接导致北魏河南地区兵力空虚，引发了南梁陈庆之北伐一事。

528年年初，葛荣率军向南发展，连克沧州、相州，其前锋已过沁水，并开始劫掠军粮。当时北魏中央军已经基本瓦解，尔朱荣率契胡骑兵进入洛阳，制造了惨烈的河阴之难，从此掌控了北魏政权。

葛荣率大军包围邺城，邺城是河北最后的堡垒，如果城陷后果不堪设想。尔朱荣为了维护契胡族的权威，自率精锐骑兵七千救援邺城。

当时葛荣大军号称百万，双方众寡悬殊，没有人看好尔朱荣。葛荣闻讯大喜，自谓可以一战而扫平尔朱荣，他还骄傲自大地命令诸军装备好长绳，以便绑缚战俘。

尔朱荣并不畏惧，他的军队全是骑兵，战斗力很强，不是葛荣散漫的步骑混杂之众所能比的。他分出去一部分骑兵，三百人为一处，纵马乱奔，扬起尘土，使敌军无法测知其数量多寡；又令骑士每人在马上悬好一条大棒，近距离混战时，以大棒殴击。

葛荣大军却没有针对尔朱荣骑兵善驰的特点布置阵形，仍像平川决战一样，把大军一字排开，一字平推地去和尔朱荣交战。尔朱荣根本没有给他机会，七千精锐骑兵分成数队，极其凶狠地楔入葛荣军散漫的大阵中。

尔朱荣身先士卒，大呼酣战，从阵前杀到阵后，葛荣军根本无法阻挡，大军被杀得凌乱不堪。最终，葛荣被生擒于阵上，号称百万的军队彻底被打散。

接下来就是如何处置葛荣裹挟的部众。之前广阳王元渊把六镇兵户分处于河北三州，由于后续安置措施跟不上，六镇兵户没有饭吃，所以啸聚而起重新反叛。尔朱荣生怕重蹈覆辙，便宣布兵户们想去哪儿就去哪儿，朝廷不加约束。兵户们大喜，他们本来就是为了讨口饭吃，于是扶老携幼各自散去。尔朱荣随即分派军队，待各股兵户互相离得远了，再分头追上他们，把各股兵户的小头目挑出来委任官职，让他们就地安置，不再回归六镇。

自524年起义以来，六镇兵户饱经战乱，四处流离，此时终于安顿下来。此后虽然还有河北邢杲起义，但不久即被尔朱荣之侄尔朱兆平定，河北、山东的起义浪潮平息下来。

在六镇起义的同时,关陇一带于525年也爆发了起义。先是秦州(在今甘肃天水)、南秦州(在今甘肃西和)两地的羌、氐兵户起兵,公推莫折大提为首领,大提死后,其子莫折念生继为首领。高平镇敕勒族兵户也发动兵变,推举酋长胡琛为主,胡琛死后,由其大将万俟丑奴继统部众。

后来两股起义军在北魏萧宝夤的连续打击下合二为一,万俟丑奴总领二部,将北魏军打得连连败退。萧宝夤屡受北魏朝廷猜忌,于是杀了朝廷的监军郦道元,投降了万俟丑奴。528年七月,万俟丑奴自称天子,改元神兽,建置百官,公然和北魏分庭抗礼。这股义军直到531年才被消灭。

六镇起义和关陇起义,基本摧毁了北魏中央军,也彻底瓦解了北魏帝国的政治权威。在镇压六镇起义的过程中,一批久居代北的武将趁机崛起,诸如高欢、宇文泰、贺拔岳等,在他们的分别带领下,北方形成两个新的政治核心:东魏和西魏。

河阴之变,阴谋之中更有阴谋

528年四月,北魏爆发了惨烈的河阴大屠杀。洛阳城中元氏皇族、勋贵、朝臣两千余人被杀,洛阳政治形势大乱。论者皆以为这是尔朱荣性格残暴,在洛阳杀人立威,为篡位做准备。事实上绝没那么简单。

河阴之变前前后后数年的事,处处透着古怪。

一、出乎意料的洛阳破防

北魏末年六镇起义时,北魏中央也发生了动乱。主政的胡太后毒死亲生儿子孝明帝元诩,二度专政。胡太后执政后期威信尽失,洛阳元氏贵胄对其心生不满。

此时北方起义渐渐扩大,身居秀容川的尔朱荣两次上表,请求率兵东移南下,追剿义军。

洛阳一团乱麻,胡太后勉强镇抚得住,如果外镇强兵到洛阳来,局面不堪设想。何况这个尔朱荣之前就劣迹斑斑,不服朝廷号令,擅自攻陷肆州(治所在今山西忻州),自行委任州刺史。

那么尔朱荣到底什么来头,让朝廷如此提防呢?尔朱氏是契胡部人,属于代北杂胡的一支。北魏开国之时,尔朱氏祖先率部参战,因功被封于秀容川(在今山西岢岚)。秀容川距离平城不远,当时被视作拱卫京师的重要部族武装。经过一百三十余年发展壮大,到尔朱荣时代,已拥有部落八千余家、马数万匹,控弦之士达万余人。

524年六镇起义以来,契胡兵自发地起兵镇压,势力不断扩张。这样一支野蛮彪悍的胡族部队,京师是万难控御的。东汉末年董卓率凉州兵进京师,引发天下大乱,这个血的教训胡太后肯定是知道的。

尔朱荣第二次上表被拒后,索性率兵南下,渡过黄河直逼洛阳。胡太后召心腹李神轨等率军防守洛阳外围。但出乎意料的是,尔朱荣率军南下,刚刚打下了北中城,据守河桥南岸的李神轨所部,竟然没有做出任何抵抗便如鸟兽散,拱手把洛阳城让给了尔朱荣。

事实上北魏禁军就算再弱,也有足够能力给契胡军团制造一定麻烦,这次透着诡异的撤兵,其实也预示着洛阳局势必将陷入不可预料之中。

二、河阴之变，难道只是尔朱荣好杀？

前文有述，尔朱荣进入洛阳后将胡太后与少帝全部扔到黄河淹死，同时驱赶洛阳的元氏勋贵、朝中大臣两千余人来到河阴（今河南孟津）。尔朱荣下令全部屠杀，一个不留。

回顾西晋灭亡以来的历次政治、军事动乱，虽然也经常伴有屠杀和政治清算，但大都局限于部分政治集团和少量人群中，从未像河阴之变一样，对国家精英阶层实施大规模集体屠杀。孝文帝汉化改革以来，积攒下的文化根脉，被尔朱荣惨烈地破坏，形成了极大的文化倒退。

传统印象中，尔朱荣有此行动，似乎纯粹出于个人野心和野蛮的行事作风，但细究，背后原因不简单。

其一，孝文帝改革带来的内部分裂。孝文帝改革，固然是南北朝时期一件非常重要的政治性、文化性事件，它对于民族融合、文化融合起到十分巨大的推动作用，但在鲜卑贵族特别是元氏皇族及其疏属看来，这并非一件利国利民利己的好事。从最初的太子带头反对，到平城留守人员边缘化，再到北魏后期实行的清浊分离，汉化政策将鲜卑勋贵的利益限制得越来越严，大量靠军功起家的贵族子弟无法借此升官，这必然引发大范围的反对。

羽林兵闹事的事件只是汹汹的反对事件一个缩影，边地失落的贵族一直图谋颠覆洛阳政权。所以当尔朱荣崛起时，诸如并州刺史元天穆、柔玄镇都大将元鸷、云州刺史费穆之徒，便争相与之合作，导引契胡武装入洛。

其二，六镇之乱对边地军事集团的刺激。六镇起义爆发后，北魏中央军镇压屡屡失利，六镇起义迅速形成河北、山东、陇右三大股势力。尔朱荣以小小契胡一个部族，区区不满万人的军队，利用六镇起义的混乱以及北魏对北边诸州控制力的衰退，逐渐扩大势力，兼并起义军，把国家的州郡据为己有。

北魏中央无力派兵平叛，被迫依靠尔朱荣出兵镇压。随着尔朱荣势力的扩张，北魏朝廷又惧怕尔朱荣贪心不足起兵作乱，于是连续四次为其加官晋爵，事实上承认了尔朱荣对并州、肆州、恒州等地的占有。

然而这个饱食以饲的方法，不仅没有使尔朱荣这头饿虎安静下来，反而弄巧成拙，把北魏朝廷的软弱无能完全暴露出来。边镇军事集团受此刺激，也渐渐萌生了取而代之的想法。在尔朱荣入洛之前，元天穆等人已经与之密议，将入洛废立皇帝视作掌握之中的事。

其三，胡汉矛盾激化。孝文帝汉化是迅速而激烈的，南迁的鲜卑贵族，从语言、行为、衣服、礼仪等方面，完全融入了中原汉族，从精神面貌和价值取向上看，他们与汉人已经一般无二了。但是长居代北的鲜卑勋贵和下层部族，却仍保留着浓浓的胡风。

北魏社会实际上已经发生了族群撕裂，但北魏皇族没有意识到问题的严重性，或者即使认识到也已无力更改。随着北魏中央的腐化，一切因素都被归结到汉化改革上。六镇胡人数十年来的委屈、不甘与愤怒，一夜之间转化为回归胡人文化的强大意愿。

尔朱荣的崛起，恰好对上了这股潮流。无论从六镇辗转归入他帐下的低级武夫，还是元天穆之类的高级勋贵，都一同裹挟着尔朱氏的契胡武装，向洛阳政权发动狂风暴雨般的打击。

故此，与其说是尔朱荣一意挑起大屠杀与大毁灭，毋宁说是孝文帝改革以来，胡汉矛盾的一次总爆发。

三、尔朱荣遇刺，北魏末年族群斗争的牺牲品

那么被推上政治潮头的尔朱荣，掌握住自己的命运了吗？

虽然他看上去风光无限，权势一时无两，并且还取得了消灭河北葛荣义军的辉煌战绩，然而从当时的政治形势看，尔朱荣似乎从未真正掌握主动权。

尔朱荣并没有非常大的野心。尔朱氏在北魏享有非常高的政治特权，秀容川一带三百里几乎是尔朱氏家族自主。即使在六镇起义之时，尔朱荣也仍享一方诸侯的待遇，与贺拔岳、高欢、宇文泰、独孤信这种底层武人的窘况相比，简直判若云泥。据有一方、扩大势力固然可以，但如果直入洛阳窃取大权，招致天下反对，似乎有些得不偿失。所以入洛行废立之举，多半原因在于下属的撺掇。

尔朱荣与众将选择要扶立的新皇帝，由于对洛阳形势和宗室人物一无所知，居然迟迟定不下来，以至于要通过铸造宗室人物小金人，看谁更有资格。这无疑是个笑话。

加入尔朱集团的鲜卑武人，也与尔朱荣同床异梦。

河阴之变后，洛阳纷纷传言尔朱荣要取庄帝元子攸而代之，自立为帝。尔朱荣诸将，特别是鲜卑族属诸将，或是主动谏止或是消极反对。尔朱荣的爱将高欢，虽然明里赞成尔朱荣早正大位，但高氏心怀叵测，早与尔朱荣貌合神离。尔朱荣自己也做出过评价，尔朱氏诸子孙早晚要为高欢所制。

尔朱荣另一心腹贺拔岳则旗帜鲜明地反对尔朱荣篡立，理由是天下未平，速践帝位会招致大规模的反对。贺拔氏的建议表面上看是为尔朱荣着想，但其实质仍是反对尔朱氏反过来居于鲜卑族之上，掌握最高权力。

而当汉化与胡化的矛盾冲突得到暂时解决后，处于政治弱势地位的元氏皇族，也对尔朱氏有了提防。

尔朱荣扶立新帝之后，并不敢在洛阳长居，而是退回晋阳遥控朝政。他留下的尔朱氏子侄基本都是粗质无文之辈，对政权运作的特点、规律不熟悉，无法有效控制朝政的走向。尔朱荣设想中的遥控，实际上沦为军事威慑，简单地让庄帝屈从于自己的军威。

这无疑重新强化了河阴大屠杀的仇恨。毕竟非我族类，其心必异。随着六镇起义余党渐次平定，尔朱荣势力越发一家独大，庄帝元子攸对其独专朝政愈加不满。

尔朱集团普遍勇武有余、智识不足的特点，很快被庄帝所利用。530年九月，庄帝将尔朱荣及元天穆诱入宫中手刃。

这起宫变预谋已久，事实上在此之前已有一次流产的刺杀阴谋。洛阳城中也已有许多传言，尔朱荣手下诸多明智之士，并无一人向尔朱荣提醒。我们可以认为，尔朱荣之死，实际上是元氏皇族、六镇军人以及边地勋贵的共同心愿。

虽然尔朱荣的子侄辈很快举兵，重新掌控了朝政，但作为历史洪流中一个小小的家族，尔朱氏终于没能战胜诡异难测的暗流，而被无情的敌手吞噬了。

东西魏大战，高欢和宇文泰的对决

历史进入六世纪三十年代，中国北方分裂为东魏和西魏两个鲜卑国家。宇文泰和高欢两位军事天才走到历史舞台的中央，开始主宰中国北方近五十年的命运。

宇文泰和高欢几乎同时当上了所在国家的丞相，以及最高军事负责人。两人都拥有高度敏感的军事嗅觉，在各自的政权刚刚建立之时，便同时察觉到东西二魏互为死敌，不约而同地举起刀向对方身上砍去。

535年、536年，东魏先后偷袭潼关和夏州，试探了西魏的防守力量，特别是536年偷袭夏州之战。夏州是宇文泰当年的起家之地，而且远在西魏西北一隅，高欢能以少量精骑直捣其地，说明西魏防守力量非常薄弱，顾得了东部边境就顾不了西部后方。高欢遂于536年十二月，调集十余万军队，兵分三路杀向关中，从此揭开了东西魏五次大战的序幕。

所谓五次大战，分别是小关之战、沙苑之战、河桥之战、邙山之战、玉壁之战。首战爆发于536年，末战爆发于546年，战争最大的看点，莫过于高欢、宇文泰两位优秀统帅的表现。

一、小关之战：宇文泰破解分进合击战术

536年十二月，高欢以宇文泰毒死魏孝武帝为借口，兵分三路进攻关中。高欢自率主力进至蒲津渡，造三道浮桥，做出渡河进攻之势，是为北路军。猛将窦泰作为先锋，率万余精兵直扑潼关，是为中路军兼先锋。另一猛将高昂率三万余人从商洛山区，进攻关中的南面，作用是战略牵制，是为南路军。

西魏高层迅速陷入恐慌，主要因为西魏兵力太少，不足以同时应付三个方向的进攻。许多人简单地主张分兵抵御，宇文泰却敏锐地看破高欢的战略意图。

高欢北路军是主力，但驻扎于黄河北岸迟迟不动，意图明显是持重威慑，让西魏主力不敢轻动。南路高昂所部进攻的路线全是山区，纵然丢掉几座城池，短时间内并不会威胁到长安的安全。只有中路军窦泰才是主攻矛头，一旦潼关破防，其他两路军必定会迅速靠拢，由潼关直扑长安。

基于这些考虑，宇文泰力排众议，亲率中军铁骑万余人撤回长安，弃另外两路于不顾，星夜杀奔潼关外的小关城，突袭窦泰所部。虽然两军都是精锐，但宇文泰胜在占领先机，窦泰猝不及防，被西魏军阵斩，潼关转危为安。

这场虎口拔牙之战，高欢打得心惊胆战，下令另外两路迅速撤兵。

二、沙苑之战：兵力对比最夸张的以少胜多之役

537年十月，高欢再发二十万大军，兵分两路杀奔关中。高昂仍单独率一路军，进攻西魏东部的粮仓——农郡城，以吸引西魏军的防守力量，高欢则率主力军攻至沙苑（在今陕西大荔县境内）。

关中当时正值饥荒,诸军被分散到各州就食。宇文泰身边只有不到一万人马。

高欢吸取小关之战的教训,把主力全集中于沙苑,意图与西魏主力决战。沙苑再往西就是关中腹地,宇文泰躲无可躲,避无可避,索性率主力埋伏于沙苑渭河南岸,藏身于河边的蒹芦草中,企图采取突袭方式决胜。

东魏军大概判断出宇文泰的埋伏地点,有的将领建议放火烧草把宇文泰逼出来,但高欢自恃兵力占绝对优势,没有采纳,执意以阵地进攻的方式决战。

沙苑一带是沼泽地,高欢二十万兵力在此施展不开,再加上指挥沟通出了问题,阵形出现混乱。宇文泰抓住战机,率骑兵突袭,猛将李弼率六十重骑兵杀进东魏大阵,将其一切为二,西魏军趁势猛击,当场把高欢的二十万大军打散。东魏阵形溃乱无法控制,当场被歼灭二万余人,其余全部如鸟兽散。

沙苑之战遂以西魏全胜告终,而1:20的比例,也成为北朝历次以少胜多战役中差距最为夸张的一次。

三、河桥之战:宇文泰兵越多越不会打仗

小关、沙苑两战大大助长了宇文泰的自信,也使得西魏由被动防守转入主动进攻。

538年,西魏军扩充至六万人,宇文泰借沙苑大胜之势,发兵东出潼关,并迅速拿下洛阳城。

高欢遭受两次大败,对宇文泰的军事能力有所忌惮。西魏军出潼关后他没再急火火地出兵迎战,而以大将侯景、高昂等坚守黄河一线,一边围攻洛阳城,一边与宇文泰对峙。

侯景是东魏军中仅次于高欢的军事家,他有意避开西魏军的锐气,把大军稍稍北撤,背靠黄河摆开大阵。其阵形很有讲究:北靠黄河,以精兵守住河桥,确

保后路不失；南据邙山，形成居高临下之势。

宇文泰屡胜而骄，没有对侯景的布阵做出针对性部署，而是仗着兵力充足，对东魏军展开了对攻。从邙山至河桥，西魏阵线拉开至几十里，诸军互相不通信息，陷入各自为战的境地。西魏中军一度被冲散，宇文泰所乘战马中箭受惊，把他甩下马来，若不是大将李穆迅速赶来换马，宇文泰几乎要被东魏军俘虏。

由于宇文泰抛弃了灵活的战略战术，用蛮力与东魏对攻，不仅没有压倒东魏，反而被侯景以大致相等的兵力击败。两军厮杀一整天，西魏军终于无法收拾，宇文泰异常懊悔地收残兵返回关中，刚刚拿下的洛阳又被东魏夺回。

不过西魏也非全无所得，东魏名将高昂在战斗中过于轻敌，摆着大将的仪仗和旗鼓参战，西魏军尽力围攻，在河阳城下将高昂斩杀。这是东西魏五次激战中阵亡的最高级别的将领。

四、邙山之战：两军统帅互相被爆

河桥之战后数年间，高欢和宇文泰都未再发动大战，暂时将精力转入休养军力、安定内部。不料543年东魏发生了高慎叛降事件，再次诱发两国大战。

高慎是高昂的二哥，高昂死后，因受高欢父子猜疑，遂在北豫州刺史任上叛逃西魏。宇文泰耻于河桥之败，想趁机再攻洛阳，报一箭之仇。

543年二月，宇文泰和高欢各率主力相会于洛阳邙山，二话不说，又展开了一场激战。宇文泰并没有吸取河桥之战的教训，又把大军排开，列成左中右三个大阵，与至少两倍于己的东魏军进行对攻。

高欢帐下勇将彭乐以数千精锐骑兵突入西魏中军，生俘西魏王公、大将四十八人，并追及宇文泰身旁，眼看就要将其俘虏。宇文泰临危不乱，以兔死狗烹、鸟尽弓藏的道理劝诱彭乐放过自己。彭乐这位傻大哥居然收兵，东魏从此永远失去了击败宇文泰的机会。

东魏统帅高欢也经历了惊魂一刻。西魏大将贺拔胜抓获几名俘虏，从他们口中得知高欢中军的所在地，于是如法炮制，以精锐三千人发动突袭。贺拔胜突然杀来，冲到高欢麾盖之下，手中马矟几乎要刺到高欢身上。危急时刻，东魏名将段韶一箭射中贺拔胜战马，等到贺拔胜换马再战，高欢已经跑远。

两军大阵都乱而复整，在战斗力基本相当的情况下，人数上处于绝对劣势的西魏军最终力尽而败。战后统计，西魏军损失多达五六万人，宇文泰辛苦经营的鲜卑军队损失殆尽。战后，为挽救军事危机，宇文泰不得不调整民族策略，开始组建府兵部队，并大量招募汉人为兵。西魏帝国进入长期的韬光养晦时期。

五、玉壁之战：坚城绊死高欢

546年，喘息了三年多的高欢，再度发兵进攻西魏。

东西魏大战一向以潼关至洛阳的交通捷径为主战场，但高欢这次意外地调整了进攻方向，从豫西一带转至晋南的玉壁城（在今山西稷山县城西南）。

事实上，如果高欢继续坚持从潼关硬攻，西魏军败亡之余，能否抵挡得住都难说。但高欢偏偏放弃了潼关，换了个新的进攻方向。

换方向，就意味着丢弃之前所有的经验和套路，需要重新调整物资运输方向，重新建立进攻模式，重新制订作战计划：一切都要重新来。

最坑的是，高欢选择要攻打的玉壁城虽然是小城，却坚固无比；而东魏军的长处从来都是野战，舍己之长用己之短，高欢注定要付出血的代价。

玉壁城守将是西魏、北周传奇名将韦孝宽。他继承守城专家王思政的策略，加固完善守城设施，把玉壁城打造成坚不可摧的堡垒。值得一提的是，高欢曾在542年尝试进攻过玉壁，当时的守将就是玉壁城的筑造者王思政。

此战高欢没有认真调查玉壁城的情况，自恃兵多将广，贸然指挥大军硬攻。硬攻一轮不成，又使用各种器械如冲车、云梯等进攻，均被韦孝宽烧毁；又堆土山、挖地道，韦孝宽早有防备，各依计破之。高欢无可奈何，派人断汾水河道，企图渴死城内的人。谁知玉壁城地下水有汾水长年补给，就地挖井仍可保证饮水。

东魏军苦战六十多天，伤亡多达七万余人，玉壁城仍然屹立不动。眼看士气渐衰，没法再打下去，高欢无可奈何地班师，不久后惭恨交加，死于晋阳。

高欢死后，高欢之子高澄忙于国内政治，宇文泰喘息未定，也不敢主动挑起事端，东西魏大战暂时告一段落。

府兵制逆袭强敌的秘诀是什么？

府兵制是隋唐帝国强盛武力的基础，这个沿用了两百年的兵制，论其源头，竟然是一个胡族国家西魏帝国在被逼到无路可走时的急就章。历史的魅力，往往在于荒诞与合理的高度结合。

一、被摧毁的西魏军队

北魏末年爆发六镇起义，出身武川镇的宇文泰和怀朔镇的高欢，在平叛战争中崭露头角。

宇文泰系鲜卑人，他作为心腹参军随魏将贺拔岳平定关中义军，贺拔岳死后，宇文泰受贺拔氏余众拥戴，成为关中陇右一带的新主人。武川赵氏、独孤氏、李氏等势力都在这一时期加入宇文泰麾下，形成著名的关陇政治集团。

高欢是鲜卑化汉人,是六镇起义后新崛起的实力派。534年,高欢自晋阳率兵南下进攻洛阳,企图武力控制北魏朝廷,北魏末代皇帝孝武帝不自量力与高欢"掰腕子",结果在滑台、虎牢和洛阳接连战败。孝武帝匆匆逃入长安,依附宇文泰。

高欢随后奉北魏宗室元善见为新皇帝,并迁都于邺城,史称东魏。宇文泰于次年弑杀不听话的孝武帝,另立元宝炬为新帝,定都长安,史称西魏。

一山不容二虎。

高欢和宇文泰都坚持自己是正统,必欲灭对方而后快。从536年至546年,双方接连爆发五次规模宏大的战争。西魏连番征战,虽然有胜有败,但实力上跟东魏差距太大,最后两战连续失败,伤亡起码不低于六万人,而且多是宇文泰直接统领的中军主力,西魏的国防力量一下子空了。

危机在内外两方面都有体现。

于外,宇文泰的士兵中最能打的当属鲜卑兵,损失殆尽后,国防线上缺少可以支撑危局的机动作战兵力,只好转由各地的豪强进行自主防御。这对一个国家来说相当尴尬,能不能守住,全看豪强们的意愿和能力了。

于内,事态更为严重。关陇集团起初是个"股份制大杂烩",虽说宇文泰是最高统帅,但赵贵、独孤信、李虎、李弼等大将都是带着部众投奔来的,对其原有部众有很大的控制力。宇文泰嫡系力量损失后,如果诸将有异心,谁来压服,谁又有力量压服?

这危机,可远比丢掉几处要塞更加严重。

这是宇文泰改革兵制、建立府兵最迫切的现实动因。

二、逼出来的天才兵制

府兵制,简要地说,就是把全国分为若干个军府,每个军府负责从本区的军户中征兵。

政府通过均田制将土地分配到军户手中，并免征部分赋税和力役，保证军户有经济力量提供兵员。军户出人当兵，要自己准备一部分武器、粮草和衣甲。

府兵兵员分为现役和预备役，但与现代的概念有所不同。现役府兵需要到军中值班参战，预备役府兵在家从事农业生产。那么值班与不值班怎么划分呢？军方也有办法。把府兵总体上十二等分，每一批值班一个月，一年轮换一遍。当然，在战事紧急的时候，政府有权将所有府兵征发参战。

不值班的府兵，一边种田打粮，一边由各军府的郎将负责组织平时的训练。

这个相对完善的体制，克服了以往征兵练兵模式的随意性，使得政府对兵员的控制、管理、训练有了可依之制，用起来相对得心应手一些。

自宇文泰在550年左右建立起府兵制后，西魏、北周的军队人数急剧增加，也就用了十年时间，军队数量从四万多爆增至二十余万。

这么好的兵制，为何北魏不用，东魏也不用呢？

这涉及一个根本问题：胡汉矛盾。

在胡人建立的国家，此矛盾一直是无法回避的根本问题。

五胡之乱以来，但凡有点儿脑子的胡人皇帝，都不敢放心征召汉人当兵，宇文泰也一样。所以尽管鲜卑兵源近乎枯竭，关中陇右汉人也很能打，他却一直没有征用。道理很简单，鲜卑人少，汉人多，过度依赖汉人，难保不被架空和推翻。就算不推翻，汉人慢慢占据军中要津，也是个大麻烦。

东魏高欢一直不敢放心使用汉兵汉将。以高乾为代表的汉人武装力量很强大，也做出过巨大贡献，但高欢父子一直不放心，在杀害高乾后，更加激化了胡汉矛盾。

宇文泰是真的被逼急眼了。分利给汉人与玉石俱焚，哪个更可怕？再不把汉人拉进来，整个国家就是死路一条。于是，韦孝宽、李远、田弘等一大批关陇汉人豪强接连进入西魏军界，并日渐成为支柱力量。

政府代表的利益面越大，政权就越稳固。宇文泰意外地在兵制探索中，实践并检验了这一政治原理。

当然，聪明绝顶的宇文泰，对汉人既用也防，在征召汉人为兵的同时，给府兵制上了一道保险。

府兵的军制设置从上到下分别是：柱国大将军、大将军、开府将军、仪同将军，下面还有大都督、帅都督、都督。柱国大将军一共有八位，分别是宇文泰、魏广陵王元欣、赵贵、独孤信、李虎、李弼、于谨、侯莫陈崇。

宇文泰自任都督中外诸军事，是全军总司令。元欣是西魏宗室代表，手下无一兵一卒，是个花瓶，其余六人是实际统兵的元帅。这六位元帅中，独孤信、于谨、侯莫陈崇是鲜卑人，赵贵、李弼、李虎都是鲜卑化的汉人，在民族认同上都是妥妥的胡人。

大将军共有十二位，分别是元赞、元育、元廓、侯莫陈顺、宇文导、达奚武、李远、豆卢宁、宇文贵、贺兰祥、杨忠、王雄，除李远是正牌汉人外，余者全是鲜卑人。

也就是说，虽然汉人当兵的很多，也有不少能打仗的将军，但军队的控制权牢牢掌握在鲜卑人手里。胡人为本，汉人为末，宇文泰这个制度设计巧妙地适应了西魏、北周的国情，使得府兵制迅速发挥出惊人的威力。

三、北周府兵翻盘

（一）从挨打到打别人

南北朝中后期，东魏（北齐）、西魏（北周）和南梁处于三足鼎立的状态。

南朝无心北进，一直处于自守状态。东西魏互为世仇，一建国就开启互掐模式。西魏实力弱小，一直处于被动挨打之中。到了高欢去世、高澄继位后，局面开始发生变化。

宇文泰先是趁东魏政局动荡，派兵侵入河南——这里是东魏的传统地盘，一口气吞下河南十三州，虽然最后得而复失，但着实让东魏人吓出一身冷汗：西魏人一夜之间从哪儿变出来这么多兵？

不过好戏还在后面。

547年，侯景之乱爆发，南梁被搅扰得一片狼藉。北齐忙于趁火打劫攻南朝，宇文泰趁此天赐良机，接连低调地干了几件大事。

第一件，整顿消化陇西。念贤和独孤信两位重量级大将相继镇守陇西，率陇西府兵拍平了不服从西魏的胡汉诸族豪强。河西走廊彻底归入西魏治下。

第二件，连续拿下梁汉和益州。这一带原本都是梁朝领土，但由于梁武帝被侯景困死台城，梁朝中枢崩溃，西魏府兵趁机南下，在达奚武、王雄、尉迟迥率领下拿下三个大州。

第三件，趁北齐在江东进攻梁朝的机会，西魏再度出手，接连攻下随郡、安陆地区和江陵，灭亡了萧绎政权（梁武帝法统的继承者），将版图扩展到长江流域。

这三件大事，西魏都办得异常低调，事前不宣扬，事后不嘚瑟，虽说取得大片土地，增加大量人口，但没有引起世仇北齐的警觉。西魏之所以能以摧枯拉朽之势横扫南梁军，正是得益于府兵建制后高效的征训机制，以及充满战斗欲望的汉兵。

（二）府兵统一北方

557年，宇文氏正式废元氏西魏，建立北周。北周府兵经过十余年的建设，兵员数量和部队训练质量逐步提升，各军府的兵员调发、后勤供应经过对南朝几次作战也得到了检验。561年三月，北周改八丁兵为十二丁兵，也就是说府兵原来每年要轮番值班四十五天，现在改为三十天，可见兵力之充足、局面之稳定。

此前的十年中，西魏并不敢过多招惹北齐，矛头更多地是针对软弱的梁朝。但随着实力的上升，加上政治并未对军事造成过多干预，北周府兵力量越来越强。

北周实际统治者宇文护（宇文泰亲侄）受命辅政，当政期间连连发动大战。他先是联合突厥闪击晋阳，又发二十万大军强攻洛阳。晋阳是北齐的别都和实际行政中心，洛阳是北齐西部防线的核心，都是重兵防守之地。北周一反常态地进攻，至少说明了一个事实，北周已经完成实力逆转了。

昔日饭都吃不上的穷光蛋，如今变身为兵力雄强的霸主，此消彼长，令人叹息。纵使北齐拥有并称当世三大名将的段韶、斛律光、高长恭，仍然无法挽回局面。

577年，也就是府兵建立后第二十七个年头，北周武帝动用二十余万大军，分三路攻入北齐，彻底消灭高氏北齐，畅快淋漓地完成了终局大逆转。

取得梦幻开局的府兵制，后来被隋唐两朝发扬光大。兵员充足、战斗力强悍、战斗欲高涨的府兵部队，二百余年间四面出击，为隋唐帝国开拓了广阔的疆域。

北齐神武帝高欢的崛起之路

北齐神武帝高欢的一生，堪称战斗的一生。他的军事生涯从一起步，就一直处于斗争之中，但凡被他盯上的，就没几个好结果的。

高欢生长于北魏中后期。彼时北魏皇族腐败透顶，社会矛盾重重，北方六镇尤其过得牛马不如。524年，沃野镇人破六韩拔陵率先发动起义，北魏灭亡的大幕顿时拉开。

高欢一直窥伺形势，先后投身于杜洛周、葛荣义军。六镇起义的发动者们，大都是粗鄙的下层军官，没有什么过人的才能。作为一场时代烽火的发起者，他们只不过是根引火的柴棒，志向远大的高欢自然不会看中他们。不久之后，高欢离开葛荣的部队，辗转流落到北魏帝国的终极掘墓人尔朱荣帐下。

尔朱荣是契胡族不世出的天才首领，虽然不断有人说高欢野心大，久后必为大患，但尔朱荣自信能镇得住高欢，并没太放在心上。孰料天有不测风云，尔朱荣过于大意，被北魏傀儡皇帝孝庄帝刺杀于宫中，当时年仅三十八岁。契胡族势力由年轻的尔朱兆（尔朱荣的侄儿）接管。

尔朱兆是个勇将，但短于智略。尔朱荣在世时，就说他这位侄子有勇无谋，只堪给高欢穿鼻（比喻像牛一样受人牵引，不能自主）。正是在尔朱兆帐下，高欢成功开启了自己事业的扩张之旅。

一、兼并尔朱氏集团

高欢身为尔朱氏部将，手下并无多少兵将，但他敏锐地发现了一大笔财富：六镇兵户。北魏消灭了河北、山西一带的起义军，将俘获的六镇兵民二十余万人安置在河东。这些人远离六镇故乡，无土无田，无法谋生，是非常大的隐患。

尔朱兆没办法安置，高欢便主动提出领着他们到河北就食。不少人看出高欢居心不良，纷纷劝告尔朱兆不要放虎归山。名将慕容绍宗就多次劝谏不要把这二十余万人交给高欢。但高欢已预先重金贿赂了尔朱兆左右的亲信，让他们日夜说好话帮腔，愚蠢的尔朱兆信之不疑，还把"多嘴"的慕容绍宗投入监狱。

高欢抓住时机，带领六镇兵户开赴河北，并将之编练成军，从此奠定了他争霸天下的力量基础。

彼时北魏统治的地方，已经四分五裂，各自为政：核心区域河东、河南是尔朱氏的天下，关中陇右一带被贺拔岳、宇文泰控制，荆襄地区有贺拔胜集团，河北、山东则是各自为政。高欢的第一步就是脱离河东，争夺河北。

六镇兵户在异地他乡无土无田，是大乱之源，然而一旦组织起来却是一支令人生畏的武装力量。高欢一边笼络河北的汉族豪强，一边疯狂地攻城略地，很快便从北向南蚕食掉河北大部分地区，传统重镇邺城也被其收入囊中。

尔朱兆这才如梦初醒。他恼怒地调集大军进攻高欢，要把这个昔日的盟兄、亲密的战友亲自掐死。

只是尔朱兆既没有尔朱荣的军事天才，处理内部关系也手段低劣，与几个兄弟矛盾重重。尔朱度律和尔朱仲远一度还想杀掉尔朱兆，所以尔朱氏根本无法凝聚起一致对外的力量。

高欢率领新组建的三万人马，与尔朱氏二十万联军大战于韩陵山（在今河南安阳市东北）。两军对阵，尔朱兆指责高欢背叛自己，高欢则反诘尔朱氏妄杀天子，双方各执一词，互不相让。苍白的语言交锋在大战面前显得毫无力量，刀把子迅速接管了一切。

尔朱兆的大军猛冲高欢军阵。双方自寅时战至午时，三次接战，三次暂歇。高欢的兵力太少，几乎要支撑不下来了，他越战越没有信心，便想退军。

高欢的中军尉景所部首先支撑不住，被尔朱兆击溃，于是阵势大乱，尔朱兆揪住这个突破点猛攻。眼看就要全军大败，关键时刻，右军统帅高岳率领五百骑兵正面对攻尔朱兆，大将斛律金率步军绕到阵后攻击尔朱兆，左军统帅高昂率生力军从栗园猛冲而来，从中间进攻。

仗打到这个份上，就看谁的士气更高涨，谁能支撑到对方意志先崩溃。经过大半天恶战，两军都已到了崩溃的边缘。本来已经看到胜利希望的尔朱兆大军，突然遭到看似非常猛烈的反攻，精神上的压力倍增，士气一下崩溃了。

经此一战，尔朱氏主力被击垮，高欢又乘胜进攻打下晋阳，在秀容川逼死尔朱兆，彻底消灭了契胡族。

二、摧毁北魏洛阳集团

尔朱氏覆灭后,高欢以晋阳为中心,将河东、河北联为一体,成为北魏帝国最大的实权派。他连续废掉两个傀儡皇帝,扶立元修为帝,是为北魏末代皇帝孝武帝。

虽然北魏运势已衰,但最后的几位皇帝却个个有刚骨,并不甘心当傀儡。孝武帝趁高欢集中精力稳固河东时,大张旗鼓地整顿河南,在大将王思政、斛斯椿、长孙稚等人主持之下,河南诸州征发编练出十余万军队。一时间,洛阳王室隐然有崛起之势。

孝武帝动静越来越大,引起高欢的警觉。

我立的你当皇帝,你翅膀还没硬却想黑我。

孝武帝虽然声称编练军队是为了南征梁朝,报当年梁人北侵洛阳之仇,但谁都知道这不过是个幌子。高欢也就坡下驴,借口南下进攻梁朝,发诸路大军向洛阳进发。

洛阳的北魏宗室力量在六镇之乱时已被屠杀过一次,尔朱荣发动的河阴之变杀死北魏宗室和朝臣两千余人,弄得元氏宗族力量大衰。孝武帝这次重整朝局,一定程度上恢复了一些力量,但与实力强大的高欢相比,几乎没有胜算。他唯一可以恃之一赌的,只剩下北魏皇室的政治旗帜,但愿高欢顾及关陇和荆州的两家实力派,不要真正地撕破脸。

然而高欢又岂是吃素的。不管元氏还有没有号召力,他都坚持武力打击,他绝不能容忍洛阳出现一个强有力的中央政权。

高欢大军在滑台、虎牢关接连击败孝武帝的军队,无情地打破了孝武帝重振君威的梦想。无奈之下,孝武帝率残兵万余人急忙出逃,西奔关中投奔宇文泰。

高欢追之不及,索性拆毁洛阳城,将洛阳城内四十余万人统统迁移到邺城。自北魏孝文帝南迁洛阳以来,四十余年经营的成果,彻底毁于一旦。

为防北魏皇族再掀风浪，高欢另立元善见为帝，将首都迁至邺城，从此彻底终结了元魏的政治生命。

三、杀死高氏四兄弟

不继续与人战斗，大概高欢便会觉得不舒服。虽然建立了一个完全由自己掌控的东魏帝国，但帝国内部并非铁板一块，有些异己分子仍然让他如鲠在喉。

这个潜在的对手，便是河北的汉族豪强势力。

高欢攻略河北时，一度得到了河北许多汉族豪强的帮助，诸如封氏、卢氏、赵氏、李氏以及高氏等。

昔日疆场是兄弟，今日太平是仇敌。

高欢是鲜卑化的汉人，赖以成事的班底全是鲜卑人或鲜卑化的羯人、高车人、匈奴人等。共同的民族认同感，令他们骨子里充满了对汉人的戒备。

虽然汉族豪强归心于高欢，但长远来看，"非我族类，其心必异"。高欢几乎在利用汉族豪强的同时，一直不动声色地整治他们。

高乾四兄弟不幸成了被整治的对象。

高乾、高慎、高昂、高季式四兄弟，河北渤海人，宗族势力非常强大。六镇起义时，高氏族人借机招兵买马，在本地对抗起义军，家族部曲多达三千人，以至于北魏不得不专为高氏家族新设立一个东冀州，委派高氏族人世代担任刺史。

相比空有政治号召力的北魏皇室，这些在汉人中一呼百应的豪强们才是更可怕的。

高欢起初把高乾安插在洛阳，让他监视孝武帝的动静。谁知高欢暗藏杀机，把高乾曾经劝高欢篡位的书信都交给孝武帝，借孝武帝之手杀了高乾。

这件事做得滴水不漏，一举干掉了河北汉人的头面人物，高昂诸兄弟丝毫没有觉察。

高昂是一员猛将，自韩陵之战时就屡立战功。高欢表面上对他十分尊重，然而暗中的猜防一直没有打消。

538年东西魏爆发河桥大战，高昂意外地在战场上失利，单枪匹马逃往河阳南城。城池守将高永乐拒不开城，结果高昂被西魏追兵斩杀。这件事看似是高永乐与高昂的私人恩怨所致，但背后未尝没有高欢的授意。高永乐虽然被高欢亲手打了一顿，但后来并没有被追究责任，继续逍遥自在地当官。

高昂是河北汉人豪强中唯一敢和鲜卑人硬碰硬的，自他死后，汉人在军事方面再也无法和鲜卑人抗衡。

高昂的二哥高慎，随后也被高欢父子欺负。高欢纵容儿子高澄调戏高慎的妻子，高慎气不过，据虎牢关叛逃西魏。四兄弟只剩下一个人微言轻的高季式，在东魏彻底失去了影响力。

东魏、北齐四十年江山，说到底，全是高欢战斗一生打下的底子。

北魏元氏皇族，亡国时连遭大难

北魏皇族原是鲜卑拓跋氏，孝文帝南迁后进行汉化改革，遂全体改姓为元。

元氏皇族喜欢早生早育，十三四岁就生下一代。经过百余年繁衍，皇族人口已达数千人，成为当时中国北方数一数二的大族。然而皇族在北魏国祚衰亡之时，也不免家破人亡。

元氏第一难是河阴之变。契胡族首领尔朱荣举兵南下洛阳，在河阴将胡太后和孝明帝溺杀于黄河，又大举屠杀包括元氏宗室、朝中权贵等两千余人，洛阳王室为之一空。

据考古发掘的北魏墓志铭显示，许多元氏族人都被匆匆地赶至河桥，然后莫名其妙地被契胡骑兵围起来杀死，无辜地为帝国殉了葬。

尔朱荣大杀北魏宗室，原意是要取而代之，自立为帝。但当时形势并不允许，一者元氏余威尚在，国内人心不服；二者尔朱荣是代北一个微不足道的小部落首领，而当时北方诸部鲜卑势力最为强大，尔朱荣的威望不足以驾驭天下，所以他放弃了称帝的打算，改立元子攸为新帝。

元氏皇族虽然在河阴之变中大量被屠杀，但由于子嗣繁盛，遍布于天下，还是大量地存活下来。然而福无双至，祸不单行，已失去主宰自己命运能力的北魏宗室，很快又遭受了更大的灾难。

元氏第二难是迁都邺城。尔朱荣死后，高欢快速崛起，以强大的实力掌握北魏大权，并扶植元修为新帝，即北魏孝武帝。高欢比尔朱荣更阴狠，更富于心机和权术。他对元氏步步紧逼，挤压元氏的生存空间。

孝武帝天性倔强，不甘心当傀儡皇帝，于是大征河南之兵，企图将洛阳周围打造成真正掌握的地盘，与远在晋阳的高欢对抗。

然而因为年轻识浅，北魏皇帝的威力已然衰微，从实力上看，根本无法与高欢对抗，结果高欢率兵打进洛阳，孝武帝仓皇地弃城西奔关中。北魏分裂为东魏和西魏。

当年尔朱荣势力强横，却因对元氏不加提防，被孝庄帝刺杀于宫中。高欢吸取教训，为防元氏复起，将都城从洛阳迁至邺城，另立元善见为帝，即东魏孝静帝。洛阳的元氏皇族被全体强制迁到邺城。

远离老根据地的元氏皇族，包括孝静帝在内，都成了任人摆布的政治废物。

孝武帝死后，与其同为孝文帝之孙的元宝炬在以宇文泰为首的诸臣支持下登基为帝，国号魏，延续北魏正统，史称西魏。宇文泰抓住机会挟天子以令诸侯，使高欢在政治上落下个凌逼天子的恶名。因此在邺城立新帝后，高欢对孝静帝表面上十分尊重，有时举行朝会和重要的庆典，还亲自在皇帝步辇前手捧香炉，以示恭敬。

然而表面上获得的尊重，掩盖不了实际上的落寞。邺城的豪强十分看不起落魄的元氏皇族，动不动就欺负他们。元文遥是元氏宗亲，从洛阳迁至邺城后，家里只分到十顷地，仅够衣食所用。邺城的豪强强夺他的田产，他也只能无奈地默认。

高欢时代还能做到表面上的尊重，到高澄时代，就全然不顾体面，公开地欺负元氏。魏孝静帝也是个强明果决的皇帝，而且力大无穷，能挟着石狮子跳墙。这样一个皇帝，自然也不甘受高氏欺负。

有一次君臣宴会，高澄连连劝孝静帝喝大杯的酒。孝静帝不悦，说："自古无不亡之国，朕亦何用此活！"言下之意是，你高家别总欺负我，大不了我这个皇帝不做了。

高澄当场勃然大怒，大骂道："朕，朕，狗脚朕！"然后让心腹崔季舒打了皇帝三拳，拂袖而去。

东魏的旧臣无法忍受，又见高澄篡魏的意图越来越明显，于是密谋刺杀高澄。结果谋事不周，高澄侦知此事，将主谋元瑾、元大器以及元魏旧臣温子升等人全家诛杀。

在严峻的生存危机面前，有的元氏皇族不敢与高氏对抗，谋求逃离东魏，投奔宗室待遇相对好的西魏。魏高凉王的后代元子华、元子思兄弟，因为流露出投奔西魏的想法，全家也被杀尽。

高澄于篡魏的前夕被刺杀，元氏皇族以为躲过一劫。然而他们绝没想到，等待他们的是更猛烈的灭顶之灾。

高澄死后，其弟高洋很快篡东魏建北齐，孝静帝被杀。

高洋的手段比其兄高澄更为酷烈。高澄还只是面上打骂，对元氏直接的迫害不太多。

高洋则对元氏宗族极为提防。禅代的过程中,高洋下令把所有担任行政职务和有爵位的元氏宗族全部拘押起来,等禅代之事完成了才放出来。

高洋还指派专人,常年监视元氏宗族的动向,一有异动不是关就是杀。

除此之外,高洋还经常肆意侮辱元氏族人。

元韶是北魏献文帝的重孙,东、西魏分立后,高欢为了笼络人心,把女儿嫁给元韶。元韶贵为高氏之婿,算得上诸元之中待遇较好的。但高洋看不起元韶,经常到他家中,把他的须眉剃掉,搽粉涂脂扮作妇人,并称彭城王(元韶曾经的爵位)是他的嫔御,用以讽刺元氏宗亲已经衰弱如妇人。

侮辱也罢,政治歧视也罢,好歹能活下来。元氏宗族为保命,经常向北齐贵臣们贿赂讨好,勉强维持着生存。

然而,北齐文宣帝高洋在位十余年,性格越来越古怪,健康状况也逐渐恶化。大概是为了彻底断绝元氏复辟的可能,为自己年幼的儿子继位做准备,高洋对元氏宗族动了杀心。

元氏第三难是天保十年(559)惨案。这年正月,太史令奏报当年当除旧布新。高洋故意问元韶:"汉光武何故中兴?"元韶说:"为诛诸刘不尽。"高洋遂下令,诛杀与皇帝宗支较近的元世哲、元景世等二十五家,另外十九家全部关押待决。

过了两个月,高洋下令全部公开处决。可怜元氏宗族七百三十余人,除了个别改姓为高或与高氏有直接姻亲关系的,全被屠杀于市。恶趣味的高洋,让几个元氏人物坐到纸鸱上从高台上飞落,大部分人都直接摔死,独有一个飞到邺城紫陌桥安然降落,结果仍不免于祸,被关到监牢里活活饿死。

许多还在襁褓中的婴儿也没能幸免,他们被抛到空中,用长矛接住刺穿而死,场面之惨令人不忍直视。

元韶虽然身份高贵,与高氏结亲,但也被关到监牢里,最后饿得吃自己的袖子,悲惨地死于狱中。

被杀的元氏人物，往往都是全家灭绝，死后无人收尸，高洋下令全部投入邺城外的漳河。可怜百余年显贵的元氏皇族，全都葬身鱼腹。元氏皇族经此一难彻底失势，仅存的几家元氏皇族人物不是改姓藏名，就是远奔边隅州郡，在历史舞台上再无声名。

高欢众多儿子为何全不得好死？

577年，北齐灭亡，北齐任城王高湝被北周俘虏。北周齐王问他，国家已经破亡，为何还坚持抵抗？

高湝悲愤地回答："我乃神武皇帝（高欢）的儿子，兄弟十五人，现在只剩我一个人。我还有什么理由不为社稷尽力！"

高湝后来被北周赐死，兄弟十五人没有一个有好下场。更令人吃惊的是，北齐神武帝高欢的全部子孙，没有一个活过四十岁的。为何会悲惨如此呢？

高欢的十五个儿子，按长幼顺序分别是高澄、高洋、高浚、高淹、高浟、高演、高涣、高淯、高湛、高湝、高湜、高济、高凝、高润、高洽。

其中没有长大成人的有两位，分别是第八子高淯、十五子高洽，下文不再细说。

其余十三位，死因主要有病逝、刺杀、自相残杀三种。

一、病死者多因纵情声色

病逝的共有五位，分别是文宣帝高洋、孝昭帝高演、武成帝高湛、华山王高凝、冯翊王高润。

文宣帝高洋去世时仅三十岁。高洋貌似有精神分裂的症状，他排行第二，一直被大哥高澄压制，高欢死后高澄当政。高洋每次见到高澄都很害怕，甚至在高澄奸污了自己的妻子李祖娥之后，也不敢报仇。

高洋当了皇帝后，一反常态，为政相当暴烈，群臣无不惶恐。高洋对外也十分强势，率兵北击柔然，打得柔然人远遁千里。

从极度压抑到尽情释放，高洋的精神状态渐渐恶化。当皇帝六年多，他开始出现严重的酗酒、纵欲以及虐杀大臣的行为，所作所为癫狂暴躁，令人无法理解。高洋的身体状况也跟着恶化，最终在当皇帝的第十个年头，重病不治而亡。

孝昭帝高演排行第六，与大哥高澄、二哥高洋、八弟高淯、九弟高湛、十二弟高济同为娄昭君所生。文宣帝高洋去世后，他发动政变，夺了侄子高殷的帝位。高演为政一改文宣帝之暴虐，驭下宽容有加，政事不繁，使北齐颇有回春之象。高演一度还计划经略关中，消灭世仇北周，结果天不假年，他即位的第二年，骑马时意外跌落，摔断了骨头，伤重而死，年仅二十七岁。孝昭帝的去世，使北齐丧失了继续压制北周最后的可能性，国弱而家衰。高氏家族的衰落，可以说就是从孝昭帝的意外去世开始的。

武成帝高湛继承了孝昭帝的法统，但这位荒唐皇帝不论人品还是能力，都落了下乘。北齐名将斛律光悲叹，起初北齐实力一直保持上升趋势，经常要出兵进攻关中；现在皇帝只知道纵情声色，国势无法挽回了。高湛当了四年皇帝，为了尽情享乐，把皇位让给太子高纬，舒舒服服地当太上皇。又过了四年，耽于酒色的高湛，于三十二岁的鼎盛之年辞世。

三位皇帝的短寿都不同程度地诱发了北齐政局的动荡。十九年中，北齐中枢政局始终处在剧烈的调整与磨合中，许多能臣干吏以及宗室俊秀或是死于政变，或是被罢黜不用。北齐国势一直在走下坡路，可说原因在此。

高欢第十三子高凝与文宣帝高洋同年病逝，第十四子冯翊王高润大概死于高湛退位的当年，年龄都在三十岁左右。

二、被刺杀者死因扑朔迷离

高欢的长子高澄，在高欢去世后接任渤海王、太师、大将军，掌握着东魏的实权。高澄为人聪明睿智又有威势，是十五个兄弟中能力最高、最成熟的一个。然而就在东魏与北齐政权交接的前夕，高澄在邺城柏东堂与诸重臣谋划篡位的具体事项时，突然被几个厨子刺杀于堂中。

刺杀者首谋兰京，是梁朝名将兰钦的儿子，因作战失利被俘，高澄让他给自己当厨师，以羞辱他。兰京屡次请求出钱赎罪回归南朝，高澄发怒不许，还命人重重地杖责兰京。

兰京怀恨在心，谋划与几个死党趁机作乱。高澄素来对居所的警戒防卫不甚在意，结果兰京作乱时，堂下竟然没有一个护卫的军士。

高澄之死迷雾重重，有人怀疑这起谋杀案的主谋绝非几个卑微的厨子，极有可能是高洋在背后运作。这也只是传言，并无实证。

高澄死时年仅二十九岁，高氏两代交接出现这么大的波折，极大影响了北齐的国势走向。高澄远比高洋优秀，如果他顺利登上帝位，可以预见，原本国力就处于优势的北齐，必将继续扩大优势，继续保持对北周的强大压制。即便仍然无法消灭北周，但一消一长之间，北齐走向更辉煌的高峰是毫无疑问的。

彭城王高浟是高欢第五子，高氏诸子的性格普遍暴躁粗鲁，唯独高浟气质儒雅，性格谦和。高澄、高洋、高演掌权期间，他一直很受信任，从州刺史做起，一步步升迁到尚书令，成为举足轻重的宗室重臣。武成帝高湛向来喜好残杀兄弟，但高浟谦和的性格使其免于被猜忌。564年，武成帝高湛到晋阳出巡，留高浟坐镇邺城。盗贼田子礼等数十人突入高浟家中，劫持并逼迫他到皇宫中称帝，高浟大呼不从，结果被群盗杀死，年仅三十二岁。

三、死于自家人屠刀下的最多

高欢十五个儿子中，死于自相残杀的高达三分之一，分别是第三子永平王高浚、第四子平阳王高淹、第七子上党王高涣、第十一子高阳王高湜、第十二子博陵王高济。

高浚与二哥高洋年岁相当，少年时兄弟之间颇为亲密，高浚经常嘲笑高洋怯懦。高洋在位后期好酒狂暴，高浚不知忌讳，经常背地里指责高洋昏暴，还与大臣杨愔经常往来。高洋得知后大怒，把高浚逮捕投入地牢。

上党王高涣是个雄武有力的大将之才，曾率军南征梁朝，取得了辉煌的战绩。高涣与大哥高澄感情很好，高澄被刺杀时，他闻听宫中大乱，想起邺城一度流传不利于高澄的谣言，惊呼大哥必然遭难。高涣于是上马引弓要求平乱，大概因为此事，在二哥眼里被标记为提防对象。高洋后来对这个七弟非常猜忌，于是把他也投入地牢，和高浚关在一起。可怜两个宗王，一夜之间从锦衣玉食之尊，沦为阶下囚，吃饭便溺全在狭窄的地牢里，好不凄惨。

558年，高洋到地牢看望两个弟弟。二王胆战心惊泣不成声。高洋想起手足之情，不觉动容，想要把他们放出来。高湛当时在旁跟随，劝高洋说，猛虎绝不可放出牢笼。高洋彼时性格已经变得很怪戾，闻言又狠下心来，亲手拿过长枪往牢里刺。高浚、高涣悲愤地大骂高湛："步落稽（高湛的鲜卑小名），皇天见汝！"高涣力气大，把伸进来的枪杆折断，高洋于是下令放火烧牢，二王都惨死于烈火之中。

平阳王高淹与高浟类似，也是宽厚之人，但其性格更加深沉内敛，令人难以揣测，武成帝高湛对他有所提防。河清三年，高淹莫名其妙地死在晋阳，传言是被武成帝下令鸩杀。

高阳王高湜是庶出，生性滑稽，语言诙谐。高洋非常喜欢他，常让他在左右侍从。高洋驾崩，出丧时高湜吹笛打鼓，面无悲容。太后娄昭君认为高湜没有兄弟之情，重重地打了高湜一百杖。这场重刑当场要了高湜的小命，娄昭君还假惺惺地哭了几声。高湜在政治上并无作为，被打死大概是因娄昭君和高湜母亲游氏关系不好。

第十二子博陵王高济是娄昭君的小儿子，很受母亲宠爱。某次跟随二哥高洋出行，这位年幼的宗王忽然想念母亲，不顾皇家礼仪跑回邺城。高洋大怒，抽出刀子架在他脖子上责骂他。高济惊吓过度，精神上出了些问题。后来武成帝高湛病亡，高济忽然对人说，大哥、二哥、六哥、九哥相继当皇帝，他是嫡亲的兄弟，按顺序大概到他了。后主高纬闻听，派人暗地里害死了这位糊涂的叔叔。

传奇女人娄昭君与她的儿子们

娄昭君，堪称北齐最传奇的女人。

娄昭君出生于北魏六镇之一的怀朔镇，年轻时一眼看中落魄的高欢，执意倒贴嫁妆嫁给高欢。高欢后来开国建基，成就一代霸业，娄昭君的娘家也跟着兴旺发达、满门富贵。

娄昭君与高欢成婚于创业之中，吃了不少苦头，深知世事之艰难，故而非常贤明通达。高欢把家事全交给妻子处置，夫妇二人一主外一主内，配合得十分默契。一些军国大事，高欢也常常找娄昭君商量，因此娄昭君不仅在家族中非常有威望，在朝中也深为诸臣大将敬重。

高欢死后，娄昭君的儿子高澄继立为渤海王世子，实际上就是东魏帝国不称朕的皇帝。娄昭君从此走上了左右军国大政的辉煌之路。

一、进位皇太后

娄昭君生有六男二女，六个儿子分别是文襄帝高澄（长子）、文宣帝高洋（次子）、孝昭帝高演（排行第六）、襄城王高淯（行八）、武成帝高湛（行九）、博陵王高济（行十二），两个女儿不知何名。

高澄继立为渤海王时已经成年，娄昭君把儿子培养得英武刚毅，所以她放心地把国政交给儿子，起初并没有参与什么大事。但是天有不测风云，高澄主政的第三个年头，就在他紧锣密鼓地策划禅代大事时，意外地被刺杀于议事堂。

娄昭君的次子高洋迅速处置了刺杀事件，不由分说地当场斩杀了刺客。高澄的心腹重臣陈元康也在刺杀事件中身亡，高洋得以迅速组建自己的执政班子，自行宣布继承渤海王爵位以及高澄的一切官职，随即以迅雷不及掩耳之势，逼迫东魏孝静帝禅位，自己登皇帝位，改国号为齐，史称北齐、高齐。

高澄之死疑云重重，很多人根据得利者嫌疑最大的逻辑，推测高洋就是刺杀高澄的谋后主使者。高洋即皇帝位后，随即对功臣老将们进行封赏，迅速稳住了局面。

渤海太妃娄昭君被尊为皇太后，她虽然对大儿子的死有疑心，但终归权力还是自己儿子掌握，就没有过多追问。

二、孙子不如儿子好：娄太后废孙立子

高洋与母亲的关系并不是很好。大概均系政治强人，彼此之间有天然的敌意。在位后期，高洋经常酗酒，性格也逐渐变得暴躁易怒，有一次醉后居然要殴打娄太后，虽然事后他万分悔恨，向母亲请罪，但从中可窥知两人关系并不好。

高洋的皇后李祖娥是河北汉人出身，娄昭君不喜欢汉人，与李皇后的关系很不好。

559年，高洋病逝，年仅三十一岁。遗诏十五岁的太子高殷继承皇位，由大臣杨愔辅政。

当年高洋立皇后，娄昭君授意宗室诸王反对立汉人李氏（李祖娥），而立鲜卑人段氏。汉臣杨愔认为李氏是高洋原配妻子，就应该顺理成章地当皇后。高洋听从杨愔的建议立了李氏，惹得娄昭君很不高兴。

所以，虽然是亲孙子当了皇帝，娄昭君也很不高兴，认为大权将要被李皇后这个外族人掌握。汉臣杨愔辅政，又大力推行汉化改革政策，惹得一众鲜卑勋贵很不满意。同时，娄昭君另外几个儿子都处于壮年，势力都很大，朝野形势很不利于高殷。

杨愔与同受遗诏辅政的燕子献等定计，削去常山王高演的录尚书事、高湛的京畿大都督职务，让他们各自到自己的封国去就职。

高演和母亲娄昭君、九弟长广王高湛密谋，商议废掉高殷、杀掉气焰嚣张的杨愔等人。于是高演等人纠集自己府中的士兵，发动政变，在政事堂中抓捕杨愔、燕子献等人。高演对杨愔尤其愤恨，命士兵当堂殴打，可怜杨愔身为宰辅重臣，当着一众朝臣的面被打得嗷嗷直叫。

高演借口宰臣乱政，将杨、燕等人当场诛杀，随后带人进入大内，逼高殷退位。娄昭君恶狠狠地对李祖娥说："我岂能受你这汉人老妪摆布。"

高殷本就口吃，遇到这种情况更是吓得说不出一句话。李祖娥心知大势已

去，只能跪地叩头。不久后娄昭君以太皇太后名义下令，废高殷为济南王，改立常山王高演为帝，是为孝昭帝。

高演即位后，生怕高殷卷土重来，将高殷远远地安置在晋阳，不久又派人将其杀死。历来皇帝被废，基本都没有好下场。娄昭君明知如此，却没有保护高殷，任由高演处置，甚至纵容儿子弄死孙子。

三、让老九当皇帝吧：娄太后第二次主持废孙立子

孝昭帝高演其实也算得上一个好皇帝，他一改二哥高洋在位时的暴政，大力惩治贪腐行为，整顿军队，国力一度出现增强的局面。可惜好景不长，他当上皇帝的第二年，一次骑马意外跌伤，伤势严重，无法医治，眼看就要去世。

弥留之际，娄太后来探望，实际上是询问他对后事有何安排。老太太明知孙子高殷已死，却连连追问高殷在哪里。孝昭帝不答，连问三遍，始终不答。娄太后大怒："我早就告诉你不要杀他，你却不听，现在你也要死了，我看都是你自找的。"

按理说儿子临终前，母亲白发人送黑发人，应该悲伤难抑才对。娄昭君却出乎意料地问起孙子，还对儿子这么愤怒，其真实目的是想替儿子安排后事。

孝昭帝明白了母亲的意思，强撑着病体，在床上磕头请罪，又传诏，不立自己年仅六岁的儿子高百年，而是请九弟长广王高湛回来继承大统。

娄昭君这才满意地离开。

高演也在凄风冷雨中病亡，年仅二十七岁。

高湛入邺都继承皇帝之位，是为武成帝。娄昭君终于实现了对几个儿子的平等照顾：你们都有资格当皇帝，只要我这个老婆子在，管保你们都过过瘾。

只是她已经没有足够长的寿命管那么多了。562年，这位饱经沧桑的女强人终于去世，享年六十二岁。

娄昭君晚年似乎对之后的政治做了某种安排，因为她还有最后一个儿子博陵王高济（她的三儿子高浟早已病死），兄终弟及的福利，以后可能还要给她的小儿子体验一下。高湛对母亲是有怨气的。娄昭君死后，按礼制高湛要为母亲守二十七天丧，守丧期内要穿丧服，但高湛完全不管这些礼制，大丧期内公然穿着绯袍，看起来倒像在祝贺什么。

高湛的幼弟高济被高湛安排得明明白白，他不像之前几位哥哥在京师邺城或是副都晋阳执掌重权，而是被贬到定州当了个小小的刺史。如此做法，无非是要断了他兄终弟及的路。但这位可怜的小王爷虽然身在外郡，却一直记着母亲的安排。后来高湛去世，他竟然放出话来，这下该轮到自己当皇帝了。后主高纬听闻他如此说，立即派人杀了他。

高湛当皇帝期间，对侄子们也痛下毒手。

高演的儿子高百年是最大的隐患，高湛让人诬蔑他想夺回帝位，亲自在宫中暴打高百年，可怜百年还只是个孩子，被高湛抓着双腿满院拖拽，一边拖一边打。高百年不住讨饶，却仍然被活活打死。

二哥高洋的儿子也没逃过噩运。高湛霸占了二嫂李祖娥，让她怀上了自己的孩子。李祖娥的次子高绍德（高殷的亲弟弟）回宫探望母亲，当时李祖娥的肚腹已大，羞见儿子。武成帝高湛却恬不知耻地说："嫂嫂肚子已经大了，不好意思见你。"

辱母之耻令高绍德不胜其忿，当众对高湛发作了出来。高湛不是善茬，让人把高绍德抓起来，当着李祖娥的面打死。

高氏一门之荒暴，确实史上少见，而家庭内部关系如此之混乱、残忍、无情，与娄昭君一贯的厚子薄孙，在亲人之间拉偏架，是脱不了干系的。

兰陵王为何死得这么憋屈？

北朝鲜卑族盛产美男子，同时又盛产猛将，但把猛将和美男集于一身的，恐怕只有一个人：北齐兰陵王高长恭。

高长恭，又名高孝瓘，是北齐文襄帝高澄第四子，受封兰陵王。

按说，兰陵王是个威猛无敌的大将，在史书中应该浓墨重彩才对，但实际上《北齐书》给他的篇幅仅仅六百多字……

宋朝人张预搜集古代名将事迹，编了一部《十七史百将传》。兰陵王时代的名将一共收录了四个人，其中有三人是北周的：宇文宪、韦孝宽、于谨。

当然，这三位并非浪得虚名，都是有绝活儿的，比如宇文宪号称生下来就会打仗；韦孝宽号称家里养了一窝特务；于谨号称头发丝儿里都藏着心眼。北周虽然短暂，但二十多年里却也出了不少"非正常人类"。

北齐入选的只有一人：落雕都督斛律光——斛律光善射，能一箭双雕。而与斛律光齐名的另外两位北齐名将——段韶和高长恭都没有入选。

落选《百将传》，并不是兰陵王不善打仗，大概因为史书是胜利者书写的吧，北周消灭了北齐，那么北周的名将自然比北齐更多、更厉害。

即便如此，兰陵王的光彩，却不因史书的冷遇而黯淡。这里说几件他令人称道的事。

兰陵王长相极其秀美，史书称其"貌柔心壮，音容兼美"。不仅长得帅，声音还非常好听。帅、美、秀、靓的同时，他的性格十分坚毅，为人颇有英气，柔中带刚，英姿飒爽。这是一种阳刚的美，强健的美，与现在所谓的"小鲜肉"有本质上的区别。

但过于秀美，似乎会影响他作为武将的威望。于是每逢出兵打仗，兰陵王总会戴上一个狰狞可怖的铁面具，以增添一些狠戾之气。

兰陵王的兄弟们能打仗的不多，能拿得出手的只有他。他打的仗不多，但每次都是打北周的狠角色，更神的是只要他参战都是大胜。

一句话概括：专治北周各种不服。

晋阳之战，隋文帝的父亲杨忠领衔进攻，憋足一口气狠狠踢出一脚，想把北齐晋阳踢翻。结果杨忠遇到兰陵王，就像一脚踢到了钢板上。杨忠大军被杀得只剩数百人，配合杨忠进攻晋阳的突厥人不战而逃，狂奔七百多里，正好赶上下大雪，败兵冻得拔马鬃毛取暖，等逃回老家，马鬃毛几乎都被拔尽。惨不忍睹！

吉州之战，兰陵王率军围城打援，攻下了北周这座城，还干掉该城的守将。守将姓杨名敷，他有个儿子非常著名，乃是隋朝开国功臣杨素。

邙山之战，高长恭与北齐另两位名将段韶、斛律光联手，以五万人击败北周十万人马。唐太宗太姥爷的弟弟窦炽、隋朝开国名将史万岁，都差点儿死在邙山。当时，兰陵王刚刚在邙山下打胜，闻知洛阳城还被北周军重重包围，于是亲率五百骑兵杀到城下。

由于他穿着铁甲、戴着铁面具，城上守军不知道他是谁，兰陵王便摘掉面具，守军一看，太好了，兰陵王来救我们了！这才让他进城。北周大军被他这么一冲，知道邙山之战已败，没法再围城，于是解围而去。

北齐取得了空前的大胜，将士们非常高兴，创作了一首歌谣赞美兰陵王，这就是著名的《兰陵王入阵曲》。

北周再厉害，也没有《宇文宪入阵曲》《于谨入阵曲》或《韦孝宽入阵曲》啊。

翻一遍二十四史，大概只有唐太宗李世民的《秦王入阵曲》堪与之媲美。

这么英俊又这么能打仗的兰陵王，到后来有点儿功高盖主了。彼时北齐皇帝是后主高纬。这位昏庸的皇帝别的事没干，在位期间除了吃喝玩乐，就是集中精力杀了两大名将。

一个是落雕都督斛律光。原因是这个老将太厉害，高纬治他不住。

另一个就是兰陵王。

想当年，兰陵王的父亲高澄在当皇帝的前夕被意外刺杀，结果皇位被高澄之弟高洋继承。兰陵王和几个兄弟在后来的几位皇帝眼里成了重点盯防对象。这兄弟几个都是有继承权的，不防不行。

兰陵王的大哥、三哥都被害死，理由都十分荒谬。兰陵王吸取了教训，一句废话都不敢多说。

但不说不代表不想说，特别是有本事的人，轻易不说话，一说就是千钧之重。

后主高纬一直盯着兰陵王的嘴，想知道他心里到底藏着啥。

盯着盯着，就真的盯出事来了。

邙山之战大胜，后主高纬对兰陵王说：你入阵太深，真要有个好歹，后悔都来不及。

兰陵王一高兴，随口说了句："家事亲切，不觉遂然。"

一句话让后主高纬透心凉。好啊你个高长恭，原来你心里还惦记着我的皇位呐。家事，谁跟你是一家。

高长恭说完就后悔了，当年三哥临死前向武成帝（高纬之父）求饶，连称阿叔饶命。武成帝大怒：谁是你叔！三哥说：我乃神武帝之孙、文襄帝之子，我父乃是你亲大哥，你不是我叔是什么。武成帝更怒，打断了三哥两条小腿，三哥活活疼死。

皇帝称尊，是孤家寡人，万民皆是臣民，臣民哪敢主动跟皇帝称亲戚！

自此之后，君臣关系急剧恶化。兰陵王再也不敢带兵打仗了，躲起来啥也不干。后来得了病也不治，脸都病得浮肿不堪，一代美男子，就这么毁了容。

高纬知道兰陵王只求速死，便让人送来毒酒。妻子劝他去找高纬求饶，兰陵王情知唯有一死，悲叹一声："天颜何由得见？"

临死之际，他命人把债券（向他借钱者立下的字据）全部烧掉，然后饮下毒酒而亡。

良材美质，注定不容于污浊的庙堂。大概只有舍弃名位，做陶渊明那样的隐士，遁入桃花源中，才能全首身、有始终。

然而由奢入俭，弃荣就素，又有几个人有此胸怀呢？

魏收的《魏书》：到底是秽史还是良史？

《魏书》是二十四史中第一部为北朝少数民族国家所作的断代史，其作者是北齐时的史学家魏收。这部书非常独特，自其成书之后，就不断遭受时人和后人的非议，被冠以"秽史"（指记载不实的史书）之名，甚至一度被修改。一直到清朝时，官方舆论和社会上的历史学家都没有对此书达成定论。这在皇皇二十四史之中，是极为少见的。

一、魏收其人

《魏书》的曲折命运，与它的作者魏收是分不开的。魏收是由北魏入北齐的人，其人性格出脱，狷狂偏狭，学识渊博，经历丰富，极富争议。世人对《魏书》的非议，很大程度上是由其作者魏收的人品引发的。

当魏收弱冠之际，正是北魏末年战火纷起、武人当道之时。魏收起初想习武，但天生不是这块料，练习舞戟时，被荥阳人郑伯猷嘲笑，后来便弃武从文，发奋读书。后来，其才学与温子升、邢子才齐名，时人誉之为"三才"。

魏收比温、邢二人的学术与文化功底更深，而且头脑特别敏捷，作文非常快。他在二十六岁时便为北魏作《封禅书》，下笔近千字，不打草稿，随笔写成，时人颇为惊讶。他因此被召入朝中担任中书舍人，主要负责诏旨和重要文书起草。

笔杆子需要强大的思维逻辑与综合性信息来源作支撑，因此笔杆子通常是一个集团的智囊。魏收的才学也不止于文学，北魏末年动乱频发，他一直留心观察世事，具有一定政治预见力。534年，北魏孝武帝与相国高欢互相提防、猜忌，在洛阳大治兵甲，孝武帝企图与高欢兵戎相见。魏收对孝武帝的色厉内荏洞若观火，于是托疾辞官。后来孝武帝果然被高欢击败，狼狈逃入关中。魏帝近臣多有因站队错误或转身不及时而被牵累的，魏收得免一场大祸。

534年年底，高欢扶立元善见建立东魏。魏收投靠了高欢，在高欢的军中担任主簿。魏收本想靠才学脱颖而出，但事与愿违，高欢帐下人才济济，魏收一直很不如意。几经挫折后，在高澄心腹崔暹的推荐下，魏收转任散骑常侍，专修魏朝国史。

北魏一朝十分重视国史修撰。拓跋鲜卑对国史的重视，大概与北魏力求正朔、彰显法统之正有关。

早在立国之初，邓渊就编写了《国记》，记录拓跋鲜卑在代北草原的历史；明元、太武时代，著名的政治家、史学家崔浩又编修了《国史》；孝文帝于487年又令李彪、崔光按照纪传体之例，将编年体的《国记》重新编修；宣武帝时代，文武兼备的名臣邢峦还牵头撰写了《孝文起居注》，后来崔光、王遵业又续写了宣武、孝明二帝的起居注。"三才"之一温子升撰写了《孝庄纪》。

可以说，北魏国初以来的历史记录，做到了代代有承、资料翔实。东魏、北齐继承了北魏重史的传统，专门成立了史馆，攒集大量资料，为魏收写魏史提供了坚实的基础。东魏丞相高欢曾对魏收戏称："我后世身名在卿手，勿谓我不知。"东魏、北齐开国诸勋贵虽然大多出身伧荒，但一如北魏时期，对修史著册之事非常重视，许多人都向魏收馈赠礼品，好让魏收在史传中为自己的先人多多美言。魏收大多来者不拒，并借此与勋贵结交。殊不知，正是因为此事，《魏书》在真实层面蒙上了阴影。

北齐正式建立后，文宣帝高洋同样对修著《魏书》十分重视，他曾亲自勉励魏收说："好直笔，我终不作魏太武诛史官。"此言指魏太武帝拓跋焘当年兴"国史之狱"杀崔浩一事。在文宣帝大力支持下，国史馆专门组建了一个班子，由宗室重臣高隆之监修，魏收、房延祐、辛元植、刁柔、裴昂之、高孝干等人参与具体编写工作。

高隆之只是挂名，其余房、辛诸人要么是政府官员兼理，要么是儒学之士只能润色文字，在史学方面，主要靠魏收一人。《魏书》主要是魏收执笔完成的，故而后世评论《魏书》的是非良劣，也都指向魏收本人。

到554年，历经三年时间，魏收完成了《魏书》基本内容的撰写，共十二本纪、九十八列传；同年十一月，又增补了二十卷志，合计一百三十卷，这就是我们现在看到的《魏书》。

二、李百药强烈指责《魏书》为"秽史"

《魏书》在修成之日就遭到大量的指责，意见主要集中在其作者魏收人品不端、史德歪曲，对基本史实记叙不实，等等。

例如，《北齐书》中记录了一些情况：魏收性格急躁、偏激，与魏收有怨者，魏收就故意在史书中隐其善、彰其恶，把人写得很坏。魏收甚至放话："何物小子，敢共魏收作色！举之则使上天，按之当使入地。"

由于北魏很多世家子弟都在东魏、北齐继续当官，史书中的许多人物都与时人有关，现实与历史联系过紧，多少会影响史书的客观性。魏收本就处于嫌疑之地，还说出这种话来，确实令人怀疑《魏书》的主观色彩过于浓厚。

《北齐书》还记载了两个实例。

第一个，魏收修撰国史，得到过阳休之的帮助，因此，魏收感谢阳休之，表态一定给他家写一个"佳传"。阳休之的父亲阳固在北魏做官时，因为贪虐百姓被中尉李平弹劾获罪。但魏收却称赞阳固"甚有惠政，坐公事免官"，还黑白颠倒地说"李平深相敬重"。

第二个，关于尔朱荣。尔朱荣是北魏的掘墓人，曾制造过河阴之变这样的惨案，是一个滥杀无辜的人。但魏收为尔朱荣作传时，却有过这样的描述："若修德义之风，则韦、彭、伊、霍夫何足数。"也就是说，若论良好的道德品行，尔朱荣灭灵太后、重立庄帝的作为，甚至比废昏立明的伊尹、霍光还要贤明。魏收为什么有这样的昏话呢？就因为魏收收了尔朱荣儿子的贿赂，所以才在史书中明目张胆地曲笔。

这些实例真实性如何呢？我们后文再说。先看看当时的《魏书》及魏收的遭遇。

北齐文宣帝高洋面对大量勋贵、世家子弟的强烈指责，出于维护权威的考虑，以"谤史"的罪名惩治了一些人，但仍然改变不了物议沸腾的局面。于是，文宣帝改变策略，把专业的事交给专业的人去做，在尚书省开设辩论会，由魏收一一解答大众的质疑。消息一传开，犹如捅了马蜂窝，竟然有一百多人前来辩论。有的说魏收少写了祖先的职位，有的说自己家功劳那么大却进不了列传，有的说魏收对他们的祖先随意贬低。

魏收施展浑身解数，一一结合史实回答。怎奈人多嘴杂，魏收敌不住众多世家子弟的激烈反驳，后来自然而然地走向了无底线对骂。魏收不胜其忿，向文宣帝高洋转奏，说这帮人不是来给史书提建议的，纯粹是来找事的，请皇帝下诏治罪。

文宣帝虽然是残忍好杀之人，但面对如此众多的非难、质疑，也不由得踌躇不定，不敢再公然支持魏收、惩治谤史者。北齐左仆射杨愔、右仆射高德正都与魏收有亲戚关系，魏收在史书中为两人都作了佳传，两位大臣身处瓜田李下，也不愿再把事态扩大，于是索性和稀泥，建议文宣帝不要再公开讨论此事。

但事情远远没有终止，社会上对魏收的意见一直很大，纷纷指斥《魏书》为秽史。到了孝昭、武成两朝，议论仍然持续。武成帝亲自过问，魏收无奈，只好屈从众议，把几个争议最大的列传，如崔㥄、卢同等人调整了次序，把杨愔祖上是弘农杨氏的说法，改成杨愔自己的说法，不一而足。

唐人李百药记录这些史实，明显也带上了一些感情色彩，把"秽史"的说法写进《北齐书·魏收传》，从此给魏收扣上了一顶再也摘不掉的负面帽子。

那么，这些指责都成立吗？

三、原因在政治而不在史学

要评价一本史书好不好，核心标准是史料是否真实、翔实、客观。司马迁作《史记》之所以名垂千古，除了他在史学著作领域开创性的功劳外，更多地在于他著史讲究客观公正，不以主观色彩裁减史料，让后人尽可能公平地看到历史的真实模样——当然，绝对真实的历史是不存在的，太史公的可贵之处是在真实性、客观性方面做了最大化的努力。

而《魏书》遭到的诸多非议，并没有集中在史实本身。换言之，大众基本上承认魏收所作之史是符合史实的。从这一点看，魏收是经得住考验的，是一位合格的史官。

那么非议集中在哪儿呢？在记叙方式上。

就以李百药所记的阳休之事件为例，时人指责魏收黑白颠倒。其实参照《北史·阳固传》来看，所谓阳固贪虐之罪根本就是子虚乌有，阳固是因得罪中尉王显而被诬陷。《北史》作者是唐人李延寿，李延寿与阳休之没有任何瓜葛，他没必要为阳休之的祖先隐恶扬善。魏收的论点其实是没有立场问题的。

尔朱荣的问题也值得商榷。李百药认为魏收给这个恶魔说好话，但魏收并没有隐藏任何尔朱荣的恶行，河阴之变的过程魏收写得清清楚楚，对尔朱荣效法北魏皇族铸金像、以求取代北魏，也都做了客观的描述，这一点连李百药也难以否认。至于最后那句伊、霍之论，其实只是假设性的泛泛之论，并没有说尔朱荣就是伊、霍。如果揪住这一句假设的话而认定魏收是赞扬尔朱荣，未免太不讲逻辑。

魏收修改关于杨愔的家世出身，也并非没有依据。杨愔出身弘农杨氏，其父辈杨播、杨椿、杨津三兄弟在北魏时事迹昭然，是如假包换的弘农杨氏正支。魏收在武成帝时代，被迫把杨氏的地望改成杨氏自己说的，其真正原因是在孝昭帝废济南王高殷事件中，高殷的支持者杨愔被诛杀，进了政治黑名单。

也就是说，所谓的秽史，所谓的魏收受贿、随意褒贬，都是可以找到推翻的证据的。

那么引发广泛争议的真正原因是什么呢？利益。政治左右了对相去不远的历史的编撰。

东魏至北齐时期，门第观念十分盛行。这种观念并非只是名号上的虚荣，而是与现实利益密切相关的。简言之，门第高、勋位高者，在通婚、选官、占田、免役方面都有极大的特权，越高者特权越大。所以，时人十分重视祖上的名号、官位，先人的身份越高贵，活人得到的利益就越多。

偏偏魏收作《魏书》，很喜欢把北魏以来的世族豪门合起来写，例如有关杨愔的传中，杨愔的伯、叔满门二十八人，都列入一个传，何人何时担任何职记得清清楚楚。北魏末年变乱，官方记录的世族谱系多有断绝，祖上是什么爵位，本来全凭当事人自己说了算，魏收这么一梳理，等于揭了很多人的老底，不可避免地会触及一些人的利益。

于是，官位被写低了的固然群起而攻之，即使写的是正确的，活着的人觉得不利于自己的提升，也会去要求魏收改写。这是时人非议《魏书》的根本原因。

但《魏书》遭受的不公正待遇，并未随北齐之亡而止。隋唐以后，直至清朝，《魏书》所论的人物及其子孙早已消散于历史尘埃，隔了那么多代，死人再也影响不了活人半分，为何还会有人指责《魏书》为秽史呢？

四、法统之争

北齐灭亡后，对《魏书》的非议又转到一个新方向，即法统问题。

从魏晋到隋唐，王朝的法统，或者说是正朔，出现了巨大争议。

原本秦、汉、魏、晋传下来的皇统，与北朝新兴的皇统，出现了分歧。魏晋法统经由东晋至南朝，最终传到陈朝便停止了；而北朝则因拓跋鲜卑建立北魏，传到西魏、北周、隋朝，形成了一个新正朔。隋朝并不承认陈朝的正朔，这个好理解，毕竟南朝被灭了，但北朝内部却产生了问题。

北魏末年分裂为东魏、西魏，两个魏都争着说自己是北魏的正嫡。后来东魏被北齐取代，西魏被北周取代，齐、周二国又围绕正朔问题相争。当然，正朔之正与不正最终要靠实力说话。北周灭亡北齐之后，东魏是不是北魏正嫡，全由北周说了算。

隋朝取代北周，唐朝继承隋朝，都在不断强调北魏、西魏、北周、隋、唐是一个合法的正朔传承。

但魏收作的《魏书》，作为北魏唯一官方、权威的史书，却以东魏为正朔，以西魏为僭伪。魏收有这样的立场再正常不过，他是东魏、北齐的臣子，自然以东为正、以西为伪。隋朝立国后就意识到这个问题，这样的《魏书》如果留存于世，岂不是把周、隋法统不正公之于世？为了统一政治立场，隋文帝令魏澹另撰《魏书》，改以西魏为正统，以东魏为僭伪。

唐初组织修撰晋朝以来的诸朝历史，也秉承这样的理念。唐高祖命人重新修撰前代史书，包括晋、梁、陈、北魏、北齐、北周、隋。参与北魏史编修的先后有萧瑀、王敬业、殷闻礼等人，但修来修去，并没有拿出什么像样的东西。后来太宗再次询问臣子，能不能重新修北魏史，得到的反馈是魏收、魏澹两家所著《魏书》"已为详备"，没有重修的必要了。

从这个反馈看，魏收所著之史是不成问题的。

但李百药著《北齐书》时，却不加详辨地把北齐时关于《魏书》的争论全部写到《魏收传》中，并片面地把私德同史学著作混为一谈，导致后人据其言论对魏收形成极为负面的评价。

唐人刘知几在其名作《史通》中因循李百药的看法，说魏书是"党齐毁魏"，质疑魏收著史的根本态度有问题；宋人刘攽、刘恕继承了李氏、刘氏的看法；此后秽史的说法越来越固化，清朝大史学家赵翼也认定了这种说法，但他似乎把秽的依据更多定在了曲笔上，这就又偏离了事实，把曲笔和秽史混为一谈。

魏收固然对尔朱荣、高欢有所回护，这从史德上来说是无可辩驳的错误，但魏收之曲笔并没有包含贿赂、人情、主观好恶等秽迹，称之为秽史是颇为勉强的。

当然，认识到魏收《魏书》价值的也大有人在。北齐文士陆操就曾对杨愔说，《魏书》"博物宏才，有大功于魏室"。魏收开创的把一族之人合传的体例，确实有一定道理。

唐人李延寿对魏收非常推崇，并效仿他的写法，在《南史》《北史》中都以家族合传的写法进行编纂。清人王鸣盛的看法或许最逼近真相。王鸣盛说，魏收的史学水平虽然不是太高，但并不居于诸史之下。虽然魏收屡被非议，但千载之后，其他版本的《魏书》都已失传，唯有魏收的流传下来，到底是好是坏，历史本身已经给出了答案。

连杀两任北周皇帝的宇文护，是功臣吗？

北周历史虽短，才区区四十来年，但却出了不少话题性人物。有"史上屠龙第一人"之称的宇文护，便是这种人物。

宇文护，胡名萨保，北周宇文氏皇族。其父宇文颢是北周太祖宇文泰的长兄。

宇文护早年生长在北魏六镇，六镇大起义中，他跟随父亲和诸叔父流离于乱世，后来父亲战死，他和亲哥哥宇文导随宇文泰来到关中。

宇文氏家族在战争中饱受摧残，人丁非常稀少。宇文泰执政于西魏，家族中成年男丁仅有他和宇文导、宇文护叔侄三人，所以宇文泰一直把宇文护兄弟俩当亲儿子看待。

556年宇文泰病逝，在此之前宇文导也病死，宇文泰的世子宇文觉只有十五岁，无法震慑诸将。宇文泰遗命时年四十四岁的宇文护辅政。

557年宇文护不负重托，扶助堂弟宇文觉废掉西魏，建立北周。宇文护随即被任命为大冢宰、都督中外诸军事，集军政大权于一身，成为北周帝国实际上的掌舵人。

相较关陇集团的勋臣们，宇文护的资历还比较浅，所以掌权后引发许多人的不满。八柱国中的两位大将赵贵、独孤信，暗中谋划要刺杀宇文护，结果宇文护提前获知，将赵、独孤二人杀死。

北周闵帝宇文觉忿于皇权受制，在宫中训练武士，想要对付宇文护。结果同样是鸡蛋碰石头，被宇文护废去帝位，不久赐死于家中，年仅十六岁。

继立的明帝宇文毓是宇文泰的庶长子，他对宇文护政由己出、废立天子颇有怨言。宇文护不能容忍，便下毒害死明帝，立宇文泰第四子宇文邕为帝，是为周武帝。

周武帝即位后吸取两个兄长的教训，对权力一无所问，甘心当傀儡皇帝。

武帝性格极为坚忍，表面虽然恭顺无比，和宇文护相处得非常融洽，内心却充满了刻骨的怨恨。他暗中积蓄力量，一直没有放弃诛杀宇文护、夺回大权的希望。

从560年即位，一直缩头等待了十二年，三十岁的宇文邕终于等来了机会。

此时宇文护的威望已从辉煌的顶点慢慢坠落。他发动的两次对北齐作战（晋阳之战、洛阳之战）和两次对南陈作战（湘州之战、沌口之战），均失利了。这不仅让北周实力受损，也让他以臣制君的套路增添了几分失道寡助的色彩。

再加上宇文护用人失当，他的儿子、亲属们又恃权放纵，做了不少坏事，一大批朝臣因此对宇文护积累了不少敌意。这些人中既有领兵大将如杨忠、李穆、韦孝宽，也有皇室姻亲重臣如窦炽、于翼，还有一些中层干将如柳庆、令狐整等。宗室之中，齐国公宇文宪、蔡国公宇文广，虽然是宇文护阵营中的人，但是目睹宇文护作威作福，也颇觉不妥。特别是宇文宪，因为有才能且勇武被宇文护任命为大司马，掌管军权，经常代替其向皇帝汇报一些军国大事，碰到宇文护办事不合适或是态度不敬的时候，宇文宪便两头说好话，缓解了不少矛盾。然而，宇文护却对这些矛盾视若无睹。忧劳兴国，逸豫亡身，或许正是执掌大权太久了，目空一切的他开始变得昏聩。

宇文邕看准时机，开始和周围的几个年轻人秘密商量诛灭宇文护，这些人包括内史下大夫王轨、小宗师宇文孝伯、右宫伯宇文神举。

宇文护的府第有重兵护卫，各府兵主要将领也都是宇文护的心腹，公开夺权肯定行不通。要杀宇文护，没有别的办法，只有刺杀。十二年前闵帝谋刺不成反被杀的教训如在昨日，宇文邕并非不知道。但如今的宇文护已不像当年那么高度戒备了，装了十多年孙子，宇文邕确实让宇文护相信了他是个胸无大志的傀儡。

恰在此时，宇文邕的同母弟、卫国公宇文直，因为沌口之战失败而被宇文护责罚，对宇文护心生怨恨，进宫向宇文邕诉说委屈。对这个弟弟，宇文邕也是颇为不满，先前他作为同胞兄弟，却跑去支持宇文护，现在失意了才想起亲哥哥。然而宇文邕所谋者大，毕竟宇文直手里仍然有兵，得到这个强援，更加增添了底气。他收起了不满，向弟弟交了底，让他同谋刺杀宇文护。兄弟二人一拍即合，刺杀之谋终于定了下来。

572年三月十八日，宇文护从同州（今陕西渭南市大荔县）回来，那里是他的封地，还驻扎着由他的世子宇文训统率的蒲州总管府的直系军队。当然，宇文护去这个相当于北周别都的地方，不过是例行性的巡视，而非有所图谋。得知宇文护回来，宇文邕当机立断，把原本只有粗略轮廓的刺杀图谋变成了详细的方案，而这个详细方案，他只告诉了亲弟弟宇文直。

并非宇文神举、宇文孝伯、王轨不可信任，皇宫禁地若是一下子聚集了这么多人，难免引起宇文护的怀疑，而宇文直作为叱奴太后的亲生儿子，进宫探母合情合理。

刺杀地点定在了叱奴太后的宫中。武帝声称叱奴老太后最近嗜酒如命，请宇文护进宫劝解一二。宇文护坦然不疑，只身进入太后寝宫，武帝乘其不备，用手中的玉笏猛击宇文护后脑，将其击倒在地，埋伏在窗外的宇文直纵身入内，举刀杀死宇文护。北周武帝仅凭两人之力，除掉了专权十五年的宇文护。

随后，宇文邕以迅雷不及掩耳之势，下诏声讨宇文护废杀先帝之罪，捕杀宇文护的儿子及心腹。大司马宇文宪闻讯随即入宫谢罪，宇文邕趁机收回兵权，宇文护时代就此落幕。北周官方随后盖棺定论，将宇文护定性为无君逆臣，基本抹杀了宇文护的功劳。

抛开北周帝相之争，从历史发展进程来看，总体来说，宇文护是功大于过的。

一是稳定政局。宇文泰死后，诸子幼弱，西魏皇族元氏一直蠢蠢欲动，政局可谓十分危险。宇文护作为强力人物，带领宇文氏度过了宇文泰死后的危机，杜绝了诸老将重臣分裂国家的可能。宇文护本人性格宽和，虽然是实际上的统治者，却并未对异己力量大肆屠杀，这使得创业一代和第二代之间的接班和交替能够平和进行，从而保证了国家整体稳定。这与关陇政治集团大多数人的利益是一致的。

二是保持西魏发展势头。宇文护不是好大喜功的人物，他执政后没有追求政绩工程，大政方针总体上萧规曹随，坚定地延续了宇文泰的基本政策，如行周礼而不拘泥于周礼，扩大府兵组织，致力于发展关中经济，等等。其执政十五年间，北周逐渐消化、稳定新占领的益州、荆州等地区，经济实力大大增长，从而在三国对峙中雄立一方。

三是集中军权。宇文泰设八柱国大将军统其国兵，具有先天的分治属性，只不过立国之初，在长年征战、一致对外的条件下并未呈现离心趋势。当外部威胁逐渐减小时，各领兵实力派难免对最高权力心生觊觎。宇文泰本人没有太好的办法，到他死之前，也仅兼并了李虎一部之兵力而已。宇文护借助权力更迭时机，将其余几部兵力全部集中，彻底改变了八部兵制，客观上消除了鲜卑部族式政权的痕迹，对北周汉化起到极大推动作用。

可以说，正是有了宇文护十五年来相对平和的施政方针，北周得以稳定地发展，积累了国力，事实上超越了北齐和南陈两大敌国。北周武帝上位之后，经过短短几年的整顿便能统一北方，基础全都是宇文护打下的。

三朝岳丈独孤信，为何活成了悲剧？

一、高开低走的上半生

西魏、北周时期名将，八柱国之一独孤信的命运，在后人眼中大概只有辉煌的一面。

据《周书》载："信长女，周明敬后；第四女，元贞皇后；第七女，隋文献后。周隋及皇家，三代皆为外戚，自古以来，未之有也。"

大女儿嫁给北周明帝，四女儿（唐朝开国后被追封为皇后）嫁给李渊的父亲李昞，七女儿独孤伽罗嫁给隋文帝杨坚。

这份荣耀，真是震古烁今，空前绝后。

然而这荣耀，独孤信及身之时并未享受到。周明帝在他死后一年才当上皇帝，七女婿家杨氏在二十四年后才建立大隋朝，四女婿家李氏要到六十一年之后才建立大唐王朝。所谓的国丈之尊，独孤信并没有尝到半分滋味。

他的真实人生，是典型的高开低走，越活越尴尬。

独孤信祖先世居北魏六镇之一的武川镇，与北周太祖宇文泰是老乡。六镇起义时，独孤氏、贺拔氏、宇文氏三家地头蛇，联手干掉起义军首领卫可孤，从此卷入起义的洪流之中。独孤信先是被势力最大的葛荣义军俘获，接着又被契胡首领尔朱荣俘获。直到此时，独孤信与他命中注定相爱相杀的宇文泰，都在同一阵营。

530年，历史长河悄悄地分出两道支流，从此决定了独孤信的命运。

这一年，二十八岁的独孤信受北魏差遣，到南方经略荆襄一带，并在不久之后与老乡贺拔胜重逢。

大约在同一时期，二十五岁的宇文泰跟随贺拔岳西征关陇，进攻盘踞在那里的起义军万俟丑奴。

如果能给独孤信人生再来一次机会的话，相信他一定会辞掉荆州的职务，头也不回地跟随西征军进入关中，追随他的真命天子——宇文泰。

有那么夸张吗？绝不夸张。人生之路的关键点只有那么几个，错过了，以后即使走得再明智，也无法改变方向了。

独孤信与贺拔胜、杨忠、韦孝宽等人在荆州情好日密，结成了一个松散的政治联盟。正是这个该死的联盟，害得独孤信在关陇集团中终生战战兢兢。

534年，贺拔岳在陇西被刺杀，其帐下数万雄兵无人掌管。当时对这股兵力起意的有好几家：一是北魏权臣高欢，二是北魏傀儡皇帝孝武帝元修，三是贺拔岳的二哥、时任荆州刺史的贺拔胜。

贺拔岳余部正与陇西实力派、死敌侯莫陈悦紧张对峙，大敌当前，容不得耽搁，以赵贵（后为西魏八柱国之一）为首的诸将坚持推举宇文泰为主。将军李虎认为宇文泰年轻望薄，当不起重任，便星夜兼程赶赴荆州，企图请贺拔胜来接管。正巧贺拔胜也听说了消息，派独孤信前去陇右察看情况，如果情况允许便直接接收贺拔岳的余部。

然而一切都晚了，宇文泰以迅雷不及掩耳之势，从夏州驰赴平凉接掌大权，三下五除二消灭侯莫陈悦，以实际功劳赢得诸将的尊重。

贺拔胜、独孤信、杨忠、李虎这些人，理所当然地被宇文泰打入另册，从此成了不可信任之人。

北周、隋、唐三代皇室的恩怨情仇，实种因于此。

接下来的两年中，北朝发生剧变。高欢与孝武帝公开决裂，各自发兵一决高下，结果傀儡天子被赶入关中。北魏遂分裂为高欢把持的东魏和宇文泰把持的西魏。

独孤信与贺拔胜等人困守于荆州，既得不到西魏的援助，又被南梁和东魏夹攻，没办法，只好南下投降了梁朝。三年之后，贺拔胜、独孤信、杨忠被梁武帝放归西魏。

此时宇文泰已完全掌控了西魏政权，贺拔岳原有势力被极度压制，贺拔胜归国后被处处提防，虽然虚衔高至太师，但实领职务仅为丞相府中军都督。从一军长官降为亲军将领，落差巨大，贺拔胜寄人篱下，也是毫无办法的。

独孤信也沦落为一般将领。

二、被边缘化的下半生

宇文泰识人用人之能，迥异于同时代的枭雄，如高欢者，对待异己者就是一个字——杀；如梁武帝者，则是一条——无原则地容忍。宇文泰则是徘徊在两者之间。

不能说谁对谁错，包括用人政策在内的各种政治策略，衡量是非的基本标准就是合不合乎实际。

高欢的东魏继承了北魏大部分军事、政治和经济遗产，人才资源丰沛。然而高欢居于幕后掌控东魏政权，名不正言不顺，无法以仁义融之，便只能以诡道驭之。既然行以诡道，那么杀伐便是最直接的手段。

梁武帝以武力开创天下，又以道德仁义经营天下，有足够强大的道义力量，又有充足的腾挪余地，试错的时间和空间都很充足，故而他的容忍政策也能吃得开。异己分子也可以分一杯羹，这是正朔帝国应该有的胸怀和气度。

宇文泰什么都没有。

西魏帝国僻处关陇一隅，人口只有东魏的三分之一，经济上贫乏之极，连年遭遇大灾荒，常备兵力大概只有东魏的四分之一。

以如此捉襟见肘之基础资源，宇文泰念兹在兹的是如何最大限度地发挥内部最大力量。

独孤信虽然曾是异己势力，但有武川乡谊的情分在，又同是鲜卑族人，相比关陇地区的汉族豪强，还算靠得住。何况，独孤信又是武人出身，论统军作战，尚算得上一流人物。

说到底，不用白不用。

537年至540年，东西魏相继爆发弘农之战、沙苑之战、河桥之战，取得胜势的东魏还加强了对西魏荆州一带的进攻。独孤信参与了历次战斗，并被宇文泰委以镇抚荆州的重任。一切都表明，宇文泰似乎解除了对独孤信的戒心。

但是随着东魏势力的短暂受挫——高欢忙于处理内部胡汉矛盾，并因此不慎引发高仲密叛逃事件——当然这还是后话，宇文泰得以腾出手来整顿内部秩序，谁亲谁疏，立时呈现得十分明白。

河桥之战结束不久，541年的某段时间，秦州原刺史念贤病逝于任上，宇文泰立即调独孤信到秦州接任。秦州远处陇西，远离政治中心长安。

与此同时，关陇集团中的其余人物，特别是与独孤信等量齐观的几位大将，如于谨、赵贵、李弼、侯莫陈崇等，都在军界迅速蹿升，成为举足轻重的高级将领。虽然独孤信表面上被寄予安定西方的重任，但谁都明白，宇文泰这是把他贬了。

贺拔胜、独孤信、杨忠这个小集团中，贺拔胜一直被架空在高位，未掌实权。独孤信远走陇西，杨忠被宇文泰紧紧控制在自己的中军。

不发一刀一枪，把异己势力安排得明明白白，既使其无法抱团取暖，又能各任其能。宇文泰手段之高明，实在令人叹服。

独孤信在陇右一干就是十年。独孤信无法忍受远离政治中心的孤寂，曾经乘宇文泰西巡至秦州之际，请求调回长安。

此前，宇文泰已为庶长子宇文毓娶了独孤信长女，两家成了姻亲。老乡、战友加亲家，几重关系叠加起来，又经过十年的冷处理，按说宇文泰该放心了，但独孤信的请求仍然被无情地拒绝了。

又过了三年，关陇集团各路高官勋贵的名望、官职都已安排得足够妥当，几乎成为政治废人的独孤信，才借着率兵东征的机会，回到阔别十三年的京师长安。但宇文泰仍对其不够放心，又借着立继承人的机会，结结实实地吓唬了独孤信一回。

当时宇文泰召集众卿大臣，商议继承人的问题。宇文毓是长子，已有成德；宇文觉是嫡子，年尚幼冲。宇文泰说："孤欲立子以嫡，恐大司马有疑。"

大将军李远立时离座说："夫立子以嫡不以长，礼经明义。略阳公为世子，公何所疑。若以信为嫌，请即斩信。"说着嗖地拔出佩刀，眼看一言不合就要砍人。

独孤信当时的官职是大司马，军职是柱国大将军，位列八柱国之一。而李远是大将军，比独孤信低了一级，竟然敢如此放肆，令独孤信异常尴尬。不得不说，十三年的冷处理，确实让独孤信彻底成了政治上的边缘人。

独孤信莫名其妙地躺枪，慌忙向宇文泰表忠心，说自己从来没有想干预立储的想法。

宇文泰满意地挥挥手。这场安排好的戏，圆满地收到了预期效果。

556年，宇文泰去世。翌年，北周帝国诞生。被宇文泰压制了二十多年的内部矛盾，来了一波小爆发。

由于宇文泰遗令年轻的侄子宇文护辅政，许多老将不服。八柱国之一的赵贵，联合独孤信意图诛杀宇文护，夺回大权。

独孤信憋了十几年的火被赵贵勾引起来，不料到了紧要关头，独孤信又有些胆怯。远离政治中心十几年，面临政治波澜，他居然退缩了。

密谋很快泄露出去。宇文护抢先动手，杀了赵贵。独孤信沾了大女儿的光，被赐自尽于家，其族人、财产得以保全。

可怜一代名臣、一时俊杰，纵然卓绝颖脱、名著于世，卷入政治怒潮，也只能随波逐流，任命运掌控于别人之手。

独孤信本名如愿，因其从南梁回归西魏，在陇右颇有治绩，流民多有归附，信义之名远播，被宇文泰赐名"信"。

二人相会于地下，或许独孤信会问宇文泰一句：你究竟信过我吗？

北周武帝灭齐是偶然事件吗?

577年,北周武帝率大军进驻邺城。存在了二十七年的北齐帝国宣告灭亡。提到周武帝宇文邕,许多人脑海里恐怕立马会浮现出"明君""灭佛""锐意进取"等字眼。仿佛北朝进行到这个历史阶段,必然会由周武帝担当起统一北朝的大任,而且北齐也理所当然地要被北周灭掉。

这种看法恐怕失之于简单化。

在六世纪中后期,北周国政清明、国力上升,而北齐却在走着相反的路,周强齐弱,从大的历史周期看是没错的。但军事与政治相比,具有自己独特的一面,军事实力的强弱,有时与政局好坏并不完全同步。

北齐灭亡前夕,其实并不像有些人想的那样,政治军事已经全面朽坏,只等外敌入侵,似乎北周不费吹灰之力便可覆其社稷、灭其国家。从军事上看,北周灭齐更像是偶然事件。

一、北齐的国防形势到底如何?

北齐末年国防形势甚坏,屡屡败于陈朝之手,似乎完全无力应对北周。事实并非如此。

北齐西与北周沿河东、豫西一带对峙,南与陈朝沿长江对峙。陈朝于573年发动北伐,史称太建北伐(以陈宣帝年号为名)。此战共分两个阶段:第一阶段,陈军出长江进攻江北诸郡,不到半年拿下淮河以南大片土地,沿淮要塞只剩寿阳未攻克。

第二阶段,陈军出淮河向北进攻,拿下淮北朐山(今江苏灌云)、郁州(今江苏连云港)、北徐州(今山东临沂),形成对重镇彭城的战略夹击之势。

太建北伐的辉煌战果，似乎说明北齐不堪一击。但细细观察，其实并非如此。

北齐历来对淮河以南的土地不太重视，其国防重心始终在西部。陈朝北伐之时，江北齐军只有约五六万人，重要将领也都驻防在洛阳、晋阳一线。以有限的军力配比应对南朝倾巢而出、志在必得的北伐，局部失利是在所难免的。

陈军的北伐之所以在淮河两岸取得较大胜利，主要原因在于该地区水网纵横，有利于陈军发挥水师优势。六合、合肥、寿阳等城的攻克，就是因为南人擅长水战。而一过淮北，再要进攻处于平原旷野的徐州彭城郡，陈军的攻势就立即疲弱下来。

北齐虽然由于外交政策不当而导致两面受敌，但随便拿出点儿兵力，还是能把南陈挡在黄河以南的。直到北周对北齐发动大规模进攻，陈军也没能打破彭城。

所以，北齐失利于淮北，并不足以证明其国防形势糟糕到极点。

二、北周的军力是否足以压倒北齐？

那么作为北齐的劲敌，北周的情况又如何呢？

北周经过二十多年军制改革，军力今非昔比，已经能够拿出近二十万的兵力发动进攻。564年，宇文护进攻洛阳，发动兵力二十万人。574年，北周武帝第一次伐齐，发动兵力十五万人；576年，第二次伐齐，也就是灭齐之战，调发军队共计十七万余人。可以说，比当年宇文泰防守高欢时只有五六万人的规模大多了。

但这并不是多么强大的优势。北齐总兵力超过二十万人，因为要防御陈朝，在南方分去部分力量，用于对付北周的大概有十五六万人。

由于常年与北周作战，北齐的机动兵力分别部署在晋阳和洛阳，两者之中晋阳又是重点，大概十万余精锐部队全部驻扎于此。所谓的精锐部队，是可以随时出动、远程奔袭的应急力量。换言之，这支军队身上绑着北齐的国运，战斗力绝不容小觑。

北齐由于兵力稍弱，采取了"晋阳机动、洛阳死守"的军事策略，以应对北周的攻势。洛阳以西有崤函之险，城下又有邙山、黄河、洛河之险，攻坚极为不利，可以有效消解北周的攻势。

564年，北周坐拥二十万大军，与北齐精锐主力五万人战于邙山之下，结果北周惨败。574年，北周武帝再次率大军进攻黄河边的河阴要塞，由于北齐大将独孤永业防守得当，洛阳、河阳诸塞形成掎角之势，北周军反复围攻并不能得手。北周武帝又突发急病，北周大军无奈撤围而去。

洛阳是西魏、北周的伤心地，河桥之战、邙山之战、洛阳之战均在此铩羽而归，这并非偶然。屡屡战败，是因洛阳防守形势较好而已。

所以北周武帝第二次进攻北齐，只能避开洛阳方向，转而选择进攻河东，而这里，正是北齐重兵屯聚之地，攻之绝非易事。

河东一地，南北有两大重镇，北面是并州晋阳郡（今山西太原），南面是晋州平阳郡（今山西临汾）。北齐前以重镇防守，后以大军压阵，这种带有梯次防御、弹性防御的战略态势，是高欢时代便确定下来并久经战争考验的有效模式，北周军攻之并不容易。

再看北齐、北周两军的临场发挥。

北周灭齐之战，打得最激烈的有三场战斗，分别是北周围攻晋州、北齐反攻晋州、北周围攻晋阳。

这三场战斗中，北周军都打得非常吃力。晋州之战中北周武帝以十余万人的绝对优势兵力围攻州城，仍然没有快速拿下城池。为了防备晋阳北齐军主力来援，北周武帝不惜牺牲两万前锋军，让宇文宪率兵前出到晋阳之南牵制敌方主力。

北齐反攻晋州之时，北周武帝的主力撤退，只留少量兵力扼守晋州。北齐同样以十万人的优势兵力攻城，因为齐后主临场犯傻主动叫停，才导致功败垂成。

北周打退北齐的主力，北进晋阳围而攻之。当时晋阳只剩安德王高延宗的残兵，北周军仍然几度失败，北周武帝突入城中时，差点儿被北齐军俘虏。

即便是北周军破了晋阳后长驱直入北齐腹地，攻打一个小小的信都城仍然颇费精力。

可见，北齐军的战斗力与北周仍在一个水平线上，双方并无明显差距。

那么问题来了，既然齐军没有差到如此地步，为何会被周军抓住偶然机会灭了国呢？

三、北齐军事上的失误

事实上北齐失败，关键就在晋州、晋阳一线的战略失误。

576年北周军进攻晋州，当时北齐后主高纬已经抵达晋阳，主力大军十余万人整装待发，时刻准备南下与周军决战。晋州是河东的南大门，第一时间保晋州是北齐朝野和军队上下的共识，这是没有任何问题的。

但北齐后主在这个关键时刻犯了傻。他当时带着宠妃冯小怜在晋北一带游玩，晋州方面遣使求救，后主玩兴正浓，近臣高阿那肱挡住使者不让见驾，说不要扫了陛下的兴致。

直到晋州真正陷落，高阿那肱才知道事情无法掩盖，报知了后主。后主毕竟没有昏到极点，立即发兵南下。此时冯小怜又蹦出来，风情万种地请求后主再陪她打一次猎。后主不忍拒绝，便搁下军国大事，与冯小怜又玩了几天。

等到北齐后主率兵开拔时，这边的北周军已完成布阵，晋州城巩固了城防，进入晋阳以南的先锋军也逐点牵制，有效阻滞了齐军的进攻速度。可以说，齐军失去了乘周军立足不稳收复晋州的最佳时机。

不过即使如此，北齐军顽强地打回晋州城下时，仍然给北周军制造了强大的压力。北周武帝主力已撤回关中——因为打晋州实在打得有些累，前方又有北齐军主力，所以才暂退关中休整。晋州守军只有梁士彦所部万余人，北齐军挖地道陷城，城墙塌陷十余步，众军准备一鼓而入。正在这万分紧急的关头，北齐后主突然敕令众军稍停。城下士兵们顿时蒙了，不知后主意欲何为。原来冯小怜也随军前来，这位美人喜欢看热闹，晋州城马上就要被攻破，后主便想叫她来一起欣赏这壮观的破城战斗。

冯小怜闻召，不慌不忙地梳妆打扮了半天，才迤迤然到阵前观看。梁士彦利用这宝贵的间隙指挥部队以大木塞住城墙的缺口，等到北齐后主下令进攻时，士兵们已气得火冒三丈，没法破城了。

此时北周军主力重回晋州增援，两军主力对决，一方士气正盛，一方久战已疲。北齐军决战而不胜，后主信心动摇，竟然不顾诸军正在苦战先行逃跑。北齐军一失主帅当场崩溃，彻底丧失了此战反败为胜的可能性。

那么到了这个地步，北齐真就不可收拾只能失败了吗？仍然未必。北齐军实力仍在，其北撤至晋阳后，据晋阳死守，仍是相持之局。只可惜北齐后主一再出昏招，他被周军的攻势吓破了胆，晋阳也不敢守，直接逃回邺城。北齐三代人经营四十余年的坚城晋阳，他弃若敝屣。

所以说，北周攻北齐这一系列的胜利，固然是北周武帝指挥得当、北周军作战顽强的结果，但北齐后主荒唐的指挥以及他本人不及格的临场表现，同样也是周胜齐败的重要原因。

设若北齐后主没有亲临一线指挥，而以亲王大将坐镇一线，北齐军据守河东，短时间内必定是相持之局。纵然北周君明臣贤、国力上升，也绝无迅速灭人之国的可能。只可惜，北齐后主因其无能，硬生生把一场相持之战打成了被灭国的局面，堪叹，堪悲。

被加班和抑郁毁掉的年轻皇帝

578年六月丁酉，北周武帝宇文邕在北伐突厥途中暴亡，年仅35岁。

北周武帝的猝死和他的疯狂加班有必然联系。

一、日夜操劳，身心疲惫

什么人需要加班？大概各行业都有。上到高官权贵，下到出摊卖早点的，可能都有过加班的经历。只是工种不同，劳累的部位不一样，有的劳心，有的劳力。劳力者不过是体力消耗，劳心者，可就难说喽。

北周武帝便是个劳心者。

北周武帝于560年即位为帝，登上人生巅峰，在常人看来必是快乐至极，不过对他来说却是向鬼门关跨了一步。

无他，宰相专政。

当时的宰相官名叫作大冢宰。前文已述，北周武帝隐忍十二年后，于572年诛杀宇文护，独掌朝政。

几乎就是在诛杀宇文护的当月，武帝开启了疯狂加班模式。

首先，北周武帝把宇文护时代专设的都督中外诸军事一职去掉，把大司马的实权也予以剥夺，自己亲管六军。这是个什么概念？北周帝国二十余万军队的征发、调遣、高级将领任免、重大军备行动、府兵日常训练等繁重事务，统统由皇帝一人处理。这是多么巨大的工作量。

不过兵权是命根子，武帝十几年傀儡生涯，核心问题就是没兵权。为了保住江山不变色，必须抓住刀把子，累点儿也说得过去。

其次，广开言路。572年四月，武帝又下诏"百官军民上封事，极言得失"，一下子开放了向皇帝上奏的民主渠道。于是北周军民雪片似的奏疏，全得武帝亲自拆看。

没办法，十二年不理政事，下面的情况一抹黑啊。既然没时间去基层搞调查研究，只好靠扩大消息来源掌握情况了，累就累点儿吧。

再次，疯狂地阅兵。需要注意的是，古代的阅兵可不是现在漂亮好看的分列式，彼时的阅兵，是看正儿八经的操练。不仅要排演基本战斗队形，还要操练诸军配合、马步协同、进退拒战诸般事务。武帝次次亲临现场，而且除了每年十一月的固定校阅，心急如焚的皇帝还经常临时增加校阅的场次，几乎每年两到三次。

不光士兵们累，身为三军主帅的皇帝也不轻松。北周武帝每次要亲自审定校阅方案，圈定参阅军队，士兵们拉开架子操演，他还要上阵亲射以做示范。操演完了他还要大会将官，亲自训话，以示鼓励。

那时候皇帝还没有太完善的秘书班子，讲什么，讲到什么分寸，大部分都得自己提前想好。又是骑马射箭，又是熬夜准备讲话，容易吗？

每场盛大辉煌的阅兵，对三十岁的皇帝来说都是一种折腾。为了自己的江山社稷，没办法，只能硬撑了。

最后，连轴转地加班。北周武帝属于一旦着急干事，就会有急躁心理的类型。一急躁，就会埋怨手下不理解自己的意图，有时急着急着就亲自上阵。

以573年年末的三个月为例。

十月甲辰，礼仪部门上奏，古乐《六代乐》制成，需要皇帝亲自观礼以示隆重，武帝便集合百官到场观礼。

十一月辛巳，例行的年度阅兵又开始了，周武帝亲自率大军在长安城东操练。两天后，又召集诸军都督以上五十人，进行射礼。

这两项大活儿还没完，十二月的重头戏就接上茬了：儒释道三教大辩论。

这件事是为灭佛做思想舆论准备，是周武帝一手推动的，不去也不行。事情紧锣密鼓地准备了十天，武帝不断地听取臣下的汇报，不断地指示如何准备。这是事关国家政策的大事，必须把佛教彻底批倒，让僧侣心甘情愿地接受裁撤。十二月癸巳，武帝亲临现场，集合群臣和佛道两界的高人，进行了一场提前安排好结果的辩论。结果不出意料，佛教被批斗得一无是处，只能乖乖接受灭法的命运。

可是武帝还顾不上放松，大辩论的次日，他又亲自听讼，也就是审判案件。当然，需要皇帝亲自审判的案子都是非常重要的，要么事涉公卿贵族，要么是死刑复核。武帝敬业啊，杀错一个人，丢掉一片心，这些大案要案可不能办马虎了。史载他"自旦及夜，继之以烛"。

堂堂一国皇帝，审一整天案子不说，晚上还要点灯熬夜。

其实武帝加班，耗费时间、精力不说，对精神也是极大的折磨。他对全国所有事情负责，一会儿问这，一会儿问那，各种不同种类、考验不同知识储备的事件轮番折磨大脑。这条战线需要决策者慎重忍耐，那条战线需要决策者雷霆万钧，不管状态还是人格，都需要迅速切换。这种事让电脑干可以，人是有感情的，怎能一直切换？耐受力稍微弱一点儿就会精神分裂。

二、心理抑郁，心态古怪

只是劳累，有时还不足以折腾死一个人。

与大多数压力大的加班族一样，北周武帝的内心其实还住着一个恶魔：抑郁。

根源在于宇文护专政的那些年。

看一个人不爽，偏偏又不敢怎么样，这是一种多么痛苦的体验。平常人或许可以采取敬而远之的做法，但武帝不能，他是皇帝，要么继续忍，要么死。南北朝时期已经没有能以平民身份活下去的卸任皇帝了。

于是，武帝只能忍，一忍就是十二年。这十二年中，也不是一直风平浪静。武帝暗中准备逆袭，有一次差点儿成功了。那次他和开国大将侯莫陈崇联络上了，不知道开出什么价码，这位手里掌握着一定兵力的老将，答应帮助消灭宇文护。

后来这位老将大概觉得胜券在握，无意中跟人说秃噜嘴了，声称皇帝陛下要对宰相大人采取动作。结果宇文护先发制人，派兵包围侯莫陈崇府第，将其逼死。武帝被迫当着全体大臣的面表态：这事不赖我……

抛弃盟友，还得当众补刀，再冷血无情的人，心里也难免悲伤。可是没办法，只能打落牙齿和血吞。

武帝就是在这样无奈而又担惊受怕的环境中过了十二年，可以想象，他的精神上受了多么严重的打击。封闭、偏执、惶恐，交织在一起，深深融进他的灵魂和血液，让他成了一个抑郁的人。

北周武帝的太子宇文赟，自小脾气就十分顽劣，不好好接受接班人的教育，喜欢和一班小人嬉戏，让武帝大失所望。

教育孩子这种大事，是长年累月的细功夫，急不得。按理说武帝连十二年的傀儡生活都能挨过来，应该是有耐心的人，可事实正好相反。武帝从不肯在儿子身上费多大工夫，一有不顺心就打骂，期望通过严厉的责打锻炼儿子。他坚信宇文护这么强大的敌人，都是靠暴力迅速解决的，教育儿子肯定也可以。

如此荒唐的认识误区，平常人一眼便可辨清，可武帝这样一个性格扭曲、心理抑郁的人，别人无法强求他。眼见打得越来越狠，太子表面上恭顺异常，内心却恨透了父亲，以至于心中的怨怒越积越深。直到武帝暴亡，太子登位，大展其怨，两年多时间，把一个强大的帝国活生生折腾得散了架。

对儿子如此，武帝对弟弟也是戴着变态的眼镜看待。

武帝的五弟——齐王宇文宪，是宗室中能征惯战又对皇帝十足忠诚的人，按说该当倾心重用才对，可武帝不。皇家无父子、无兄弟。经历了十二年的傀儡生涯，北周武帝不相信别人了。

再能打，也不授以实权，要不一旦反噬，谁能抵挡。齐王在朝任职时，武帝把自己手下的一名心腹训斥一顿："什么主公臣下、王爷幕僚，大周朝只有一个天，那就是朕！"吓得这位心腹不敢多说，从此不敢再与齐王来往。

齐王参加过灭齐大战，威望日隆时想急流勇退。后来又要出兵攻打北方少数民族稽胡，齐王称病不出。武帝心生怀疑：怎么着，你连我的命令都不听了？病了也得去！弄得齐王进退两难，好不尴尬。

抑郁症的一个典型症状是，有时会莫名其妙地丧失一切兴趣，生无可恋。

北周武帝亦然。

有一天，据某人上报，随国公杨坚有龙凤之姿，恐非人臣之相，愿陛下早除之。

杨坚相貌异常，为人又深沉多智，看起来确实不同于普通人。至于他后来的表现，不用多说，宇文氏一门男丁，被此人杀了个精光。

按说一国之君，听到这种线报，怎么着也得反应一下，即使顾念杨坚是功臣，又是亲家公——杨坚的女儿嫁给了太子宇文赟为妻，如果不忍心杀，贬官不用也不失为预防之策。可武帝偏不，还懒懒地说了一句："必天命有在，将若之何？"

生无可恋啊，这么大一个国家，啥事都得我管，朕烦着呢。区区一个杨坚，就算他要造反，那又怎样！

这样的工作状态，这样的古怪心态，便是钢筋铁骨，也抵受不起。

所欠者，只是最后一根稻草。

三、连年征战，中风而亡

575年，北周武帝做足一切准备，亲自率三军进攻北齐，目的只有一个：灭其国。

大军兵分数路,武帝把最难打的洛阳一路留给了自己。

洛阳是个神奇的地方,南北朝后期在此地爆发大战五六次,但凡是进攻的一方,都在此折戟。

果不其然,北周武帝亲自率军攻打河阴城,长期高强度加班和心理重压,再加上临战的巨大刺激,终于出事了。

诸军百般进攻全不奏效,眼看又要上演洛阳的客场魔咒,武帝急火攻心,突然病倒。症状如下:"口不能言;睑垂覆目,不复瞻视;一足短缩,又不得行"。总结一下就是:中风。

好在人还年轻,第一次发病,还不太严重。名医姚僧垣马上施治,过了段日子,总算是好了过来。

北周第一次伐齐大战,因为皇帝生病不得不中止。北周武帝心里有气,一个洛阳城,打了几十年就是打不下来,真就那么魔性吗?较上了劲,他非要再次进攻。

大臣们慌了神,纷纷上书请皇帝暂息万钧之怒,好生将养龙体。懂点儿掌故的还提起当年太祖爷,也是中了风,几天就驾崩了。武帝一概不听,次年正月,亲自率兵到河东校猎,他驰马如风,疯狂地向外人展示:朕满血复活了。

谁也不敢再劝他了,劝多了挨一刀,不划算。

576年九月,武帝再次发兵攻齐。这次总算顺利,一路猛冲猛打,消灭了北齐这个存在了五十余年的宿敌。

武帝不顾病体稍痊,亲赴千里之外的敌国都城邺城,尽情向世人展示:没有什么能击垮朕!

578年,不识时务的突厥屡屡入塞侵犯。武帝的劲又上来了,有什么了不起的,打!

是年五月,武帝再发大军北上,准备数路北击,彻底干掉突厥。结果,发兵的第四天，武帝再度中风。

上次施治奏效的名医姚僧垣被紧急送到行营，姚诊脉后一摊手："天子上应天心，或当非愚所及。若凡庶如此，万无一全。"凡人二度中风，一万个活不了一个。天子和凡人长着一副别无二致的肉体，不会因为从事的职业高尚而有什么不一样。

死神是公平的。所以说，千万别往死里折腾自己。

当夜，勉强撑着一口气不散的北周武帝，终于咽气。

最后的名将：他不死北周不会亡

581年，隋朝取代北周，北朝最后一个朝代北周就此灭亡。

每当一个朝代灭亡，总会有人习惯性地说，如果谁谁在，某某朝代就不会亡。

北周也有这样一位关键人物——宇文宪。

宇文宪，北周太祖宇文泰第五子，死前爵封齐王，官至天官府大冢宰。宇文宪智勇双全，二十多岁就带兵征战，是北周抵抗北齐进攻、消灭北齐一系列战争的主要领导者。

宇文宪生活的时代，敌国北齐同样将星闪耀，如段韶、斛律光、高长恭等。这些人在北齐内政紊乱之时，全力维持军事不倒，在边境线上给北周制造了不少麻烦。宇文宪在军界的起点，就是与北齐三大将同时开战的洛阳之战。此战爆发于564年，北周军由于部署失误、统帅轻敌而失败，年轻的宇文宪吃到人生第一次也是最后一次败仗。

此后宇文宪开挂般地快速成长,单独领兵在洛阳一线与北齐互殴,没有多大胜绩,但抵挡住了令所有北周将领为之胆寒的斛律光。

575年,北周武帝第一次统军进攻北齐,宇文宪率数万精兵,孤军深入北齐重地,为北周主力大军打前站。577年,北周第二次进攻北齐,宇文宪再次担纲先锋,以数万兵力杀入北齐腹地,攻坚、野战、机动无所不能,在北齐十万主力面前要战则战,要退则退,纵横奔突,无人能阻。古来名将,能做到这个份上的少之又少。

是故,唐人令狐德棻(《周书》作者)不吝溢美之词,高度评价宇文宪"智勇冠世,攻战如神,敌国系以存亡,鼎命由其轻重"。甚至将之与古之名将韩信、白起相提并论,所谓"比之异姓,则方、召、韩、白,何以加兹"。

"鼎命由其轻重"鲜明指出了宇文宪对于北周帝国的作用。北周武帝宇文邕平齐后猝然去世,宇文宪在皇族中的地位骤然升高。彼时宇文宪的长辈全部谢世,四位兄长也尽数去世,不论行辈、能力还是功劳,宇文宪都有无与伦比的优势。故而北周宣帝宇文赟对这位叔父非常忌惮。

事实上宇文宪在武帝时代就因威望过高,遭到过武帝的猜忌。他一度想急流勇退,不再参与军事行动,以求减损威名。武帝自信能够降得住宇文宪,虽然对他不够放心,但仍然重用他,并接连封赏宇文宪的儿子们。

但宣帝宇文赟就不一样了,这位年轻的皇帝暴躁有余,能力不足。宇文赟即位后,对这位威名赫赫的叔叔不知该如何对待,生怕宇文宪会夺取他的皇位,于是以卑劣的手段,唆使小人诬告宇文宪谋反,而后召其进宫,令武士将之缢死。

史载宇文宪死前神色不挠,目光如炬,逼视宣帝和诬告者。然而暴君当道,又能如何。可怜这位叱咤风云、令敌国为之胆寒的英雄,陨落于宫廷密室之中。

那么宇文宪之死,又与北周灭亡有什么关系呢?

隋朝篡夺北周政权是一个不折不扣的突发事件。北周国势于577年达到鼎盛,那一年,北周武帝亲统六军攻入北齐,完成北方统一。但短短三年后,随着周武帝宇文邕、周宣帝宇文赟相继暴亡,北周政权迅速陷入中央无主的状态,从而被外戚、宣帝杨皇后之父杨坚,以突然政变的方式夺取了江山。

北周帝国为何会亡得这么快速呢?

是国政腐败吗?不是,北周政治清明历来有称,与北魏、北齐等国家相比,简直就是一股清流。

是国内矛盾激化吗?也不是,一个刚刚取得对外战争辉煌胜利的国家,注意力还在吸收胜利成果上,哪里会有太激烈的矛盾。

那是遇到天灾人祸,北周宇文氏皇族丧失民心了?更不是,北周统治集团内部虽然有一些小矛盾,但并未延伸至广大百姓,即使有内斗,也仅高官勋贵们互相倾轧而已,到不了亡国的地步。

那么北周之亡,究竟亡在何处?

亡在两位皇帝连连暴亡,权力中枢没有皇族中人。而且武帝、宣帝两代皇帝都没有很好地维护中央行政体制,没有建立完整的政令发布系统和权力制衡系统,帝国所有的命令都由皇帝亲自发出,再由近侍臣子转发,中间缺少一位分量足够的重臣。

北周帝国的军权同样处于高度集中的状态。军队指挥权由大司马掌握,但周武帝不信任诸臣,将大司马权力收走,以皇帝之尊自任全军统帅,大司马不过拱而受命。

皇帝健在时,这种模式自然问题不大,但皇帝一死,最高军权也就处于无主状态。周宣帝没想到自己二十一岁就会死,所以军权问题压根儿就没注意过。

因此杨坚能够利用宣帝暴死的空隙,勾结皇帝的近侍刘昉、郑译等人伪造政令,任命自己为辅政大臣,并迅速加授都督中外诸军事之职,掌控了军权、政权。北周诸贵臣老将无人能与之抗衡,所以短时间内造成中枢政权易柄。

那么,如果宇文宪没死,能够防止这种情况吗?历史没有假设,但历史的基本规律可以推演。宇文宪个人的生死实际上与北周的存亡关系甚大。

北周速亡的基本症结前文已经点出，实际上在于中枢无人，而宇文宪恰好是这个时候最合适的填充空白的人物。

其一，在于宇文宪超高的威望。

北周宣帝在位期间，实行强干弱枝的政策，剥去宗室诸王在中央的官职，命令他们出京就藩，全都成了无官一身轻的自在藩王。宇文氏宗族人丁本就不太兴旺，族中没有年长积威的老人。宇文宪以三十五岁的年龄，已经成为最年长的宗王。

这样一个家族，对北陇集团诸老臣的震慑力是严重不足的。

万幸的是，宇文宪在长年战争中积累了足够的威望，北周军中有一大批文武僚吏对其十分敬服。特别是在京文武官员，有许多人都出自他的帐下。当年周武帝对此很有意见，对宇文宪的侍读裴文举说：你虽是宇文宪的部下，但是不能私相结党。

宇文宪并无结党的私心，无论对皇帝还是对下属都是光明磊落，而越是这样，他的部属对他越是倾心敬服。宇文宪帐下的许多官员，后来都升官到卿相，他的威望以及由此可以派生出的力量，实在不容小觑。

如果宇文宪没死，杨坚纵然能窃居中枢大权，但若宇文宪振臂一呼，在京军政官员纵然不群起响应，也会有相当一部分给杨坚制造不小的麻烦。

杨坚篡权本身就是在走钢丝，他手里的本钱不多，能撬动的能量也不大，他发动的政变更像一场多米诺骨牌的倾倒，要阻挡杨坚推倒第一块骨牌所需的力量并不强大。以宇文宪的威望，不管号令长安的宿卫部队，还是联合六官府（北周中央最高级别的政府部门）高官抵制宫内的诏令，都有可能。

只要在最开始时挡住杨坚，那么后续的政治风暴就完全不会发生。

其二，在于宇文宪的应变之略。

其实会有人提出疑问：号令宿卫军、联合六官府高官，换别的亲王如赵王、陈王等其他健在的宗室王，他们同样是皇室贵胄，不也一样吗？

自然不一样。

杨坚篡权过程中，确实有一些宗室王积极地谋求反抗，比如毕王宇文贤，此人是周明帝（周武帝之兄）的儿子，自命是先帝之子，放出话来要夺杨坚之权。结果因为年轻识浅，行事又异常高调，很快被杨坚杀死。

赵王宇文招入京奔宣帝之丧，发现政局变天，也想夺回宇文氏的权力。结果这位怡情于书画经籍的王爷，应变能力实在不足。他成功地邀请杨坚到府中赴宴，本来准备席间刺杀杨坚，但因为经验不足，见机又慢，居然一再丧失机会，愣是把到嘴的肥肉给放跑了。

如果换作宇文宪，以他百战之余的政治敏锐性，必定会抢先掌握军队、抢先掌控中央，或者说真到鱼死网破誓死一搏的关头，也不会像赵王宇文招那样，人送到刀口了，又给放回去。

然而一切都迟了。宇文宪死在自己人的屠刀之下，北周王朝、宇文氏皇族彻底丧失了扶危定倾的柱石。或许，杨坚敢于发动政变，正是看准了宇文氏无人。

鲜卑人的最后一次挣扎

南北朝末年，随着入主中原的胡族逐次败亡，鲜卑人宇文氏的北周帝国，大权逐渐被汉人夺取。任何民族都不会甘愿退出历史舞台，五胡时期生命力最顽强的鲜卑族，在南北朝民族大融合的终章中，拼尽全力让生命再次绽放了一回。

而这场绽放的引火者，就是北周外戚、大将军尉迟迥。

尉迟迥，北周太祖宇文泰的亲外甥。宇文氏皇族人丁稀少，故而外家诸甥也都被委以重任。尉迟迥以两万人的寡弱兵力，独自率队深入益州，灭亡了南梁萧纪政权，为北周拓地千里。灭齐之战中他也屡当重任，深为北周武帝所依赖。北周灭北齐后，他作为宗室勋戚的代表，一直担任相州总管，镇守北齐国的故都邺城，是颇受倚重的宿将。

580年，年仅二十一岁的北周宣帝宇文赟暴病身亡，八岁的太子宇文阐即位。随后北周形势急转直下，外戚杨坚勾结宣帝近臣刘昉、郑译，假称宣帝遗命辅政。随后，借口为宣帝会葬，诱捕在外的诸王，赵王宇文招、越王宇文盛、毕王宇文贤等宗室王迅速被处死。

作为掌兵最多的地方实力派，尉迟迥迅速引起杨坚的疑忌。不久，杨坚借口会葬大行皇帝，命尉迟迥本人到长安。长安会葬的命令到达之时，与之同来的还有令韦孝宽代替尉迟迥任相州总管的命令。

朝中诸王已诛，杨坚篡政之势已成。尉迟迥决定起兵对抗杨坚。

580年六月，尉迟迥奉赵王宇文招的儿子为主，杀了杨坚派来的使者，登邺城大会文武，声讨奸臣杨坚，号召天下忠臣起兵讨逆，其侄青州总管尉迟勤举兵响应，两处合兵，号称有数十万人。一时间北齐故地总管多有响应，支持尉迟迥的地区以邺城为中心向四周辐射，南到河阳（今河南孟州）、荥阳、汴州、徐州一线，西至晋州（今山西平阳），北达定州（今河北定县），东至大海，声势极其浩大。然而尉迟迥最想拉拢过来的两个地方，反而支持杨坚。

这两个地方是幽州和并州。

这两州，一在正北、一在正西，总管李穆、于翼都是能征惯战的功臣宿将，且地居险要。特别是李穆的并州直扼关中，有天然地利之便，高欢当年历次攻关中，都是以并州为基地。如果发并州之兵，配合相州兵渡黄河，胜算必然更大。但是李穆和于翼却出乎意料地声明支持杨坚。尉迟迥没办法，于是分偏师攻幽州和并州，结连突厥牵制幽州，然后以主力大军屯驻河阳，准备西取洛阳，威逼关中。

随后，勋州总管司马消难、益州总管王谦分别趁乱起兵，声援尉迟迥，史称三方之乱。

至此，尉迟迥起兵的大势终于布成，但其致命破绽也同时出现。

邺城无险可守！

综观当时的形势，虽然北齐故地一片狼烟，但核心的变乱区仍是相州。相比周齐争霸时的形势，尉迟迥没有并、晋二州，先失地利。相州的治所邺城地扼南北要冲，却没有山川大河，从晋州、并州、幽州或是洛阳四个方向进攻，都有长驱直下之势。

有鉴于此，杨坚以韦孝宽为元帅，率兵十万渡黄河攻河阳，别遣杨素攻荥阳。荥阳守将宇文胄是北周宗室，此人早年曾被东魏俘虏，因为年幼没被杀，阉了之后放回西魏。可怜他虽有忠心，用兵却无所长，被隋朝第一名将杨素擒杀。

河阳方面同样形势不妙。尉迟迥的儿子尉迟惇的十万主力没能阻止韦孝宽。韦孝宽是西魏、北周最负盛名的将军之一，早在北魏末年关中万俟丑奴之乱时，他就随军征战；东西魏对峙时，他在玉壁城打出了经典的防守之战；北周灭北齐，他献上平齐三策。五十多年的传奇戎马生涯，让这位老将成为军队的台柱级人物。相比之下，尉迟惇无疑太过稚嫩。

大战首先在河阳打响。尉迟惇率主力防守河阳，十万大军布阵二十里。韦孝宽组织部队渡黄河，尉迟惇令本军稍微后撤，想趁韦军半渡而击之。韦孝宽不会不知道，二百年前，前秦与东晋在淝水大战，晋军就是在渡河时趁秦军后撤准备半渡而击，一举大败秦军。韦孝宽不等全军渡河，趁对阵敌军后移，突然纵兵奋击，尉迟惇前军一乱，刹不住阵势，后移变成了溃退，登时大败。韦孝宽乘胜进攻，追奔尉迟惇败军。尉迟惇狼奔豕突，逃回邺城。韦孝宽一路追击，杀到邺城之下。

尉迟迥收合军队，集结十三万兵力，在邺城城南与韦孝宽军大战。尉迟迥虽已六十四岁，仍能披甲上马，率自己的一万亲卫军"黄龙兵"上阵搏杀。这一万兵中有一千人是尉迟迥从关中带过来的鲜卑兵，战斗力非常强悍。主帅临阵，尉迟迥军士气大振，城下一战，打退了韦孝宽的进攻。邺城里的老百姓看热闹不嫌事大，纷纷爬上城头观战，时不时给两军喝彩。

正在战事胶着之际，韦孝宽的行军长史李询，也就是并州总管李穆的亲侄子，与将军宇文忻商量：这么拼下去，不见得能打得过尉迟迥，不如想想怪招。韦孝宽打仗从来不拘一格，放手让两人去搞。

宇文忻于是带着一小队轻骑兵绕到尉迟迥军后面，人手一弓对着城头的老百姓一顿狂射，老百姓们吓得哇哇大叫，如一团炸了窝的马蜂，纷纷往城下跑。喧闹声传到两军阵上，韦孝宽心领神会，立即整兵突击。尉迟迥军不明白怎么回事，以为背后城破，慌乱之下手足无措，被韦军打败，退入城中，随即溃败，邺城被攻破！

英雄迟暮，尉迟迥被逼到了最后的时刻。皇皇兵势在北齐故地轰然而起，没想到竟如一团虚火，轻易地被扑灭了。时也命也，少年得志，扬威蜀中，出将入相，位极人臣，曾经的辉煌和荣耀，到此全成灰烬，属于自己的时代已经过去了。眼见韦军士兵围逼上来，尉迟迥引刀自尽！

没过多久，尉迟迥的亲族、余部被各个击破，王谦、司马消难也被杨坚扫平。声势浩大的三方之乱宣告结束。

回顾尉识迥从起兵到失败，才短短六十八天，为何败得如此快速？尉迟迥在军事和政治两个层面上都存在失误。

政治上的失误是关键。杨坚发动政变，诛戮宇文氏宗室，尉迟迥起兵反对，政治上是得分的，然而万万不该奉赵王宇文招的儿子为主。尉迟迥打的是拥护周朝的旗号，名义上的周朝尚在，自己却另立新主，虽然只是形式上的，却留给各地的实力派以犹豫的口实：你这么干，到底为了讨伐杨坚还是想另立中央？如果尉迟迥打的是清君侧的旗号，坚持政治正确，想必会争取到更多的支持。

军事上，困守邺城是失策。杨坚新夺大权，从中央到地方的关系都在打理中。为尉迟迥计之，以地方对抗中央，理当快刀斩乱麻，迅速进攻长安、控制中央。时间拖得越久，代表中央的杨坚获取的力量就越多。然而，从尉迟迥的部署来看，重心显然在邺城，河阳尉迟惇部十万大军，最多起到了第一层防线的作用。固然，邺城无险可守，双方都看到了这一致命破绽，尉迟迥集中力量固守无可厚非。但正因如此，杨坚得以从容选将调兵，拣要害直接下手。本有可能演变成战略对抗的一场战争，打成了一次主力对决。杨坚赌的是一场战斗的胜败，尉迟迥押上的则是命运。从这个角度来说，胜负之数，其实战前已然注定。

北周皇族被隋文帝杀尽

历来王朝终结，皇族都要经历惨烈的屠戮。新朝皇帝为防范旧朝复辟，一般都会杀掉前朝皇帝，或者再多杀几个宗室藩王，以根除后患。

杀人的范围，取决于新朝的底气。底气足够、不怕复辟的，甚至连前朝皇帝都不杀，如曹魏善待汉献帝。底气不足的，会连带杀几个年长的前朝皇子，如刘裕杀东晋司马氏。

杀归杀，无论如何，杀无辜之人不祥，绝人之嗣更是被儒家传统道德所唾弃的大恶。出于道义上的考虑，新朝皇帝一般都会留点儿面子，保存前朝皇族一丝香火。

唯独隋文帝，在窃取北周政权后，凶残地突破了这条底线，对北周宇文氏皇族实行了灭族，男丁杀得一个不剩。

一、宇文泰的子孙被杀了多少？

北周宇文氏皇族，从太祖宇文泰之父宇文肱开始算，总共传了五代。到周宣帝暴亡之时，宇文肱的子孙共有五十九人健在。其中宇文泰大哥一系共有十二人，宇文泰本支四十七人。

真正对杨坚构成威胁的，只有宇文泰的几个成年的儿子，也就是所谓的"五王"。

"五王"分别是赵王宇文招、陈王宇文纯、越王宇文盛、代王宇文达、滕王宇文逌，都是北周武帝宇文邕的弟弟、北周宣帝宇文赟的叔父。这几位宗王都参加过北周灭北齐的战争，当年与武帝宇文邕关系也很好。北周宣帝即位后对这几位叔叔没有过于打击，保留着他们的勋位，所以他们具有一定的政治号召力。

杨坚在宣帝暴崩后矫诏自任辅政大臣、丞相、都督中外诸军事，一夜之间夺取大权，引起朝野震动。"五王"受命从各自的藩国回京，他们不忿大权落入外人之手，密谋采取行动夺回政权。

怎奈杨坚已窃取京师禁兵的控制权，"五王"空有力却使不出。无奈之下，赵王宇文招铤而走险设置鸿门宴，想要刺杀杨坚，结果他又临事不决，眼睁睁看着杨坚从宴席上走掉。

这件事成为杨坚屠杀宇文氏皇族的导火索，当年年底，恼怒的杨坚开始对宇文氏进行无差别的大屠杀。不管成年男性还是襁褓中的幼儿，通通杀死，一个不留。

截至隋开皇元年，随着北周静帝宇文阐被毒死于宫中，宇文氏全族五十九名男丁全部被杀，隋文帝真正实现了斩草除根。

凶残的灭族行为引起世人的强烈指责。清人赵翼在《廿二史札记》中批评说："窃人之国，而戕其子孙，至无遗类，此其残忍惨毒，岂复稍有人心。"

二、为何陈朝和西梁宗室都没杀?

纵观隋文帝后来二十多年的皇帝生涯,他确实不是个仁慈之主,在位期间对大臣也非常刻薄,杀了不少无辜的功臣。

但说到底,再怎么残忍,不至于杀光宇文氏全族。许多宇文氏后人并没有什么政治能量,杀他们徒然招致人们议论。

而且,同是灭国,隋文帝对待南朝和西梁的后人,却表现出截然不同的态度。

陈朝灭亡后,陈朝皇族大部分被俘虏至长安。陈后主本人被封为长城公,成了个政治吉祥物,安然活到了五十二岁,最后得以善终。

陈氏子孙远远比宇文氏多,据不完全统计大概有近百人。隋朝除诛杀了个别率兵抵抗的宗室王公外,其余一律不杀。大部分陈氏子孙被迁移至陇右河西,隋朝官方提供田地让他们自食其力地生活。

隋炀帝时代,因为陈后主的女儿被纳为帝妃,并且很受宠幸,陈氏诸子弟被尽数召回京师。隋炀帝大手一挥,恩准对陈氏子弟量才委用。大量陈氏族人被就地任命为郡守、县令,虽然官级不高,但这股力量仍然不可小视。陈氏族人一落一起,从身份和心态上完成了从皇族到平民的转换,家族的命运归宿还算不错。陈后主的异母弟陈叔达甚至还经受住了隋末大乱的风波,在唐朝继续为官,做到了宰相。

南朝萧梁的一支后裔,在江陵建立了附属于西魏、北周和隋朝三朝的附庸国,史称西梁、后梁。西梁后来被隋朝废掉,萧氏诸王公全都迁到长安,西梁太子萧琮被封为莒国公,一度还做到内史令这样的高官。诸萧子弟由于隋炀帝萧皇后的缘故,受到极大优待,凡是缌麻之亲(大致等同于未出五服的宗亲)都量才委用。

萧氏子弟的官位整体比陈氏的还要高,而且都是在朝京官。萧琮的一个弟弟萧瑀以郡守起家，隋亡后入唐，官做到了宰相，成为"凌烟阁二十四功臣"之一。

隋朝宽待陈、梁宗室，其优待大度甚至比历史上其他朝代做得好很多，那么为何唯独对北周宗室如此狠毒呢？

三、得国不正，底气不足

杨坚得国不正历来有论。他篡取北周大权，充满了偶然性。

偶然，倒不是说北周不该亡。北周到了宣帝时代，已经注定要灭亡，这是必然之势。

北周自立国之始，就不断地打击关陇集团的勋贵势力，八柱国、十二大将军不断地被打压、排挤。宇文氏不仅要凌驾于其他贵族之上，还要把其他贵族压得很低。对待关中陇右汉人势力，他们也采取同样的政策，韦孝宽、田弘、司马裔、杨敷（杨素之父）等功劳非常显著的汉人将领，一直没取得与功劳相配的地位。

所以即使是曾经对宇文泰有救命大恩的勋贵李穆——河西李氏三兄弟之一，因为其兄李远被诛杀，也与宇文氏皇族渐行渐远。

北周武帝统一北方后，仍然力行打击勋贵，保持宇文氏独尊地位的政策。北周武帝威望高、力量大，如果天假其年，能稳稳当当地继续统治一二十年，把贵族政治平稳地转向制度政治，那么北周帝国倒还有可能度过危机，实现权力核心的软着陆。但坏就坏在武帝英年早逝，继位的宣帝没有改变武帝的政治策略，仍然不遗余力地打击勋贵，甚至为了强化自己的独尊地位，不惜杀掉宗室中最具威望与能力的齐王宇文宪。

杨坚虽然贵为国丈，也没能逃脱宣帝的打击。宣帝对杨坚的长相耿耿于怀，认为他有谋反之相，屡屡放话要整治他。

由于宣帝的手段比武帝更极端、残暴，北周末年诸老臣贵官对宇文氏的怨气被迅速激发出来，宇文氏皇统的根基因此摇摇欲坠。

更为不妙的是，宣帝当了不到两年皇帝就迅速病亡，继位的宇文阐还只是个八岁的孩子。宇文氏诸王又被遣归各藩国，皇权无人主持，骤然出现真空。

各大勋贵集团失去了约束，一夜之间都蠢蠢欲动，对皇权的归属产生了浓厚的兴趣。

说到这里，为何说杨坚得国充满偶然性，道理就很顺畅了。

对北周皇权窥伺的不止杨坚一个。朝中各家权贵都有资本、有能力伸手摘桃，只不过观望之意都太浓，不敢出手。杨坚论资质、威望、能力，都远远不是老牌勋贵的对手。刘昉、郑译两人之所以选择杨坚，就是因为他看起来像个呆萌傻大个，日后夺权了容易控制。只是人算不如天算，刘、郑二人看人不准，反而被杨坚扮猪吃虎。

那么杨坚夺权后就高枕无忧了吗？并不是。

席卷北周几乎一半疆土的"三方之乱"，就是勋贵势力仍然强横的最直接的证明。

杨坚军事上足以应对各家叛乱势力，但朝中的各股政治势力却不好对付，如果也暴力压服、杀人立威，恐怕马上会招致关陇勋贵集体反抗。所以杨坚只能隐忍，李穆、于翼、窦炽这些头面人物，全都被尊以三公高官。大家彼此势均力敌，但谁也不敢出手挑战杨坚。

这种情况下，杨坚忽施辣手，把已经失去政治生命的宇文氏拿出来杀鸡儆猴。一方面，他彻底消灭了宇文氏这面旗帜，免得又有人效法"三方之乱"，以宇文氏为旗号发动政变；另一方面，他也让各家勋贵看看他的手段，大家相安无事当官食禄最好，如果敢有异动，宇文氏就是他们的下场。

形势不由人，杨坚杀宇文氏或许真有政治苦衷，这点可以理解。

但杀人太过、手段太狠，实在太过变态。若干年后，杨坚的子孙大部分惨死于窝里斗、政变和农民起义,只有一个襁褓小儿逃过命运魔爪,大概这就是历史的轮回。

北周灭亡之惑

581年,杨坚篡夺北周政权,建立大隋王朝。

王朝兴废所在多有,有德者得之,无德者失之,原不足为奇。而隋代周过程之诡异,着实令人大跌眼镜。诡异之处,就在于北周众多功勋老将的反应。

先开宗明义地解说一下周末隋初的政坛特点,用通俗的话讲就是:好人不长命,祸害遗千年。

所谓"好人不长命",是指忠于北周宇文氏者,大多中年横死,北周政权砥柱摧折,导致国难之时,竟无一人出来力挽狂澜;所谓"祸害遗千年",则是指一大批关陇勋贵,不惜在晚年垂暮之际甘当背叛者,把好端端一座江山平白送于杨坚,然后长享富贵。

一、功臣良将横死

北周武帝灭北齐统一北方后,本来形势一片大好。北周国力方张,武帝年方三十六岁,正是春秋鼎盛、大有作为之际。

孰料天有不测风云,头年灭北齐,次年武帝便暴病去世,太子宇文赟即位为帝,是为宣帝。北周形势从此急转直下。从578年武帝病死,到580年宣帝暴死,再到581年隋文帝篡政，这中间究竟发生了什么？

有道是，国之兴亡，在乎贤良。北周武帝一人代表不了整个北周王朝，因何武帝一亡，王朝便迅速衰败了呢？

这事，还要从几位贤良之臣的死说起。

宣帝即位后肆行昏暴，对武帝时代几位能干的重臣产生严重怀疑，进而连连采取极端手段，一一诛戮。

都有何人？

齐王宇文宪。此公乃周文帝宇文泰第五子，周武帝宇文邕之季弟，宣帝叔父，北周最具威名的统帅。此人不论人品、境界还是军事能力，都是北周末年第一流人物，长年率兵与北齐作战，生涯鲜有败绩，与北齐三大名将段韶、斛律光、兰陵王高长恭相较，丝毫不落下风。特别是在平灭北齐的战斗中，从晋州平阳打到河北，一路所向无敌，是北周灭北齐的第一大功臣，也是宇文氏皇族的镇国之臣。

以北周武帝之能，对宇文宪尚有三分忌惮，所以一直不断敲打。但宇文宪秉性纯良，从未表露过任何对皇帝的不敬，或是对皇权的觊觎。

宣帝即位后，对这位威名响震的叔父十分提防，生怕他挟震主之威夺了皇位，于是阴谋设计，诱骗齐王宇文宪到宫中，派力士将其绞死。

宇文氏宗室不断被削弱，宇文宪以下诸王都被调离长安，在地方上当无职无权的闲散王爷。宣帝宇文赟成了真正的孤家寡人，以至于他猝死之时，年幼的太子根本找不到任何可以依靠的年长宗室。

宇文宪死后，宣帝又接连杀了几位能干的大臣，诸如王轨、宇文孝伯、宇文神举。

王轨是周武帝的心腹之一，入则秉政，出则征杀。他数次领兵西击吐谷浑、南抗陈朝，特别是577年的清口之战，王轨全歼陈朝太建北伐主力近十万人，生俘陈军统帅吴明长彻，基本把陈朝打残。

宇文孝伯亦是北周武帝的心腹重臣，主要负责内政，是最重要的内政大臣。

王轨与宇文孝伯等人对太子宇文赟不怎么看好，认为他是个败家子——事实也确实如此。宣帝因此对两人十分嫉恨，认为两人心怀异图，迟早生变，于是逐次将两人诛杀。

隋文帝夺位后，忆起宇文孝伯，曾说："宇文孝伯实有周之良臣，若使此人在朝，我辈无措手处也。"可见宣帝滥杀大臣之严重后果。

尉迟运和宇文神举之死也使北周力量大损。

尉迟运是禁军统帅，宇文神举是并州总管。两人都是实力派，因为什么死的呢？尉迟运一则地位敏感，直接负责皇宫安全，却不是宣帝的贴心人；二则当年也看不上宣帝，和王轨、宇文孝伯一同向武帝说过太子不可靠。宣帝上位后尉迟运被外放，最终忧郁而死。

宇文神举之死主要是因为并州乃天下精兵所居之地，宣帝不放心，便让人到并州用药酒将其杀害。

这几位大臣的死，有三个共同特点：一是他们都掌握着实权，是北周王朝的政治、军事支柱；二是他们都非常忠诚，对宣帝没有二心，宣帝派人来杀，都乖乖受死；三是他们年龄都不大，都在三四十岁，正是发挥作用的年龄段。

忠臣良将的重要性在国家太平时或许看不出来，但到了危难关头，立刻便显现出来。

二、坏老头儿组团反水

说完几位忠臣横死，再看周隋易代之际，关陇勋贵集体反水的情况。

杨坚以帝后之父身份，趁宣帝暴死、宫中无主、外朝无人之际，矫诏夺取丞相之位，进而控制了中枢政权。

杨坚此时最怕的是一众北周勋贵老臣起来反对，因为他没有足够的政治法统支撑，只要有人反对得坚决一些，他就可能玩完。但奇怪的是，大部分勋贵选择了支持他，只有相州总管尉迟迥起兵反对。

更令人大跌眼镜的是，关陇集团竟然群起而反对尉迟迥，其中最具有代表性的是几个有拥立建国之功的老牌关陇贵族。

第一位是李穆。此人是并州总管（宇文神举死后他接任），是北周开国时代的老将。李穆是陇右原州李氏三兄弟之一，李穆的二哥李贤是西魏、北周十二大将军之一。要论对宇文氏的感情，想必很少有人能超过李穆。早年宇文泰曾把北周武帝宇文邕和齐王宇文宪放在李穆的大哥李贤家里，寄居了好几年。

宇文泰在河桥之战中落马，几乎被敌军生擒，李穆下马，把自己的马让给宇文泰，救其一命。宇文泰赐他以丹书铁券，许诺饶他十次死罪。

北周武帝也对李穆充分信任，让他出任并州总管，镇守河东这个最为重要的战略区域。

并州总管府管辖的范围北至雁门，南至晋州，历来是北朝出精兵之处。李穆食北周之禄，按理说杨坚夺权之后，他应当表示反对。但李穆这个人相当精明，他敏锐地发现杨坚夺权之后，关中局势已不可逆转，支持北周的势力居然处于弱势，他的政治立场瞬间变得飘忽不定。

杨坚派人到晋阳拉拢李穆，又是政治承诺又是卑辞厚礼。一顿政治马屁后，李穆彻底放了心，于是发兵反攻尉迟迥，用实际行动支持杨坚。

李穆为了向杨坚表忠心，还向杨坚献了两样东西：一件熨斗，一件十三环金带。

熨斗，意思是让杨坚熨平天下；十三是天子之数，这就是劝进的意思了。身为倍受北周信任的老将（时年七十岁），如此行为，实在不足称道。

李穆的侄儿李崇本任怀州刺史，意欲响应尉迟迥讨伐杨坚，闻知叔父归附杨坚，慨然叹息："阖家富贵者数十人，值国有难，竟不能扶倾继绝，复何面目处天地间乎！"

同样反水的令人难以索解的，还有北周元老窦炽，他当时已经七十三岁了。

窦炽是由北魏入西魏的老臣，当年也是血战四方才换来国公之爵位。窦炽的侄子窦毅娶宇文泰之女襄阳公主，也是姻娅显贵。可这也挡不住窦炽改旗易帜，归附杨坚。

当时窦炽正在洛阳督造洛阳宫，闻知尉迟迥作乱，当即在洛阳简练军士，聚集了数百人，在洛阳金墉城固守，自动进行平叛。

窦毅和襄阳公主所生的女儿窦氏（李渊的妻子），当时听说杨坚夺权，愤愤地说，恨不生为男儿身，好去替舅舅家报仇雪恨。

女子犹有此志，相形之下，窦炽那张老脸，不知该往哪儿搁了。

后来杨坚巩固了地位，群臣上表劝进，窦炽大抵觉得没趣，拒不署名，算是守住了一点儿北周故臣的节操。

不过谁都知道是怎么回事。隋文帝杨坚也不计较，还要封窦炽当大官，窦炽犹豫不敢接受。

三、坏老头儿恶有恶报

一帮坏老头儿中的典型代表，当属北朝名将韦孝宽。

韦孝宽时年七十一岁。提起这位老将，估计很多人都听闻过他的事迹。

韦孝宽以关中豪强起家，北魏末年就曾参与过平定六镇起义的战争。周齐争霸之时，韦孝宽大放异彩，玉壁城一战挫败高欢，为北周立下不世之功。后来他又纵反间之计，使北齐后主杀了北齐名将斛律光。北周武帝灭北齐时，他曾献平齐三策。

可以说，韦孝宽是一位经历传奇、能力一流的超级功勋老将，比李穆、窦炽两人更符合功臣的定义。

然而就是这样一位有功于社稷的老将，却背叛了自己曾经参与创建的事业。

背叛一个人容易，脸皮厚即可。背叛自己的事业，却是诛心之举。世上有几人能做到？

可韦孝宽就做到了。

尉迟迥起兵讨伐杨坚，当时杨坚手下没有人能与尉迟迥威望相伴，只能起用北周的老将。杨坚环顾一圈，只有韦孝宽符合条件。韦孝宽二话不说临危受命，率兵镇压尉迟迥。

令人惊叹、莫名的是，韦孝宽当时已经病得爬不起来了，他下达的命令，都要靠侍女来传递。这位垂死老将，仍然兢兢业业地率兵打到了邺城，干掉了尉迟迥。

属于韦孝宽的时代当是北朝，可老病的他硬是逆天续命，把自己的传奇延续到了隋朝，并成功地把一世英名抹黑，成了一位标准的反叛者。

可叹北周王朝，在刚刚统一北方、实力鼎盛之际，由于皇族宇文氏出了问题，瞬间被外戚夺权，被一群创业的老臣集体抛弃。

这其中，固然有周宣帝自己作死的原因，杀功臣导致人心冷落。然而这帮反水的老臣自身也不无责任，他们过于势利的眼光，促使他们无原则地背叛自己的君王，背叛自己曾经全力以赴创造的事业。七旬之龄而有此作为，实在令人不齿。

韦孝宽成功地镇压尉迟迥后几个月，便病重逝世。

李穆两年多后也去世了，他的一帮儿孙因为争夺李穆的世袭爵位而大打出手，最后被隋炀帝一锅端，杀了个精光。

北朝齐、周两国截然不同的政风与国运

民族矛盾和腐败，是十六国、北朝以来胡族国家的两大痼疾。盖因塞外胡族本身缺乏足够的文化底蕴，政治素质、人格境界难以匹配自身的军事实力，暴兴的胡人囿于狭隘的民族观，以及急速膨胀的物质欲望，像癌症肿瘤一样将国家政权的元气吸食净尽。故而常常出现胡族迅速扩张建国，享国不过两三代便陷入崩溃的境况。

终五胡十六国之世，没有哪个部族国家能妥善解决这两个问题，以至于后来愈演愈烈，民族矛盾几与腐败合流，共同造成政治上的腐败。北朝承十六国之余绪，鲜卑宇文氏和鲜卑化的高氏分立两国，面对这一历史性的问题，走出了两条颇不相同的路子，仿佛如镜子一般，映照出部族国家的命运。

一、高欢的纵腐奇谈

高欢扶立东魏，儿子高洋又篡魏建齐，皇族和统治者的高层，都属鲜卑化的汉人或其他杂胡。这些人大多是来自六镇的伧荒武夫，对物质的渴望变态到令人发指的地点。"文武在位，罕有廉洁。"（《北齐书·杜弼传》）

例如高欢的姐夫尉景，此人是高欢起兵的元从功臣，既身份尊贵，又居于军事上的要职，经济待遇本已不错，但他仍然极为贪婪，不管在中枢还是在地方州镇，都索贿成性，毫无廉耻之心。高欢每每提醒他不要太过分，尉景却充耳不闻。某次高欢与几位亲戚聚会，席间高欢的妹夫库狄干突然向高欢请求去担任御史中尉，当时库狄干已官至太保、太傅，高欢问他为何要去当级别低的小官，库狄干说，要去捉尉景治罪。高欢一笑了之。

可见尉景之贪，哪怕是在亲族中也引起公愤。但面对高欢的劝诫，尉景却振振有词地说:"与尔计生活孰多?我止人上取,尔割天子调。"根本不听高欢的。

当时贪污已成为北齐高层的普遍现象,宗室、外戚、元勋宿将,乃至后来归附高欢的河北汉人豪强,也都沾染了这一风气。勉强要求高官大将们不追求富贵,这固然不现实,但过于放纵对物质的追求,未免会腐蚀官员的心志与激情。以高欢之能,他不会意识不到这一点,可是他并没有有效地约束腐败行为,而把纵容贪腐当成笼络人心的特殊手段。

以清廉著称的杜弼曾向高欢力陈反腐纠风的重要性。高欢便故弄玄虚地摆出一个刀槊阵,武士们举着刀、槊,引着弓,让杜弼从中穿过。虽然高欢事前已向杜弼担保,武士们绝不会伤害他,但是杜弼走了一遭后仍然吓得汗流浃背。高欢见状大笑,说:"箭虽注不射,刀虽举不击,矛盾虽按不刺,尔犹顿丧魂胆。诸勋人触锋刃,百死一生,纵其贪鄙,所取处大。"

高欢之前还把"天下浊乱"定性为司空见惯的历史遗留问题,并说如果过于峻急地惩治,会逼得功臣宿将们都去投奔关中的宇文泰和南朝的萧衍。

这番思路清奇的理论,莫名其妙地把人心向背、物质欲望与政治纲纪强行糅合起来,高欢倒也解释得头头是道、浑然自洽,确实是政治强人历来予智自雄的作风。然而明眼人都看得出来,强行自我解说的理论,未免显得高欢境界不高,以及基本政治素养的缺失。北魏以来百余年政治史,显然没有被高欢转化利用为自己的治国经验。

深入肌骨的腐败,固然起到了一定的笼络人心的作用,但相对于这种短时效应,腐败的长远不利影响是无法估量更无法挽回的。

腐败首先严重阻挠了政治改革。高欢晚年似乎意识到了腐败向政治领域的蔓延,并让长子高澄主推新政,从官制和风气两个方面入手进行改革。高澄抛开浑身都张着血盆大嘴的鲜卑勋贵,专一任用河北汉人名士如崔暹、崔季舒、宋游道等人,从整治腐败、整顿吏治入手进行政治改革,惩治了一大批贪腐之徒。

然而高欢的决心似乎并不坚定。高澄的改革触及晋阳勋贵的利益后，迅速引起极大反弹。上文提到的尉景，因为藏匿亡人的罪名被逮捕监禁，高欢的姐姐常山君来哭诉，高欢便下令把尉景无罪释放，还当着姐姐、姐夫的面打了高澄一顿。于法于理都有亏的尉景，理直气壮地吐槽高欢，说要杀就快点儿杀。

反腐纠风本是高澄推行汉化的一个切入点，也是北魏末以来汉化潮流的自然延续。但高欢始终纠结于人心和法治的关系不能坚守立场，使得这场改革先天不足。后来高澄遇刺，不得不说，与高欢态度是有一定关系的。

高澄死后，高洋不得不对晋阳勋贵表示妥协，他大封斛律金、库狄干、尉景等一干老臣宿将，基本上否定了高澄时代定下的政治调子，反腐败问题又被暂时搁置。随着时间迁移，贪腐越来越成为当权者与官员间约定俗成的为政习惯。武成帝高湛继位之后，这位本来就没什么自省觉悟的皇帝，很自然地堕入"唯玩声色"（大将斛律光语）的模式中，将国家上下弄得一团糟。

政治腐败引发的问题很多，北齐后期军事支柱斛律光与祖珽、穆提婆等人的斗争，可以说是最为典型的案例。这起案例的焦点是斛律光与祖珽的政治矛盾，表面上看是祖珽谋取中枢执政的位子，与执掌军权的斛律光分权不均，导致将相失和，但里里外外透着腐败的影子。

祖珽本身就是个贪墨成性的无行之人，高欢时代就肆无忌惮地贪污，甚至还在高欢的酒席上偷取金银器，御史中丞窦泰当场拽脱他的帽子，在他的发髻里找到赃物，他不以为耻反以为荣。后主时祖珽入为尚书左仆射，大权独揽，与斛律光产生矛盾。他又不知收敛，把府第周围的百姓宅院强占为己用，引发极大恶评，与斛律光几乎势同水火。

北齐后主在宫中信用陆令萱、穆提婆母子。穆提婆想求娶斛律光的女儿，被后者拒绝。后来，北齐后主将晋阳马场的官田赐给穆提婆，斛律光在朝堂上当庭怒怼后主，说这是因私以废军务。陆、穆母子都是贪黩的小人，自此与斛律光结怨。祖珽向来引陆、穆母子为宫中奥援，相同的矛盾促使他们一起构陷斛律光，正好北周韦孝宽又大纵离间之计，后主便糊里糊涂地将斛律光杀了。

斛律光之死纯系腐败政治的恶果，当时后主的另外几个嬖幸之臣，如韩长鸾等辈，都觉得杀斛律光未免不妥，但后主为祖、陆所惑，完全乱了方寸。彼时北齐的政治，已经完全堕入腐败的旋涡，任谁也挽救不了了。

二、崇儒对北周政治风气的塑造

相比北齐对贪腐的纵容，西魏、北周立国之始，就鲜有腐败的风气。

宇文泰非常注重以身作则。534年，宇文泰率军消灭侯莫陈悦于上邽城，缴获大量财物，"收悦府库，财物山积，皆以赏士卒，毫厘无所取"（《周书·文帝纪上》）。按说一军之主，拿一些财物本不为过，但宇文泰将所有财物全部分给部下。左右侍从私自留了一口银镂瓮，宇文泰知道后责怪侍从，还把银镂瓮剖开分予将士。起事之初有这样的做法，固然是有意为之，但对比高欢将帅创业与贪腐并行的做法，宇文泰所为确属难能可贵。

宇文泰非常推崇儒术。他所信用的名士苏绰起草颁行的《六条诏书》，其中前两条都强调思想建设，如第一条"先治心"，说"凡治民之体，先当治心"；第二条"敦教化"，明确强调"衰弊则祸乱交兴，淳和则天下自治。治乱兴亡，无不皆由所化也"。凡此种种，从理论层面为清明的政治风气打下了坚实基础。

与《北齐书》诸纪传中触目惊心的贪腐记录不同，《周书》中所载西魏、北周的贵臣大将，扑面而来的是一股清俭之风。

王思政贵为荆州刺史，素来清廉自守，绝不取公家财物，而且处处以"匈奴未灭，何以家为"自律。颍川之战他被东魏俘虏后，家中居然一点儿积蓄都没有。老将王罴响应宇文泰清俭持政的号召，分配财物时甚至自己捋袖子亲自称量，"时人尚其均平"。

位列十二大将军的达奚武与李穆前后的变化，更发人深省。达奚武少年时颇好奢侈，因军功升为大将后反而非常爱惜名声，出入不施仪卫，尽量保持朴素的作风。

李穆在西魏、北周时比较低调，担任并州总管要职时，为政亦能"镇之以静"，很令百姓怀念。但入隋之后，国家不再刻意强调保持崇廉尚俭的政治风气，李穆满门儿孙骤然间放松了自律。特别是其第十子李浑，对财富、爵位的追求压过了理智，竟派人刺杀李穆嫡孙李筠，自己谋取了李穆传下来的爵位。以上所举者仅是几个典型的例子，西魏、北周人物大多类此。一朝政风一朝人，于此足见宇文氏端正政风的卓越成果。

宇文泰父子几代人维持这样的风气，一方面借儒家思想对官员的品德进行重塑，另一方面通过严厉的奖惩措施来整肃吏治。535年，宇文泰的内兄、秦州刺史王超世，因为在州贪污，宇文泰没有因是亲党而纵容，直接将其处死，可见其明。549年，杨忠攻取梁朝随郡、安陆，只因被俘梁将柳仲礼随意诬蔑杨忠贪污缴获物资，宇文泰一度还要查处此事。武帝宇文邕时代更加贯彻了对贪腐的严惩政策。《周书·武帝纪下》中记载，当时定刑律，监临主掌自盗二十匹以上、小盗及伪请官物三十匹以上等，处以死刑。这类法条虽失之于严酷，但也客观上起到震慑贪腐的作用。

惩的同时，激励措施也同步跟上。西魏、北周极其注重对事功的奖励，对立了战功的将军一定会赏赐，而且根据功绩大小，赏赐之物相对增减。554年，于谨平江陵、擒杀梁元帝，将俘获之宝物尽数上交，宇文泰赏赐其俘获的宝物，赐予奴婢一千口，加封郡公。

总体而言，由于宇文氏采取了多管齐下的措施，从思想熏陶、政治教化，到制定律法、严于奖惩，使得西魏、北周的官员保持着相对清明的政风，以及较为上进的心态。至少从政治层面上讲，西魏、北周要强于东魏、北齐很多。

三、齐周皇族迥然的家风

宇文泰与高欢对腐败的不同认知和政治格局，全都映射到了宗室子弟的综合素质上。

高欢一共有十五个儿子，澄、洋、演、涣、淑、湝等尚可，其余或是不惠，或是平庸，或是暴戾。即便是几位较长的儿子，个人素质上也都偏于躁险、奢侈。

高澄十四岁便与其父之妾私通，高欢死后，再行聚麀之事，纳父之妾柔然公主并生有一女，甚至还逼幸弟媳李祖娥——高洋的妻子。此事后来引发了澄、洋、湛兄弟三人的互相报复。私德上的败坏，虽然并不一定导致政治崩坏，但必然不会有什么积极影响。

高洋末年穷奢极欲，据《北齐书·文宣帝纪》云："多所营缮，百役繁兴，举国骚扰，公私劳弊。凡诸赏赉，无复节限，府藏之积，遂至空虚。"他把前期的善政成果全部消耗掉了。

高欢其余的子孙，"齐氏诸王选国臣府佐，多取富商群小、鹰犬少年"，长期耽于享乐，有作为、有见识、有担当的不多见。武成帝高湛诸子尤不成器，北齐后主又爱享乐又庸懦，所宠信的陆令萱、和士开、穆提婆、高阿那肱、韩长鸾等人，无一不是贪婪成性的吸血鬼，诸佞把朝局弄得乌烟瘴气。

北齐后主之弟、琅琊王高俨，好歹是矬子里拔将军，比后主稍有一点儿成色，但也是汲汲于物质待遇。后主当太子时，他处处与之比享受、比物质。某次高俨看到太子宫中有新上的冰镇李子，竟然气咻咻地质问执事人员为什么不给他预备。后主即位后，高俨发动兵变，吓得后主及一班佞幸近臣不敢抵挡，斛律光却嗤之以鼻："琅邪王年少，肠肥脑满，轻为举措……"可叹高俨十四岁时便有狂暴恣肆的物质欲望。高氏子弟的素质由此可见一斑。

高洋之后，高氏诸主江河日下，宗室子弟中除了高长恭尚可，其余无一有济世救时之能，眼睁睁地看着齐、周差距拉大。之所以一个大家族堕落成如此模样，与高欢、高澄、高洋几位君主对家风的漠视与疏忽有关，风气一代代传下来，闹成不可收拾之势。

宇文氏家族则完全相反。宇文泰起始便非常重视儿子们的教育。宇文泰共有十三子，序齿依次为毓、震、觉、邕、宪、直、招、俭、纯、盛、达、通、逌。诸子完全按照汉家子弟的路数，从小学习儒经。二子震、四子邕、五子宪、幼子逌都是能够把《孝经》《论语》《毛诗》等随口背诵的饱学之士。七子招的作风有些南朝化，爱吟、作诗文，把庾信的诗赋学得有模有样。

学习儒经，对宇文氏诸子的心智起到很大规范和约束作用，除六子宇文直稍显有些暴戾外（但也仅限于对权力的渴望），其余诸子的表现都称得上良好。对于腐败，他们的态度基本上都很抵制。

北周武帝宇文邕"身衣布袍，寝布被，无金宝之饰，诸宫殿华绮者，皆撤毁之"，做出了很好的表率。五子宇文宪军政兼通，是北周后期首席名将，其位愈高愈自谦，不仅不像高齐诸王般拼命聚敛财富，还在北周发动战争时向国家捐献财物。两国宗室正反对比，发人深省。第十一子宇文达节俭自律，奉行"君子忧道不忧贫"。他吃饭不追求铺陈浪费，吃饱便行；侍姬不过数人，而且都不准穿华美的衣服，只穿粗厚耐磨的衣服。他也不爱积聚私产，虽然贵为宗王，日子过得却很普通。

高氏与宇文氏对腐败的态度，一者纵容，一者重视，最终使国运走向了截然不同的方向。若是高欢看到齐亡周兴，不知对自己当初那套纵腐奇论，会不会有些许的悔意。

第二章 南朝

刘裕的成功之路（上）

提及宋武帝刘裕，要说的事情太多。这位下级军官出身的破落庶族武将，居然打出一片江山，篡了东晋的天下。而且，他还能以强横之武力，北灭南燕、后秦，西收蜀地，缔造大业。

刘裕的政治谋略、军事成就、行事作风、政治影响，都足为南朝诸帝之冠，他人生的每个重要瞬间，都与南北朝的历史走向紧紧联系在一起。时势造英雄，此言固然是历史哲学中的不易之论，但如刘裕者，也确有英雄造时势之象。如果没有刘裕的异军突起，南朝何以与强大的北魏对抗？又何以延续一百七十年的国祚？

一、平定孙恩、卢循之乱

刘裕（363—422），字德舆，小名寄奴，祖籍彭城，生于丹徒县京口里（在今江苏镇江）。刘裕发迹后，曾逆推其祖先，竟然上溯至西汉楚元王刘交（汉高帝刘邦的幼弟），《宋书》中还有清楚的谱系。从西汉至东晋，五百六十多年，哪能有如此精准的谱系传承。《宋书》的作者沈约是刘宋遗臣，大概直接抄录了刘宋宗正强行杜撰的祖谱。

刘裕年少时家境败落，年轻时应募加入北府兵，在冠军将军孙无终手下当司马。

在谢氏逐渐淡出东晋政治中枢之后，会稽王司马道子当轴辅政。司马道子终日昏醉，大政都交给其子司马元显，把东晋上下弄得乌烟瘴气。

396年，晋孝武帝遇刺身亡，他的愚笨儿子司马德宗即位，是为晋安帝。司马道子父子更是肆无忌惮，任性妄为。司马元显为壮大中央掌握的兵力，在三吴地区免奴为客，并将之强征为兵。加上高门大族兼并土地之势愈演愈烈，山川湖泽都成为大族们的私产，百姓的生活日趋艰难。高门世族仍旧垄断着政权，对寒门庶族大加摈斥，来自庶族的反对日趋激烈。总而言之，东晋社会的矛盾已经被激化到了一触即发的地步。

就在此时，司马元显杀了五斗米道的首领孙泰，孙泰的侄儿孙恩窜到海上。当时王恭（晋孝武帝王皇后之弟）受晋孝武帝之托执掌北府军，与司马道子父子互不相能。王恭两次举兵讨伐司马道子，导致三吴地区大乱。

399年十月，孙恩乘机纠结五斗米道的徒众，从海上杀回上虞，攻占会稽。一时之间，三吴八郡接连起义，杀死本郡长官，呼应孙恩。司马元显急调北府兵镇压。刘裕就是在这一时期开始崭露头角的。

此时刘裕已经三十六岁，还只是区区一个参军，可以看出，刘裕的前半生其实过得比较落魄。哪怕是在淝水大战中，刘裕也没有机会展现其过人的军事才能。一方面，刘裕年少时，士族的势力正盛，江东本地势力难以抬头；另一方面，刘裕可能确实时运不佳。

但塞翁失马，焉知非福。正因长期混迹于基层，刘裕锻炼出极为强悍的作风和战术素养。在晋末士族逐渐腐朽、无法统军作战、时局艰难之际，这种特质显得弥足珍贵。

东晋调刘牢之率北府军，会同卫将军谢琰一同镇压孙恩起义。刘牢之知道刘裕是个将才，便将其调入自己的军府当参军。

刘裕带兵与孙恩接战后，作战非常凶狠，经常以少胜多。最神奇的一战是，他率数十哨探，与孙恩大军数千人遭遇，最后同行者全部战死，唯独刘裕奋战得生。恰巧刘牢之之子刘敬宣率军接应，两部合力追击，竟然斩获千余人。真可谓英雄虎胆也！

孙恩在刘牢之和谢琰的联合打击下退至海岛。东晋官军乘胜追击，攻克孙恩占据的州郡后纷纷进行抢掠，唯独刘裕所部军纪严明，不骚扰百姓。400年，孙恩见北府兵撤走，又登陆进攻会稽。驻守会稽的谢琰丝毫不把义军放在眼里，既不设防，临敌作战时也马虎大意，结果被义军击杀。

刘裕当时驻守在句章县（今浙江余姚），虽然仅有数百人，但其据险抗击，孙恩攻城不克，又受刘牢之追击，只好退至海岛。

401年，刘裕在海盐设计大败孙恩，孙恩徒拥优势兵力却屡屡败于刘裕之手，多次被赶到海上。从此双方都认定，只有刘裕才能克制孙恩。

后来孙恩避开刘裕，整大军从海上直入长江，突袭丹徒，直逼建康。朝廷诸军只敢龟缩防守，司马道子父子只会到蒋侯庙拜祝，军事上一无措置。后来还是刘裕兼程入援，以区区千余的兵力，与孙恩激战一场。说来也怪，打别部晋军顺风顺水的孙恩，一遇刘裕就败。丹徒、建康两战，孙恩大军被刘裕打得四散溃逃。

402年，孙恩再度卷土重来，但因为屡败于刘裕，军心散乱，战斗力严重下降，结果在临海被晋军击溃。孙恩掳掠的二十余万三吴百姓全都逃散，孙恩绝望之下投海自杀。

刘裕经过数战，不仅官升到了下邳太守，其勇猛敢战、富于韬略的名头也举世皆知。孙恩的余部在其妹夫卢循率领之下逃走，不敢再与刘裕为敌，东晋政局稍稍稳定。

卢循后来攻略广州，势力复又壮大。410年，卢循、徐道覆趁刘裕北伐南燕，率军进攻建康，大将刘毅败于桑落洲，大将何无忌也战死。刘裕率疲惫之师赶回建康，奋勇击退卢循。卢循辗转不能取胜，败回广州，后被晋军擒杀。孙恩、卢循之乱终告平定。

二、二十七将结义京口

就在孙恩、卢循之乱平息之际，东晋内部又起了纷争。此事还要从396年晋安帝即位说起。司马道子父子与太原王国宝居中弄权，引起王恭的不满。王恭率北府兵讨伐司马道子，当时掌握州郡兵力的殷仲堪和桓玄一同起兵助战，司马道子迫于形势杀了王国宝谢罪。后来北府大将刘牢之不满王恭骄横轻侮，便杀了王恭，倒向司马道子。

同时，殷仲堪、桓玄、杨佺期也各起纷争，殷仲堪先杀了杨佺期，桓玄又杀了殷仲堪，将荆州据为己有。荆州原是桓温的老巢，桓玄恢复父亲的故地，荆州军中很多老将都很拥护他。

桓玄趁东晋中央忙于镇压孙恩起义之机，派兵四处扩展势力，兵锋进至江州。桓玄屡次要求出兵到江东会战，司马道子父子惧怕桓玄势力，坚决拒绝其率兵前来。402年正月，桓玄下书与司马道子威胁要强行出兵，双方矛盾激化，司马道子便公开讨伐桓玄。

这时司马道子所能依靠的，只有刘牢之率领的北府兵。但刘牢之对司马道子父子之昏聩无道很是讨厌，又怕一旦消灭桓玄，司马道子会调转矛头对付自己，于是索性临阵倒戈。结果，司马道子兵败，父子都被处死。

这场战争可以说没有任何建设性意义，一方是腐败透顶的东晋皇室，另一方是野心勃勃却胸无大志的没落士族。一场乱战，徒然令局势变得更加糟糕。

桓玄夺取大权后，不思安抚人心，反而肆其威福，昼夜享乐。他对刘牢之所部北府兵十分忌惮，生硬地调刘牢之为会稽内史，企图轻轻松松就夺人兵权。

刘牢之是庶族出身，在政治上原没有什么手段和眼界。他当时向桓玄倒戈时，刘裕就劝他不要轻易反叛朝廷，刘牢之不听。桓玄入建康后，刘裕心知刘牢之必然不能成事，便避祸远走京口。刘牢之果然因为分赃不均，企图再次叛乱，拥兵讨伐桓玄。

其参军刘袭劝他不要再做反复之事,事情可一可二,而不可再三。刘牢之坚执不听,但他部下的军将们已厌烦了没有底线的叛乱,还没等出兵,军队便崩溃了。刘牢之绝望之下自缢而死。北府军残部随即都被桓玄收编。

桓玄平定了最后一股反对势力,野心很快膨胀。他于403年逼晋安帝禅位,如愿以偿地当上了皇帝,国号为大楚。这也算弥补了当年桓温的遗憾。

桓玄是晋朝士族的最后代表,士族终于取代皇族,建立新朝,从政治趋势上看,只不过是一场回光返照。桓玄虽然拥兵占据大郡,但基本上都是因乱取胜,靠的并不是他有多大本事,顶多就是运气好一些而已。

当时一些有眼光的人,都看出桓玄不能长久。刘裕返回京口后,探知京口的北府故将大都对桓玄篡权愤愤不平。于是,刘裕联合刘毅、诸葛长民、何无忌、孟昶、刘道规、王仲德、檀凭之等二十七人结盟,在京口刺杀桓玄任命的青州刺史桓弘,招引北府兵故旧,聚众一千七百余人,而后便以惊人的勇气向建康进发,公开讨伐桓玄。

当时桓玄的兵力占据绝对优势,拥有十数倍于刘裕的大军,如果能迅速出兵围攻刘裕,纵使不能速胜,也能将刘裕这点儿可怜的兵赶散。然而桓玄入主建康不久,始终觉得根基不稳,不敢倾其主力迎击,而是错误地采用逐次抵抗的战术抵挡刘裕的攻势。

结果江乘一战,刘裕阵斩桓玄部下骁将吴甫之,罗落桥一战又斩其大将皇甫敷。桓玄大为震恐,又遣桓谦、卞范之率军二万屯于覆舟山、东陵口抵御刘裕。

刘裕前两战全胜,越打越有状态,一面大使疑兵之计,广设旗帜虚张声势,一面领精兵亲自冲锋。刘裕身材魁伟,作战好使长刀,每次都喜欢冲在全军最前面,声势非常骇人。桓谦部下多是收编的北府兵,本就对桓氏没有多少好感,此时在刘裕威猛无比的冲击之下,纷纷倒戈投降。

两万兵力就此崩溃,桓玄吓得率水军弃城逃跑。刘裕派何无忌、刘道规率众穷追不舍,先是击败桓玄留在湓城的兵力,续后又沿江西上,进攻桓玄的老巢荆州。

桓玄回到荆州略感心安，又搜罗了二万兵力，拼尽全力裹挟着退位的晋安帝反攻刘裕。这一举动显示出桓玄的不智。

荆州毕竟不同于京口、建康。京口和建康素来不是士族所能控制的地盘，故而当年以王敦、桓温之强，都不敢轻易入居建康执政。刘裕起兵讨伐桓玄，以顺讨逆，政治上拥有优势，所以才能以弱胜强，但到了荆州则是另一番模样。荆州自东晋南渡以来，便一直被士族控制，对东晋中央实际上没有多少归属感。桓玄以桓氏遗孤，能够轻易入居荆州，与这里的实际民情不无关系。

所以刘裕发兵进入荆州后，就失去了政治、民心上的优势，变成了纯粹的军事较量。而桓玄坐拥地利与民心，大可以凭坚城与刘裕军对峙，待其师老兵疲退军之时，再以全师追袭，纵使不能大胜，起码稳据荆州不在话下。

刘裕大军挟新胜之威，利在速战，桓玄反而迎头决战，可谓不智之极。

结果可想而知，桓玄虽然水师甚盛，但新败之余兵无战心，峥嵘洲一战，桓玄再败，临时拼凑起来的二万大军一击即溃。桓玄乘小舟逃到蜀中，结果被益州刺史毛璩遣人击杀。此后刘毅、刘道规、何无忌等又陆续荡平桓玄的党羽桓振，益州刺史毛璩率兵入汉中，杀了桓玄任命的梁州刺史桓希。桓玄之乱至此全部平定。

三、平定谯蜀之乱

消灭桓玄后，刘裕派兵迎晋安帝复位。乱世全凭武力说话，东晋中枢掌兵的朝廷势力全部被桓玄诛除一空，刘裕也就成了建康城中独一无二的实力派。

虽说凭平定桓玄之乱就足以令刘裕称霸中朝，但刘裕的出身太过卑微，在政治上他根本无法和王氏、谢氏等传统士族相抗衡。士族虽不掌兵，但却拥有强大的政治号召力，依靠这些力量，他们就有能力置地方实力派于死地。北府大将刘牢之的死，足以说明这一问题。

刘裕何等人物，他自然能看出东晋政局的走势。所以他一方面尊奉晋安帝，表现出对朝廷的忠诚，借晋帝的政治法统统一国内政治力量；另一方面，他对王谢高门人物，灵活采用又打又拉的策略。刘裕与王谧（王导之孙）私交甚好，于是推荐他出任扬州刺史。扬州刺史历来是京城建康武备的最高长官，政治惯例上一直由朝廷最放心、士族最认可的人担任。刘裕虽然掌握了兵权，但没有贸然担当此任，把王谧推上去，算得上是实权派和朝廷、士族的一个资源互换。

但对公然作对的士族，不论其出身、影响如何，刘裕都采取了雷霆手段，发现即杀。京口大族刁逵，桓玄之乱时公然支持桓氏，加上他与刘裕早年有些私怨，刘裕便公私一起算，杀了刁逵，发动京口百姓分了他的家产。太原王氏的王愉、王绥父子图谋起兵反对刘裕，事泄，刘裕也毫不留情地杀了他们。

被揪出来杀了的只是冰山一角，潜在的尚未暴露出来的反对派有多少？持观望态度的士族又有多少？庶族人士怎样选择阵营？面对这样复杂的局面，一味杀伐绝不能解决问题。要取得足够威望，刘裕必须继续建立功业，彻底压服士族。恰在此时，益州发生了谯纵之乱，给刘裕提供了一个大好机会。

405年年初，益州刺史毛璩发兵讨伐桓玄的党羽桓振，但蜀人不愿意远征，众心不服，于是聚众反叛，杀了刺史毛璩，共推安西将军参军、巴西郡人谯纵为主，谯纵遂据蜀中自称成都王。

406年，刘裕即遣龙骧将军毛修之平乱，但毛部兵力不多，进展不顺。407年，刘裕又派襄城太守刘敬宣（刘牢之之子）率兵五千入蜀。

自荆州方向入蜀，例来有三条较为便捷的水路，分别是自东而西的三条长江支流：最东边的涪江称为内水，沿江北上可攻至涪城（今四川绵阳）；中间的沱江称中水，溯江北上，可至广汉；最西边的岷江称外水，沿江北上可以直抵成都。

当年桓温灭成汉走的就是外水。外水过急，需要具备强大的战斗力，敢于和敌军决战，才能走此道；内水较缓，适于相持作战；中水则居于两者之间。

刘敬宣会合前线诸军后，兵力达到二万多，他自忖不能迅速击溃谯纵，于是遣一路二千人的偏师，走外水作为牵制，自率主力由内水前进，一路攻至黄虎（今四川绵阳以南）。

这个打法固然稳健，但黄虎至成都五百里，给了谯纵足够的预警和准备时间。谯纵遣大将谯道福率军守险，与刘敬宣相持。刘敬宣求战不得，进攻无路，无奈与蜀军相持六十余日，最后粮草告竭，军中发生疾疫，士卒死亡过半，只好撤兵。

此后刘裕忙于北伐南燕和平定卢循之乱，没能继续进攻蜀中。到了412年，刘裕再遣大将朱龄石率二万余人进攻谯蜀。此次进兵，刘裕事先对朱龄石百般嘱咐，一定要走外水直攻成都，这也是他一贯的军事思想，即以雷霆万钧之势打主力决战，而不拖拖拉拉打拉锯战。

朱龄石率军一直走到白帝城才公布刘裕的战略，他命两部弱兵分别从中水、内水进发，以迷惑蜀军，自率主力一路沿外水疾进，一直打到彭山，也就是当年桓温伐成汉时的前沿立足点。谯蜀方面战略判断失误，仍以谯道福率主力驻守涪城以防内水一路，却不防朱龄石重兵径至蜀郡腹地。

谯纵急忙遣尚书谯诜率一万余人在彭山沿外水南北筑城据守。朱龄石纵兵奋击，大破蜀军，而后舍船登岸，从旱路直取成都。谯纵城中无兵，不敢迎战，弃成都城跑到涪城投奔谯道福，二谯发生争执，谯纵羞愤自杀。朱龄石追至涪城，消灭了谯道福所部，谯蜀政权灭亡。

刘裕的成功之路（中）

刘裕的几大武功之中，以两次北伐最为知名，灭南燕之战前文已叙。北伐后秦之战，是刘裕军事生涯中的得意之笔，也是其拓地面积最大的一次征战。但唯其得意，才使刘裕班师后丢失关中的悲剧越显悲壮。

一、分进合击的大战略

416年，刘裕决定伐秦。

后秦的版图像一个不规则的矩形：陇西地区以兰州为西界，关中地区以延安为北界，山西一带以介休为北界，河南一带则只据有黄河以南的洛阳、郑州、商丘一线，南则以信阳、南阳和陕西商南、汉中为界。

刘裕的计划是，首先切割河南洛阳以东的矩形地区，然后合兵进攻关中。这个计划比较稳妥而科学，河南东部是后秦力所不及的地方，击之易取；后秦的北界正好有宽阔的黄河水道，利于晋军舟师行进。

具体的行军安排是：

第一路，晋军大将王镇恶、檀道济出寿阳攻项城、颍川方向，目标是洛阳。这一路兵是主力，其行军路线斜向切入矩形地带，所经路途最长，面对的后秦部队也最多。

第二路是偏师，兵力约一万余人，由傅弘之和新晋的吴郡将领沈田子率领，进攻武关（今陕西丹凤）方向，目的是牵制关中的后秦军主力。

第三路由朱超石、胡藩率领，从新野北攻阳城（今河南登封）。

第四路是水军，由沈林子（沈田子之弟）、刘遵考率领，从石门入黄河。以上第三、第四两路部队的战役意图都是确保通向关中的黄河水道的安全。

第五路由王仲德率领，从山东后方开巨野泽（在今山东巨野，今已无水泽）河道入黄河，为前面四路大军提供战役支撑，确保顺利拿下河南，为进攻关中做好准备。同时，刘裕还派遣蜀地方面的偏师姚珍、窦霸率数千兵力分别从子午谷和骆谷进攻汉中方向。一时间，后秦国境线四面闻警，局势大坏。

檀道济和王镇恶攻入河南，晋军锐不可当，连克新蔡、项城、颍川，俘虏颍川太守姚坦、大将杨业、新蔡太守董遵等。颍川以北的后秦部队无不望风而降，第一路军成功打到成皋附近。此时沈林子、朱超石两部也打到荥阳、成皋一带，与檀部会合。王仲德的后军也打通了巨野泽进入黄河水道，并在沿河重镇滑台（今河南滑县）与北魏守军遭遇，不料魏军弃城而逃，王仲德得以继续西进。刘裕切割河南东部的计策此时收到成效，后秦对于河南东南的形势更加没有信心，一度欲将洛阳以东的军民迁入关中以集中兵力、收缩防线。

晋军稍后逼降成皋、荥阳等地的后秦军，大军逼近洛阳。洛阳守将姚洸的部下姚禹与檀道济暗通款曲，意欲投降晋军，极力怂恿姚洸出城与晋军决战。忠于后秦的将军赵玄力劝姚洸不要贸然出战，被拒后带兵与檀道济在柏谷坞大战，结果当场被杀，所部全军覆没，姚洸见势不好便举城而降。消息传到后方，本欲来救援洛阳的后秦军纷纷后撤。

面对前线的不利形势，后秦皇室的诸王们不仅没有团结起来对敌，反而又翻起当年诸子争位的老账。后秦皇帝姚泓的弟弟姚懿、姚恢先后发动叛乱进攻长安，企图趁乱夺取帝位，正所谓堡垒先从内部被攻破。后秦这口大油锅本来就被晋军煮得滚沸，二姚之乱则是直接把锅里的油给点燃了。姚泓顾不上潼关外黑云压城的晋军，让叔父姚绍率大军抵挡已经杀到长安城下的叛军。所幸二姚兵力不多，先后被姚绍平定。但如此一来，后秦不仅消耗了一部分有生力量，还丧失了打击潼关之外立足未稳的晋军的大好时机。

后秦内乱期间，晋军前锋诸军不顾后面王仲德等军尚未会齐，抓住时机快速西进。王镇恶过洛阳而西拿下宜阳、渑池等地，檀道济分兵进攻晋南的蒲坂，因为地形失利和准备不足,檀部为后秦守将姚成都所败。

姚绍是后秦中唯一一个尚有能力的大将,他平定二姚之乱后,率五万人驰援潼关,与檀、王诸部接战。晋军连克要地,士气正盛时,沈林子率大军衔枚夜袭,一举击败姚绍军。姚绍力不能支,败退回定城(潼关西三十里)死守不出,分派诸军各扼险要,企图耗尽晋军的粮草后再寻隙出击。檀、王各部从洛阳西攻时携带粮草本就不多,王仲德的后军又没有跟进,晋军发生军粮短缺危机。王镇恶亲自到弘农等地劝当地百姓捐献粮食,他本是关中人,在当地颇有号召力,百姓于是竞相捐献军粮,晋军军势复振。

二、却月阵

在定城相持时,刘裕主力大军在黄河一线打了一场以步制骑的传奇之战。

刘裕大军在沿河西上之时,出于礼节,遣使向北魏借道伐秦。北魏君臣动起了心思。此前东晋伐后秦,已在北魏中央掀起一场争论,有的人认为应该联合后秦抵抗东晋,有的人认为不能招惹新兴的刘裕集团,最终在崔浩等大臣的建议下,北魏明元帝拓跋嗣决定坐山观虎斗。此时刘裕下书借道,再次引发了魏帝敏感的神经,虽然截至目前东晋并未表露出北攻的趋势,但其大军就在国门之外,难保其不会趁势北攻。出于这样的考虑,明元帝派大将长孙嵩率骑兵三万沿河备御,双方在黄河沿岸畔城附近(今山东聊城西)发生摩擦。刘裕的水军沿河而行,拉纤的士兵中被河水冲到对岸的,都被魏军所杀。刘裕气不过,便派兵上岸攻击,但是北魏军一击即走,不击复来,晋军不胜其扰。

刘裕望着黄河北岸狼一样的鲜卑骑兵,终于忍不住杀气,祭出了千古一见的战法——却月阵。

刘裕先遣白直队主丁昨率七百步卒上岸,将百余辆战车沿河布设,车阵两头抱河,队形弯成弧形,因为形似新月,故称却月阵。每车上有七名战士,竖起一根白眊。

北魏骑兵不知晋军是何用意，暂时按兵不动。刘裕又派猛将朱超石（朱龄石之弟）率二千人，每车增加二十人和一张大弩，车外竖起盾牌。北魏骑兵此刻方才明白，原来晋军这是在结阵，于是进攻。朱超石命令诸车先以力弱的单兵引弓弩射击，北魏骑兵见晋军兵少箭弱，便放心大胆地加速进攻。此时迫近却月阵的北魏骑兵已达三万多，朱超石遂令诸车用大弩发箭，魏骑纷纷中箭。但此时魏骑既多，距离又近，大弩近距离的杀伤效果已经不能遏制魏军的进攻。朱超石急中生智，遂命将士把手中的千余张槊截成三四尺的短槊，"以锤锤之，一矛盾辄洞贯三四虏，虏众不能当，一时奔溃"。魏军死伤惨重，大将阿薄干当场被晋军斩杀。魏军退回畔城，刘裕派朱超石、胡藩追击，再败北魏军。自此北魏不敢再袭击晋军，刘裕得以顺利沿河西上。

却月阵是以步制骑的经典兵车战法。它凭恃的是水军的优势，以河中的舟师保障战车的后方，岸上则以战车阻滞骑兵的冲击速度，又以大型弩箭杀伤敌军，再加上晋军强大的战斗力，因而创造出以少量步兵杀伤数倍之多的骑兵的纪录。这辉煌的战绩使得却月阵名垂千古。

这个阵型因为条件特殊，除了晋军使用过一次，竟再无别的战例。阵型是死的，人是活的，却月阵的成功是刘裕和晋军灵活的战术思想的一个集中体现。正是靠着这种优势，晋军才成为历史上的强军。

晋军一战击败北魏部队，随后沿河西上，与定城诸军会合。姚绍抵挡不住晋军的犀利攻势，又忧又气，发病而死。姚绍一死，后秦军失去主心骨，败得更加狼狈。沈田子、傅弘之的偏师打进武关，秦主姚泓自引大军要援救定城。他见这支晋军偏师攻入，便想先灭沈、傅再救定城。沈田子趁秦军刚到立足未稳，以己部兵力猛冲猛打，后秦军措手不及，大军被杀散，姚泓的御用器物都被晋军缴获。沈田子诸部遂继续进攻关中，郡县多降。

仗打到这个份上，后秦已经没有希望了。姚泓将诸军收合在长安周围，企图做困兽之斗。晋军一时攻不进，王镇恶便以舟师溯渭水而上。北人不惯坐船，看到王镇恶所部的舟师行动迅速，船外都看不到划船的人，以为南军有神明相助，军心更加溃乱。王镇恶到达长安城外，把船都扔到渭河里顺流冲走。他激励将士，事已至此，绝无后路，唯有猛攻长安才能有活路。北府将士奋勇冲杀，打败姚丕的防守部队，突入长安平朔门。长安其他防守部队纷纷来攻，均被晋军击败。姚泓无可奈何，只好率宗族出降。姚泓本人被押送至建康斩首，宗族子弟皆被杀。后秦遂告灭亡。

三、关中失陷

在长安停留期间，刘裕多次遣人催促东晋中央授九锡、晋封王爵，为代晋称帝铺路。417年十一月，刘裕留在后方的头号心腹刘穆之病亡，刘裕自感后方不稳，便决意班师。关中父老到营中请求刘裕留驻关中，说："残民不沾王化，于今百年，始睹衣冠，人人相贺。长安十陵是公家坟墓，咸阳宫殿是公家室宅，舍此欲何之乎！"

刘裕虽然感慨万分，但仍决意东归。他留下王镇恶、沈田子、王修、毛德祖等人，率一万余精兵守关中。为了取信于诸将，他还把年仅十二岁的儿子刘义真留下，让其以安西将军的名义镇守长安。

虽然刘裕北伐取得了辉煌的胜利，但他毕竟摆脱不了国内政局的限制。北伐的终极目的仍然与当年桓温一致，是为了积累代晋称帝的政治资本。刘裕的势力基本都在江东，这注定了他不可能长久地把主要精力放在北伐上面。

从现实情况分析，刘裕继续北伐是不具备条件的。

第一，南北社会形势变化巨大。东晋南渡已百余年，在漫长的时间里北方已经被改造得面目全非。北方遍地胡风炽盛，汉人豪强大族已归心于胡族政权。民心思静思安，对胡族政权的抵制更多体现在对战争的反感上，而非民族畛域之别。所谓光复中原的旗帜，已不足以号召和引领北方遗民。

事实上，刘裕西进关中时，中原和关陇的汉人遗民，并没有对晋军表现出多少兴趣。关中士民之所以想留住刘裕，看重的是他的声威。刘裕留则关中安，刘裕去则关中乱，仅此而已。北魏司徒崔浩分析形势，很精准地预测了刘裕取关中的尴尬景况。他认为"裕欲以荆、扬之化施之函、秦，此无异解衣包火，张罗捕虎；虽留兵守之，人情未洽，趋尚不同，适足为寇敌之资耳"。此言可为确论。

第二，晋军久战力疲。自刘裕起兵灭桓玄以来，十三四年间东征西讨，兵力疲惫已极，虽然账面成绩斐然，但持续作战终非人力所能为之。远征关中后，诸将士卒都有东归之念，可为明证。以疲惫之兵远征西北，如果再打下去，晋军有败而无胜。

第三，夏、魏都是劲敌。当时北方的两大强敌，一是大夏，一是北魏，这两国都是新兴政权，绝非南燕、后秦这种衰败之敌可比。北魏强在政治稳定、民心安定，绝非一战而能灭之的对手。如果北魏真的不计损失地出兵堵截刘裕的归路，双方在河南激战，就算刘裕能胜，也必然两败俱伤。这种局面不是刘裕想看到的。大夏之强在于其军队的战斗力，赫连勃勃以奇峰突起的游击战术拖垮后秦，对关中虎视眈眈。且其兵种主体为骑兵，在北方作战优势极为明显。纵使刘裕亲自出马，以高明战略弥补战术层面的劣势，估计也只能保持均势。

大概是基于这些因素，刘裕才不得不班师。

赫连勃勃一俟刘裕退走，立即发兵三四万进攻关中。赫连勃勃的谋士王买德早就料到刘裕志在篡晋，不会死守关中，其留幼子为镇将，只不过想安抚诸将。这种镇守模式，必然无法并力固守。

赫连勃勃发挥其骑兵速度快的优势，分诸军为四路：一路由赫连昌率领，攻潼关堵塞水陆通道；一路由王买德率领，攻青泥关堵住关中南大门；一路由太子赫连璝率领攻长安；赫连勃勃自率大军为诸军后援。

在外敌逼迫之下，刘裕留幼子坐镇的弊端暴露无遗。王镇恶祖居关中，是前秦名相王猛的后人，很得关中人心。沈田子、傅弘之等人因争功，与王镇恶互不相下，对刘裕说怕王叛乱。刘裕却说，王修、傅弘之等十几位都是江东人，十几人难道还敌不过一个王镇恶。

由于史料缺乏，不好推断刘裕当时到底有没有怀疑王镇恶。对沈、傅二人说此话的目的，究竟是缓和诸人矛盾，还是授意他们监视王镇恶，也不好下定论。

如果有刘裕本尊在此，这种话说说无妨，但他一走，这话就成了播乱之言。

夏军进逼，沈田子不敢与战，率军退还。王镇恶斥责沈田子故意不战，沈田子大怒，设计邀其入营，在帐中杀了王镇恶，并假称受刘裕之命斩之。刘义真、王修怪沈田子擅杀大将，又将沈田子逮捕处死。

转瞬之间，晋军两员最能打仗的大将死于非命，还谈什么抗御敌军。夏军趁势进攻，打到池阳（今陕西三原）。幸亏傅弘之率军拼死迎战，才暂时止住夏军攻势。

但不久刘义真又犯了浑，他不满参军王修处处管束他，杀了王修。王修一死，晋军失去了主心骨，军心大乱。刘义真慌忙召诸军尽皆退回长安城，关中郡县全都白白拱手送人。

刘裕闻知关中变乱，马上遣大将朱龄石到长安代替刘义真，但为时已晚。刘义真在长安大掠一番，带着大批珍宝辎重东返。傅弘之苦劝不听，结果被夏军追骑所破，全军覆没，傅弘之被擒杀，刘义真藏在草丛中侥幸脱身。朱龄石徒有文武之才，可惜长安孤城难守，被迫烧城而退，结果也被夏军追擒。

至此，潼关以西的地盘全部沦丧。刘裕北伐的成果丢了一半。最为可惜的是，朱龄石、朱超石、王镇恶、沈田子、王修、傅弘之等一大批出类拔萃、久经战阵的将领们命丧关中，这才是对刘裕最大的打击。

刘裕忙于完成篡晋的最后程序，虽知关中陷落，一度想要北伐报仇，但经大臣们劝说，也只好登城遥望、慨然流涕了。

刘裕的成功之路（下）

420年六月，刘裕接受晋恭帝司马德文之禅位，即位为帝，国号宋。南朝从此进入刘宋时代。晋、宋之易，不仅是国号、皇帝的变化，刘裕以其庶族身份掌握最高权力，也大幅改变了东晋以来的政治格局、社会形态，革除了前朝很多弊病。

这也体现出刘裕过人的政治才能，他不仅是一位军事强人，更是眼光长远的政治家，所以南朝才能走出东晋这个死胡同，柳暗花明，重新走向强大。

一、灭刘毅与打击士族

京口二十七将结义起兵之时，虽然刘裕因为军功被推为盟主，后来也顺利成为统帅，但他的出身一直是个短板。刘裕明白自己绝无可能将传统的王谢高门士族收买利用，对他们一直采取的是高压态势，能用则用，不能用则杀，绝无妥协的可能。

这一政策很快引起大族的反对。

当时在刘裕军事集团的内部，也有人反对诛杀士族，其代表人物便是刘毅。

刘毅也是彭城人，后为北府兵司马，与刘裕有着相似的出身。在平定桓玄、恢复晋室的战争中，刘毅发挥了重要作用。刘裕坐镇建康，刘毅往往领兵在外，其威望与名位仅次于刘裕。起初结义起事，刘毅与刘裕的地位其实并无高下之分，用刘毅自己的话说，对刘裕只是一时相推，并非一开始就尊他为主。

刘毅的为人风格与刘裕颇有不同。刘裕是个纯粹的粗人，不读书，字也写得极丑。东晋士族喜好吟诗作赋、坐论清谈，刘裕既不通门路，又极为厌恶。当时的士族人物对大老粗刘裕颇有抵触心理，他们顽固地坚持着南渡以来士族执政的政治传统。或许在内心深处，他们认为刘裕不过是苏峻、祖约、刘牢之之徒，虽然靠着兵力能称雄一时，却不会成大气候。

一直以来，士族惯于凭借地位身份耍弄清高。当年桓温权倾朝野，谢安被辟为征西府司马，竟然敢在大众集会时故意晚到。当年蔡谟不受朝廷之诏，也敢把皇帝和大臣们晾在朝堂不去见面。

刘裕被朝廷任命为太尉，百官按例都要来恭贺，众人已至，唯独名士谢混（谢安之孙、谢琰之子）晚到，而且衣冠不整，摇摇晃晃，甚是违礼。刘裕很生气，问他为何这般浪荡无礼。谢混掉着书袋说，刘公光大伊尹、周公扶危定倾的传统，肯定要向天下表示开放的胸襟，我谢混要跟您同步，说着还故意把衣服解开，做出一副开放胸襟的模样。

这一行为激怒了刘裕，虽然当时他没说什么，却颇为疏忌。后来谢混倒向刘毅，无罪而被刘裕处死，不能不说与此有关。

刘毅与刘裕不同。刘毅好读书，善咏谈，具有较为深厚的文化素养，与士族人物多有交往。殷仲文、郗僧施、谢混等人都是一流士族的后人，都与刘毅交情深厚。刘毅甚至还把郗僧施比喻为诸葛亮，说两人的关系是刘备与孔明的关系。

这种故意与刘裕示以分别的做派，其根本原因是刘毅与刘裕的权力之争。起初刘裕不愿自任扬州刺史，推士族代表王谧出任，但王谧不久便死了，朝议推举继任者，刘裕还想延续大族人物出任的惯例，刘毅便趁机推荐谢混出任。

好在刘裕的心腹刘穆之眼光老辣，劝刘裕说，扬州刺史是最要害、最敏感的位置，绝不可假手他人。当初让王谧出任只不过是演戏给人看，现在局势已稳，如果还演戏，怕会弄假成真，真的把京师禁卫军权和居中辅政的大权让予他人。何况谢混的名望比王谧只高不低，背后又有刘毅撑掇支持。刘裕恍然大悟，于是自领扬州刺史之职。这一事件，正是刘裕、刘毅矛盾公开化的标志。

410年，卢循乱军逼近建康，何无忌战死，内外惊恐。刘毅当时坐镇姑孰城，闻讯要率兵镇压。刘裕当时远在南燕，遣刘毅从弟刘藩回去制止刘毅出兵。

刘毅当时正好生了病，出兵之事本来去不去两可。但刘藩到来之后，刘毅却气得说："我以一时之功相推耳，汝便谓我不及刘裕也！"还把刘裕的书信掷之于地。

二刘之争，此时已是公开的秘密了。当时刘裕出兵伐燕，刘毅就曾劝阻，此时刘裕制止刘毅平乱，也是防止其积累功劳、增长威望。无奈刘毅脾气大本事却不大，桑落洲一战输得无地自容，被迫请罪外镇江州，不久后又被刘裕安排到荆州当刺史。

刘毅的势力、党羽都在江东，其在荆州全无根基，这种人事安排，是让他远离政治中心。但刘毅雄心不灭，到荆州上任时，竟然扣留了他原统领的豫州、江州将士、吏员一万余人。

这么做，就是公然搞分裂了。刘裕以军功起家，对军事有着异乎寻常的敏感。之前他对刘毅一直宽容三分，能不撕破脸尽量不撕破脸，但刘毅把事情做到这个地步，两人之间就再也无妥协的余地。

412年九月，刘裕先捕杀刘毅从弟刘藩，以及刘毅的党援谢混，而后亲率大军溯江攻荆州。刘毅的军事才能远不及刘裕，加上他在荆州又没什么根基，所以刘裕大军一来，刘毅就痛快地认输自杀了。

二、刘穆之始末

刘裕不亲近世家大族，政治上也绝不依赖他们。京口结义的二十七将中全部都是名位甚低的中下级军官，基本都没有士族背景。

刘裕的左右手、大将何无忌推荐了刘穆之。刘穆之世居京口，也是地位不高的庶族人士，早年当过主簿，由于门第限制，虽然才高八斗，却因只精通庶务，与士族吟咏清谈的风格不搭调，所以没有多高的名气。

他投奔刘裕时已经四十四岁，人到中年，饱经沧桑，阅历、见识、能力都已达高峰，是个非常合适的政务型人才。京口二十七将大都是北府旧将，偏于武职，对政务不怎么了解。刘裕当时急着用人，便任命刘穆之为军吏。没想到，刘穆之从此成为刘裕的第一心腹，在刘宋建国历程中发挥了无与伦比的作用。

刘裕平定桓玄之乱后，在建康重新规整局面，面对士族观望、敌对的势力丛生、战争频繁的严峻形势，刘穆之帮助刘裕处理各方关系，有条不紊地打理政务，使得局面迅速稳定下来。这与刘穆之早年积累下来的治事之能是密切相关的。

刘穆之的才能更多地体现在对政治形势的把握上。

刘裕在军事上固然是一个敏锐英明的高手，但对政治却没有深刻的洞察力，刘穆之正好在这方面有过人之处。他很早就看出京口二十七将的结盟，只是为了对付共同的敌人桓玄而暂时走到一起，没有深厚的政治联系。他说，刘毅、孟昶等人对刘裕"事有前后，故一时推功，非为委体心服，宿定臣主之分也。力敌势均，终相吞咀"。

407年王谧死后，朝议扬州刺史和录尚书事等要害职务时，刘毅、孟昶就试图瓦解、限制刘裕的势力，想让刘毅的死党谢混出任扬州刺史，让孟昶担任录尚书事。刘裕本来无所谓，感觉只要军权在手，朝政怎么安排都行。刘穆之敏锐地发觉了刘毅、孟昶等人的图谋，力劝刘裕把这两个军政要职牢牢抓在自己手里。刘裕也一点就透，及时回击了刘、孟二人的心思伎俩。

事情后来的发展也验证了刘穆之的判断。孟昶与刘裕的政治分歧越来越大，在平定卢循之战的紧要关头，孟昶故意坚持朝廷到江北暂避战祸，在政治上和刘裕唱反调，企图制造刘裕令朝廷播迁的不良影响，就像当年苏峻之乱迫使庾亮出居外镇一样。刘裕终于和孟昶决裂，逼其服毒自杀。

刘裕四出征战，刘穆之或是随军出征，或是留镇后方，既管军务，也管政务，替刘裕处理了绝大多数庶务。他把各方面的事情都处理得井井有条，可以说是刘裕的政治机器上最核心、最关键的部件。没有刘穆之，刘裕绝不可能顺利地发展壮大。

刘裕对刘穆之也绝对信任。随着刘裕政治势力的发展，单靠刘穆之一个人不足以处理繁剧的事务，刘裕便让刘穆之以前将军的身份开府，给他配备了多达二万人的僚吏。这样一来，刘穆之的身份其实变成了刘裕的丞相。

刘穆之头脑敏捷，精力过人。他与朱龄石都精于处理公文事务，时人经常将刘、朱二人比较。朱半天时间能处理八十函公文，刘能处理一百函，足见其能。

刘穆之接待宾客十分健谈，谈论时事有时能说一天而不疲惫。他处理完公务，一有闲暇还读书校点，不停地书写记录。这种勤奋的作风，在东晋传统士族中很少见。在当时士族不亲庶务、只尚清谈的大环境中，显得弥足珍贵。正是有这样的品格和能力，刘穆之才能在晋宋之交的大变局中，充分展现出自己的魅力与光彩。

刘穆之不仅在政治上是刘裕的得力干将，在生活和情感上也是刘裕的良助。刘裕没什么文化，言谈举止不免粗鄙，刘穆之经常提出建议。刘裕写字很丑，容易在士族们面前露怯。刘穆之便劝他写字尽可能地大，一张纸六七个字就写满，这样便能以气势弥补字丑的短处。

所以刘裕对其颇为依赖，北伐后秦时，刘穆之积劳成疾去世，终年五十八岁。刘裕闻知如丧肝胆，急忙赶回建康。个中缘由，虽说与急于篡晋有关，但刘穆之这根台柱子断折，终究令刘裕心不自安。

三、义熙土断、分割荆州以及整顿内政

刘裕目睹东晋末年政治、军事和社会方方面面的弊端，进行了许多改革。

历来改朝换代，改革是先行之举。唯改革才能带来新气象，唯改革才能革除旧弊、赢得民心。刘裕能认识到这一点，是他区别于以往的士族和武将们的关键所在。

刘裕在413年实行了土断。所谓"土断",就是对混乱的户口政策和行政区划进行整顿。晋朝南渡以来,许多北方人跑到江南,包括东晋皇族在内,都认为南渡只是暂时的,有朝一日定会返回北方,但一时半会儿又回不去,便在江东设置了许多侨置州郡,以示他们的籍贯还在北方。

比如豫州,本来治所在河南汝南一带,但是东晋在合肥、寿阳一带设立了侨置的豫州。兖州、青州、冀州、幽州、并州都在北方,东晋也在淮南、江北一带设置了对应的侨置州,由于机构过多,难免重叠,像兖州、青州,都挤在实际的扬州范围内。

州郡的混乱是一方面,户口混乱是另一方面。南迁的世家大族都拥有北方的户籍,他们往往处于政治上的高位,朝廷为了优待他们,宣布对北方户籍的人实行赋税减免政策,也就是所谓的"黄白籍并行",黄籍是传统户籍,白籍则是北方流寓到江南的。这种政策的初衷是怜悯北方人到南方没有土地产业,但随着世家大族在南方扎根,他们占据了大量土地、湖沼、山林,朝廷对其还予以减免赋税,难免造成不公。

同时,随着北方战乱加剧,南下的人越来越多,一味实行白籍优待,那么南方本地人的负担势必越来越重。所以很多南方人都想办法改成白籍,或者干脆隐瞒户口,投入到世家大族的名下,以逃脱沉重的赋税。

这样便形成了恶性循环,国家控制的正规户口越来越少,而世家大族掌握的户口越来越多。世家大族之所以能联起手来把司马氏皇族架空,就是因为经济基础在他们手里。

刘裕搞的土断,重点就是针对黄白籍并行这个弊政来的。他一方面下令依界土断,也就是取消和调整了一批侨置州郡,没用的干脆废掉;另一方面,根据州郡名实一致,户口也全部使用黄籍,取消对北方户口的优待政策,所有人都按统一标准纳税。

为了配合这一政策,刘裕还加大对流民的清查登记,从世家大族手里抢回来人口。同时还禁断山泽，也就是迫使世家大族把多吃多占的田产、湖沼、山林上交国家，再由国家分配给百姓耕种使用。

这么赤裸裸地跟大族要地要人，自然不会是和和气气、顺顺利利的。很多大族都暗地里抵制，余姚大族虞亮私藏流民，他家里居然有多达一千户五千余人的隐户，没有向国家交代。刘裕清查发现后，立即将虞亮处死，这给士族带来极大震慑，使得土断的推动工作顺利了许多。

土断带来的效果十分明显，中央政府能够控制的人口数极大扩充，赋源大大增长，国力因此变得强大了很多。虽然刘裕只在位两年多就去世了，但他的儿子宋文帝之所以能取得元嘉之治的太平盛世局面，跟土断的经济红利是分不开的。

除了经济方面的改革，刘裕还在军事上做出重大调整。东晋之所以皇权不振，在于军队和方镇都掌握在士族手里。刘裕把北府兵牢牢控制在自己手里，不让任何大臣、贵族管领。地方的州郡，他也大量派出自己的儿子、亲族去坐镇，像刘义隆、刘义康、刘义庆、刘义宣等人，虽然只有十几岁，都被派到荆州、徐州、江州等重要的大州当刺史，以加强对州镇的控制，防止大臣夺权。

对地方政区，刘裕也做了调整。东晋百余年间，荆州始终是士族对抗中央的重要基地，原因在于荆州地盘太大，从豫州南部一直到南海，都是荆州的范围。为防再有野心家作乱，刘裕在荆州的南部设了十个郡，新置湘州。湘州以南的广州和交州，以前时立时撤，荆州的士族一强大，就会把这两州吞并。这时有了湘州的阻隔，荆州没办法向南扩张，这样就断了荆州成为巨无霸州的行政基础。

削弱荆州后来成了刘宋历朝奉行的基本国策，一朝接一朝使劲削，到了宋孝武帝时代，荆州从宋初统管三十一个郡的巨无霸，沦落成只有十二个郡的州。特别是襄阳一带被割出来分置雍州，南朝的精兵都集中于雍州，以至于形成了"荆州本畏襄阳"的说法。荆州彻底没落，再也没有人能据荆州闹出大动静了。

刘裕还鉴于东晋屡屡出现太后干政、外戚擅权的弊政，明确了太后绝不能参与政治的原则。对于权臣也有防范，刘裕不允许给重臣配军队，即使是贵重之臣居中辅政，出于警卫的需要，也只能以台军（皇帝的禁兵）充作暂时保卫。东晋屡屡出现的士族在外州建立军府的情况，刘裕也诏令禁绝，以防再现大族遥控中央。

总而言之，刘裕不仅是一个军功鼎盛的皇帝，其政治视野、政治水平以及思想深度都有过人之处。他以一己之力开创的刘宋王朝能够享祚六十年，居于南朝四朝之冠，这份功业足以傲视东晋、南朝了，称他为南朝第一帝，实不为过。

元嘉北伐到底败在何处？

宋武帝刘裕于422年去世后，刘宋经历了少帝刘义符风波，刘裕第三子刘义隆即位，是为宋文帝。宋文帝在位期间政治相对清明，社会经济得到良好发展，刘宋王朝一度出现了"元嘉之治"的良好局面。

宋文帝颇具雄心，他一心追慕父亲两次北伐的光辉战绩，于元嘉七年（430）、元嘉二十七年（450）、元嘉二十九年（452）针对北魏发动了三次北伐。遗憾的是，三次北伐无一例外地失败了。按理说元嘉时代全盘继承宋武帝朝的方针，将和兵都是武帝的老臣宿将，为什么就是打不胜呢？

一、北伐是个时代命题

史家对宋文帝的元嘉北伐进行过根本性的讨论，即三次北伐到底有无必要？这其实犯了后见主义的错误。后人看到的自然是元嘉北伐导致刘宋国力、军力衰败,特别是丧失了河南的土地,在宋魏对峙中逐渐趋于弱势。但是在打仗之前,谁又能料到有此后果呢?以果推因,对历史、对古人是不公平的。毕竟当年宋武帝北伐后秦时,曾经在黄河一线狠狠击败过北魏军。刘裕时代,北魏的一兵一卒不敢过黄河,这是刘宋举国有目共睹的,从这一层面看,刘宋北伐是有历史底气的。

从现实需求看,北伐是南朝政治生活中一个主导性的时代命题。

晋朝南渡以来,北伐恢复中原、还都洛阳,乃至驱除五胡,是一个不容置疑、天然正确的政治性任务。所以上至祖逖、庾亮、桓温、谢万、褚裒、殷浩、谢玄等历次北伐,下至刘裕伐南燕、后秦之战,无论动机是公是私,其法理正确性是毋庸置疑的。

作为正朔所在,中原是维系南朝政治法统的物化表征。领土版图中没了中原,南朝固然能偏安于一隅、苟延残喘,但如果主动放弃中原,那么皇帝的法统便会受到质疑和挑战。东晋皇帝惧怕桓温、刘裕北伐成功后篡位,但也不敢从政治上否定北伐的正当性,顶多是从准备不足、时机不成熟等细枝末节层面无力地呻吟几声。

到了刘宋王朝,这种政治正当性还存在吗?答案是肯定的。

425年,宋文帝遣使到北魏,就表达了这种政治正当性。宋使说:"河南旧是宋土,中为彼所侵,今当修复旧境,不关河北。"所谓"为彼所侵",指的是宋武帝去世后,北魏明元帝发兵渡黄河攻陷河南虎牢、滑台、洛阳、陈留,以及山东青州等地。

也就是说,面对北魏的主动挑衅,如果仍无动于衷,坐视土地丢失,那便是对武帝事业的不忠、对皇统尊严的解构。当时的宋文帝刘义隆刚刚诛杀了宋武帝留下来的三位顾命大臣徐羡之、傅亮、谢晦,正需要采取某些行动来强化自己的正义性。

从军事形势看,北魏帝国相对大夏及河西诸凉,显示出剽悍的生命力与勃勃野心。河南、山东之地多平原，这种地形难以构成天然阻隔，双方爆发冲突是迟早之事，那么何不趁国力正盛，提前进行军事制衡呢？

二、第一次北伐：到彦之无谋断送大好局面

430年的北伐，一定程度上可以说是刘宋对北魏南侵河南的报复。

刘裕伐后秦的一大成果是全取河南，将国防线顶到了黄河一线。从地利上来说，无疑为后来的刘宋取得了极好的国防优势。但苦于黄河水道河窄水弱，夏秋倒还好说，到了冬春季节，或河水结冰，或水窄易渡，存在季节性的防守短板。

北魏正是利用了这个短板，于423年至424年突破黄河防线，并经过惨烈的围攻夺取了洛阳、虎牢、滑台、碻磝四个沿河重镇。但好在北魏明元、太武二帝交接，北魏没有把军事重点集中于攻取河南，而是优先打击大夏与柔然，这给了刘宋巩固战线、北伐收复失地的战略机会。

430年三月，宋文帝以到彦之为主帅，率五万大军沿淮泗水路入黄河；骁骑将军段宏率八千精骑陆路直取虎牢，豫州刺史刘德武率一万步兵跟进；长沙王刘义欣再率三万人作为诸军总援。北伐总兵力近十万人，规模可谓不小。

北魏方面，魏军夺河南四镇后，由于军事重心不在河南，只留了少量兵力固守，所以宋军发动北伐后，魏军南边诸镇纷纷要求把幽冀精兵调到南线，与宋军对决。北魏重臣崔浩认为马上就要入夏，黄河、淮河处于丰水季，南军行进便利，建议当暂避宋军的兵锋，等秋凉马肥，再发兵渡河与宋军决战。

崔浩的看法基本上符合当时的实际，但魏主拓跋焘在南部诸将的固谏下，还是调幽州一部分兵力南下，并在漳河造战船数千，准备与宋军决战。

到彦之对形势的判断、时机的把握，远远弱于崔浩。他既没有看到宋军的季节性优势，也没有抓住魏军犹豫不定的时机，而是慢吞吞地进兵。因为淮泗水道水量不足，有时一天只能行进十几里。一直到七月份，到了崔浩所谓的"秋高马

肥"之季,宋军主力才到黄河一线,可战机早已失去了。

即便是这样,魏军仍然战略性放弃了洛阳、虎牢、滑台三城,守军全部奔还河北,到彦之分兵进驻诸城。此时北魏与大夏的战事进行到白热化阶段,北魏内部围绕继续西征大夏还是南御刘宋,产生了非常大的分歧,最终魏主拓跋焘与崔浩取得共识,他们判定宋军不会很快北进,便继续以主力进攻大夏。

这个总体战略布局,其实冒着极大风险。刘宋大军虽然速度慢,但已进抵河南腹地,从黄河沿线向河北发起进攻,距离极近。如果宋军直取邺城、中山诸镇,势必引起北魏腹地大震,届时攻大夏的诸军要远道回撤,河北诸军也顾不上打河南,都要回兵救急。

但拓跋焘、崔浩之所以敢赌,就是掐准刘宋无人会突施妙手,大胆北攻。那么宋军表现如何呢?到彦之果然严格遵从了宋文帝的政治目标,只攻河南、不进河北,坐拥大军停驻于东平。这无疑丧失了乘虚而入的大好战机。

当年十月,静坐不进的宋军诸部遭到北魏军反攻,洛阳、虎牢相继被攻下。到彦之大惧,马上要率兵南撤。

其实宋军入据洛阳、虎牢为时尚短,防守不固而丢失城池,是兵家之常事。宋军中时年六十四岁的老将王仲德就劝到彦之,不必因为二城之陷而恐慌,可以依托滑台城较为强力的驻军,与魏军对峙。殿中将军垣护之也劝到彦之充分利用山东物资充足、黄河水道畅通的有利条件,以更为积极的态势相机进攻河北,以战略上的灵活主动扭转局面。

但到彦之已丧失斗志,借口眼疾发作,焚毁船只,从陆路南奔彭城,诸将也随之奔还,遗弃军资器械无数。唯有滑台城朱修之所部坚持抵抗,与北魏军大战数月,终因粮尽力竭,城破被俘。

北魏军继续反攻山东,宋文帝急遣名将檀道济率军北上救援。檀道济在济水沿线与北魏军大战三十余阵,摧锋逐北,打得北魏军连连退避。但宋军补给不足,无力继续反攻黄河四镇,檀道济见好就收,率军全军南返。

第一次北伐至此结束。

三、草草的第二、三次北伐

430年北伐后，北魏将重心逐渐转移至河南方向，宋军无力再攻，只能在河南淮北苦苦支撑。

到了446年左右，北魏关中地区爆发了盖吴起义，连兵数年，北魏骚动不安，宋文帝又欲乘机北伐，收复河南。他陆续派儿子武陵王刘骏和竟陵王刘诞出镇雍州，又派南平王刘铄出镇豫州，弟弟江夏王刘义恭镇彭城，经营缘边诸重镇，为北伐做准备。

一些在武帝北伐时从关中、河东南下的武人，也都极力迎合宋文帝，为其建北伐之策，使得宋文帝雄心陡起，又想和北魏掰一掰腕子。

其中较为突出的是王玄谟。王玄谟祖籍太原祁县，祖辈在南燕做官，南燕亡后南下。王玄谟屡屡向宋文帝献策，建议就近从雍州一带出兵，直取洛阳一带。不过他的大多建议都是大而无当的空谈，但越是这种狂甩结论的观点越有诱惑性。宋文帝被他说得浮想联翩，以至于对人说："闻王玄谟陈说，使人有封狼居胥意。"

450年，宋文帝借北魏骚扰淮北之机，遂再次发动北伐。没有任何军事经验的王玄谟被任命为主帅，率主力数万人从黄河水道攻滑台；青、冀二州刺史萧斌统山东之众为王玄谟的后援；武陵王刘骏率徐、兖之众，南平王刘铄率荆、雍之众，刘秀之率梁州、汉中之众，各自出兵北击；江夏王刘义恭在彭城居中调度。

这次北伐调动的兵力十分浩大，涉及的州郡也非常多，刘宋军费一度不敷。宋文帝先是令王公、妃子、公主、朝廷官员、富户捐钱助军，但捐钱数少，不够军用，又找江东的富户借钱，家资五十万以上的富人，满二十万以上的僧尼，都强制四分借一，等到战后再还。

钱不够用，兵员也不够用。宋文帝在江东和淮北强制征兵，所有百姓三丁取一、五丁取二，大量扩编军队。

这场浩大的战争，居然准备得如此仓促，打仗不靠国家常备军，而要靠临时征发的百姓从军，也算得上是咄咄怪事。这种拼凑起来的军队，能有什么战斗力？在北魏剽悍的骑兵面前，又能抵挡得了几招几式？再加上前线那位靠嘴搏出位的王玄谟，这次北伐，只剩下账面上的成色了。

太子步兵校尉沈庆之素有将略，是当时一位难得的将才，被任命为王玄谟的副将，但他对北伐之事不抱乐观态度。他反复对宋文帝说，南军多步，北军多骑，步兵打不过骑兵是显而易见的。檀道济、到彦之都不行，这位王玄谟又怎能行？

宋文帝对反对意见无一采纳，固执地支持王玄谟北进。北伐军进至黄河，王玄谟留沈庆之守在碻磝津，自率主力进攻滑台。宋军一连攻了几个月打不下来，诸将请求向城内多射火箭，焚毁城中房屋，但王玄谟自恃兵多早晚能攻下，想夺取城中物资，拒绝了火攻之策。

洛阳、虎牢一带的豪强听说宋军到来，纷纷到军中请降。王玄谟贪而无谋，没有善待降者，反而把他们都配给自己的心腹做部曲。他还在军中大搞营利活动，卖一匹布，强行索要八百梨，弄得人心大乱。

宋军久攻滑台不克，北魏太武帝拓跋焘率大军号称百万来救滑台。王玄谟不敢与战，率军退还，士众、物资所剩无几。

虽然宋军西线柳元景所部连克弘农、函谷、陕县，关洛一带大震，但大局顿坏，局部胜利于事无补。拓跋焘率军急驰南下，一直打到长江边，与宋文帝隔江相望。第二次北伐宋军败得灰头土脸、名实俱无。

天幸拓跋焘不久即死，北魏的攻势稍缓。宋文帝急于挽回颜面，又于452年强行发动第三次北伐。

这次北伐兵力部署仍然是老一套，分进合击，一路从荆州攻许、洛，一路从雍州攻潼关，一路由黄河水道攻碻磝。三部兵力之间不呼应、不配合，各打各的，名曰分进合击，实则分路送死。其中最令人不可理解的是黄河水道的一路。

这一路是主力，但主帅居然是一个从来没有打过仗的文官张永。张永善于舞文弄墨，在政务上也颇有一些治绩。宋文帝认为此人必然是一能而百能，不顾诸臣反对，任命他为主将。

张永率众进攻碻磝，既无战略上的变化，也没有战术上的奇招，沿用前两年王玄谟围城死打硬拼的办法，呆板地攻城、苦斗、相持。北魏军试探着乘夜出门突袭宋军，结果张永惊恐万分，贸然撤围退走。这位缺乏军事经验的主将，也不向诸将告知意图，独自领军退走，导致诸军大乱，被魏军追杀，死者甚众。这场准备潦草的北伐，便又潦草地以失败告终。

四、北伐失败的反思

元嘉北伐虽然具有政治上的正当性，国力上也具备一定条件，但三次大战都输得狼狈不堪，自然与步兵敌不过骑兵、北朝动员体制更高效等客观因素分不开。然而举国体制下的战争，决定战争胜负的原因是多方面的。

其一，宋文帝对战争的准备不充分。战争准备不是简单的集结兵力、准备物资，通常还包括政治准备、军事体系准备等。宋军政治准备第一次尚可，第二次就稍显潦草，第三次基本没什么准备了。国内的反对声一片，宋文帝强行上马，内部力量都没有统一协调好，怎能取胜？

军事体系的准备更是从开始就一塌糊涂。发动举国层面的大战，军事动员要跟上，以保证兵员充足；补给系统要健全，以保证打得起持久战争；国家备战思想要保持，以保证军事力量不断线；国防纵深体系要建立起来，以保证全局稳定，不至于一输就崩。

刘宋的军事动员体系比北魏的笨拙，国家常备兵力不足，过分依靠徐、雍、荆、扬几州的兵力。这些兵力从后方输送到前线的时间过长，临时调发的也过于散漫而粗野。第二次北伐居然要在扬州、两淮这些腹心之地进行大规模抽丁，攒鸡毛凑掸子，这是典型的失误。刘宋的国家纵深体系建设，是被宋文帝基本忽略的一个方面。许多大臣都提到，应该像东晋初年一样，加强沿边诸州郡的建设，适当下放权力，让边郡的长官们有权自行招募士众、开展屯垦、编练军队。这样既可以加强一线力量，战时也可以就地从前线抽兵北伐，省去不少时间精力，内地诸州也能逐次形成纵深防御。但宋文帝正处在加强皇权、裁抑州郡的政治阶段，不肯下放一丝一毫的地方权力。政治与军事战略脱节，刘宋不败何待。

其二，战略安排严重不当。宋文帝三次北伐，都采取了一路主攻、诸路并进的策略。这样的安排，在当时的技术条件下，倒也无可厚非。数十万人集中一路进攻，粮草无法保障，也不易发挥兵力优势。刘裕北伐后秦时，也采取了分路进攻的策略。

但问题出在战略安排不严密，没有形成诸路呼应的态势。以第二次北伐为例，当主力王玄谟部失败时，山东方向的萧斌、沈庆之还保持着较强的实力，这一路兵马可进可退，并非不堪一击。实际上，后来北魏大军只攻下了碻磝津，而没有继续东进。西路的柳元景进至洛阳、弘农一线，制造了局部优势，如果山东兵力配合进攻，雍州刘铄方向再发大军进攻黄河一线，未尝不能形成逆转局面。刘裕北伐后秦时，也曾出现过潼关一路进展困难，甚至局部失利的情况，后来顺利攻入关中，正是依靠各路大军互相呼应，多点开花，最终击溃后秦。

元嘉北伐则是过于依靠主攻方向，其余诸路往往处于边缘化状态，既无人关注，也无人协调，分兵战略反而分散了己方的兵力资源，这实在是一条重要的致败因素。

其三，优秀将帅严重缺失。三次北伐的主帅都是军事外行，而且一蟹不如一蟹。到彦之在政治上是把好手，不然也做不了宋文帝的辅臣，但在军事上此公实在全无经验。王玄谟就凭着一张嘴坐到高位，根本没有管领大军的本事。至于张永，纯粹就是希名图幸之辈，碰上宋文帝急于挽回尊严的心态，君臣臭味相投，才搞出来这样一场把战争当儿戏的北伐。

刘宋王朝不是没有良将，前有檀道济、王仲德，后有柳元景、沈庆之，只不过政治上不为皇帝所信任。如果第一次北伐不用到彦之而用檀道济，以宋军百战之余的战斗力，怎能只满足于攻下黄河四镇。

元嘉北伐失利后，刘宋王朝在军事上彻底陷入弱势境地，从此再也无力染指河南，只能苦苦支撑淮北防线。南朝的巅峰状态，仅维持了不到三十年，便倏然滑落了。

刘宋为何屡屡出现宗室内斗？

刘宋王朝享国六十年，开国之君刘裕雄才大略、气吞万里，宋文帝刘义隆也算得上励精图治、颇有作为。但这二位没有想到，貌似强大的刘宋王朝陷入了一个怪圈：每位皇帝即位时都会发生流血事件，或是宫廷政变，或是内战。刘氏子孙也在无休止的内乱中死亡。

据清朝汪中《补宋书宗室世系表序》所统计，刘宋皇族一百二十九人，被杀一百二十一人，死于骨肉相残的多达八十余人。

一、宋文帝首尾皆不善

刘宋皇帝的厄运，从刘裕一死，就被开启了。

422年，刘裕去世，三位辅政大臣徐羡之、傅亮、谢晦拥立太子刘义符即位。未及八个月，时年十九岁的刘义符不理政事，行为狂暴，徐、傅、谢联合檀道济发兵进入皇宫，废黜刘义符为营阳王。刘义符武力反抗，逃出皇城，结果被追兵杀死。

在废刘义符之前，徐羡之等人商量接替人选，因为义符无子，只能传位于诸弟。长子是义符，次子是义真。义真就是当年在关中杀了王修，弄得人心尽丧的败家子。这位二爷与义符一样没什么修养，都是横戾昏暴之人。徐羡之等人为防废一昏再立一昏，于是提前杀了义真。

这么做从国家大计考虑是老成谋国之举，但对刘氏皇族来说却是犯了大忌。刘氏子孙再怎么败家，轮不到异姓大臣说废就废、说杀就杀。三位辅政大臣虽说迎立了刘义隆为帝，但细思之下，他们杀了刘家的人，辅政大臣的位子终究做得不安稳。三人合计，把有军事经验的谢晦派出去镇守荆州，效法东晋时强力士族据上流以与扬州分陕而治的做法，制衡年轻的文帝。

但文帝刚一即位就下了狠手。一者二兄被杀，这是血亲之仇；二者荆州本是自己的势力范围，徐、傅、谢抄了自己的老巢，弄得根本不固，居心实属可恶。426年，文帝一面派檀道济、到彦之伐荆州，杀了谢晦全家，一面在建康逼死徐羡之、傅亮，这才巩固了局面。

刘裕出身武将，早年子嗣不旺。直到义熙初年夺取大权，才开始广纳姬妾，于404年至415年这十二年间生了七个儿子：义符、义真、义隆、义康、义恭、义宣、义季。然而刘裕长年率兵征战，既没有深厚的文化底蕴足以对诸子言传，更没时间身教。所以义符、义真二人疏于管教，不具备当皇帝的条件，被徐羡之杀掉也可理解。

文帝大概是因为二兄被杀，对其他兄弟格外照顾。四弟彭城王义康被委任为扬州刺史、侍中、太子太傅。文帝的首席大臣王弘死后，义康便成了实际上的宰相，朝政全由他负责，方镇长官以下的官员，文帝全都撒手让他管。但义康为人浅薄无文，权力过大后，身边围绕了一堆寒门人士，一力撺掇义康夺权。后来闹得主相生隙，文帝剥夺了义康一切权力，将其处死。

到了文帝末年，又发生了流血事件。文帝之子刘劭，在六岁时就做了太子，一直到453年，当了二十四年太子。刘劭年纪固然不大，但围绕在其身边苦等二十四年的官员们，盼不到出路，不免心生怨念，于是撺掇刘劭提前夺位。

刘劭以巫蛊之术诅咒文帝早死，后来事情败露，文帝虽然十分恼怒，但不忍加罪于刘劭，大概他能体谅儿子久做太子的苦衷。

文帝有一次对弟弟江夏王刘义恭发牢骚说：巫蛊之事，我原本只在史书上见过，没想到今天竟然发生在我们家。文帝明确表示，儿子急着当皇帝，我这位子早晚是他的。巫蛊这种事，未见得就能危及国家社稷，我也不怪他。他还煞有介事地提醒刘义恭，你的儿子也不少，以后家里千万别出这种事。

不仅嘴上这么说，文帝在实际行动上也显得相当宽大。453年，他诏令东宫的兵力增加到一万人，让太子带兵负责保护皇帝。可见，文帝还是非常看重父子亲情的。如果刘劭及时悔过认罪，一场大祸可能就大事化小、小事化了了。但刘劭显然已经乱了方寸，在错误的道路上越走越远。后来，有人告发太子还私藏着巫蛊案的罪犯，文帝听说后大怒，恨恨地放话要废掉太子。刘劭于是一不做二不休，联合同样对父亲有怨言的弟弟刘濬率兵杀进宫中，弑文帝后继承皇位。

可叹文帝英雄一世，在位三十年，创造了元嘉之治的良好局面，却没能处理好家室矛盾，落得个身首异处的下场。刘劭弑父性质十分恶劣，刘宋不承认他的帝位，称之为元凶弑逆，刘濬也被称为次凶。刘宋国内对这一事件反应激烈，很快引发了夺位战争。

二、孝武帝残杀宗室

刘劭弑父后为了笼络人心，到各处州郡加封诸王。武陵王刘骏（文帝第三子）、南谯王刘义宣、随王刘诞（文帝第六子）相继起兵讨伐刘劭。

武陵王刘骏长年总政于雍州，麾下兵力素称雄强，其部将柳元景、沈庆之、薛安都都是名冠一时的大将。特别是柳元景，第二次元嘉北伐独力攻至弘农、陕县一带，威名震于北魏。柳元景率军沿江东下，与刘义宣等军会合于建康城外，刘劭人心尽失，连其倍加信任的江夏王刘义恭都逃出建康，到刘骏军中劝其称帝。后来建康城破，刘劭、刘濬皆被杀，连带他们的儿子、女儿、妻妾也全都被处死。

以往政治性屠杀只杀成年男丁，幼子及女性都可免死，妻妾更是基本免罪。这次刘骏的做法，实在有些杀戮过滥。刘劭之妻殷氏被赐死前，愤怒地质问狱丞江恪："汝家骨肉相残害，何以枉杀天下无罪人。"江恪却说："受拜皇后，非罪而何？"

灭二凶后，刘骏称帝，是为孝武帝。孝武帝在位期间，又连续发生多次内乱和自相残杀的事件。

首先是刘义宣叛乱。刘义宣久镇荆州，实力很强。平定二凶之乱后，孝武帝为其加官晋爵，从南谯县王升为南郡王，任命其为丞相、荆扬二州刺史等，其部下将吏统统晋升。刘义宣自恃功高，不把侄子放在眼里，他固辞中朝官职不受，执意留镇荆州。

刘义宣虽然平时颇为傲慢，但起事之时公推刘骏为帝，没立即对帝位产生野心。只是此人素来才弱，见事不明，极易被别人鼓惑。

外戚臧质——刘裕臧皇后的娘家亲侄，当年在盱眙之战以一城之地力抗北魏数十万大军，一战成名。他自料是当世英杰，没把年轻的孝武帝当回事，在江州刺史任上，动辄截留各地运向建康的粮米，悖慢之意暴露无遗。只是他虽有野心，却无资格，因此想怂恿暗弱的刘义宣共同起兵，从而从中取事，待事成之后再算计刘义宣。

正好孝武帝逼奸刘义宣的几个女儿，激怒了刘义宣，于是刘义宣联合豫州刺史鲁爽、兖州刺史徐遗宝、江州刺史臧质共同起兵，进攻建康。当时刘义宣坐拥荆、江、兖、豫四州兵力，威震天下，孝武帝一度惊慌失措，竟要把皇帝的乘舆、法物送给刘义宣，也就是以帝位相让。竟陵王刘诞（平二凶后，由随王改封为竟陵王）苦劝，才使孝武帝下定了武力平叛的决心。

刘义宣指挥诸军进至梁山洲（在今安徽芜湖，又称天门山），孝武帝派柳元景、垣护之、王玄谟等，率军在前线构筑壁垒抵挡刘义宣。臧质建议一面以主力与柳元景对峙，一面自率精兵沿江直下进攻石头城，如此则可收釜底抽薪之效。但刘义宣被其党羽挑拨，怕臧质独成大功，于是执意不从。结果叛军坐困于梁山，数次进攻不得手，最终全军崩溃，刘义宣与臧质全都被灭门。

刘义宣死后，孝武帝又对竟陵王刘诞下了毒手。刘诞是文帝第六子，他在政治上一直坚定地支持孝武帝，在平二凶之乱、灭刘义宣两次大战中都立了大功。孰料功高震主，孝武帝对这位忠诚的弟弟也产生了疑心。

孝武帝先是将刘诞从中枢外放至京口，继而又把他徙至广陵。459年四月，刘诞心知孝武帝猜忌，借口防备北魏，在广陵修缮城池，积聚粮秣兵器。孝武帝派垣阆借口镇守广陵，前去袭击刘诞，不料风声走漏，刘诞迅速杀了城中的内应，闭城武力抗拒朝廷军队。孝武帝便遣老将沈庆之率兵围攻广陵。刘诞兵少，又惧怕沈庆之的威名，一度率亲信逃出广陵，可是天下之大竟无处可去，加上亲信们的妻儿老小都在广陵城中，只好再度回城据守。沈庆之屡次进攻不能得手，孝武帝大怒，要自率大军前往征伐，被刘义恭劝止。沈庆之感到压力巨大，他亲督诸军攻城，经历一番苦战，终于在七月初打破内城，击杀刘诞。

孝武帝对刘诞十分痛恨，城破之后，下令屠广陵城，幸赖沈庆之切谏，才保全了五尺以下的人，其余成年男人全部被杀，女人罚没为奴隶。孝武帝杀完人还不解恨，又将人头在广陵筑为京观。京观以往只有对外战争获得大胜，或是为了夸耀武功，或是为了震慑敌军，才这样做。孝武帝对自己的臣民这么做，实在是过于残忍。

除了这两年武装叛乱，孝武帝在位期间还陆续发生了多起诛杀宗室的事件。

南平王刘铄是文帝第四子，他素来与孝武帝不和，二凶弑逆时，他还接受了刘劭的任命。孝武帝即位后，派人下毒杀了刘铄。

武昌王刘浑是文帝第十子，生来缺乏管教，为人凶狠暴戾，经常因为一时生气，便拿刀砍杀左右僚属。455年，他到雍州任刺史，出于好奇，自称楚王，左右置百官。这位爱玩出了名的王子，当时只有十七岁，可以说未涉世事，纯粹是玩一玩、闹一闹。但孝武帝一怒之下，竟然派人把刘浑杀了。

海陵王刘休茂之死可以说也与孝武帝的高压逼迫有关。当时为了防范各州宗王，孝武帝派出典签加以控制，其事权之重，足以凌逼宗王。461年，时年十七岁的刘休茂因为事权不一，与雍州司马庾深之及典签戴双发生矛盾，结果在心腹张伯超的怂恿下起兵造反，杀庾深之和戴双，但旋即被当地守军诛杀。

三、义嘉之乱

464年，孝武帝去世，太子刘子业即位，史称宋前废帝，这位年轻的皇帝继承了其父的残暴。刘子业的母亲恼恨他不孝，赌气说大宋的皇位应当复归文帝之子，刘子业因此对诸叔大生疑惧。刘子业称湘东王刘彧为猪王；称始安王刘休仁为杀王，称山阳王刘祐为贼王，称东海王刘祎为驴王。刘子业几乎要杀了刘彧，幸亏始安王刘休仁劝解才罢。

465年，江夏王刘义恭联合柳元景密谋废掉刘子业，事泄被杀。这位宋武帝硕果仅存的儿子，被惨无人道地肢解，肚子被剖开，肠胃被拉出，眼睛也被挖了出来。

这位残暴的小皇帝多行不义，终于被刘彧密谋刺杀。刘彧随即登位为帝，是为宋明帝。刘彧的威望并不高，而且以宫廷政变夺位，于法于理不合，他即位后引发大规模动乱，史称义嘉之乱。

当时孝武帝诸子以第三子晋安王刘子勋为长，从宗法制度和继承制度来说，他们比宋明帝优先级更高。尽管刘子勋当时只有十一岁,并不会产生夺位之念,但挡不住一群野心家企图趁乱起事。

刘子勋时任江州刺史,代替他处理军务政务的镇军长史邓琬于466年正月传檄天下,立子勋为新帝,改元义嘉,起兵讨伐宋明帝。宋明帝并没有什么外镇的经历,对诸州镇的号召力远远不如当年的孝武帝,所以刘子勋的旗号一打出来,天下无不响应。各州镇的佐史辅臣纷纷打着孝武帝儿子们的旗号起兵围攻建康。远在北方的徐州刺史薛安都、青州刺史沈文秀、冀州刺史崔道固也响应刘子勋,反对宋明帝。

当时宋明帝所能控制的只有丹阳和淮南数郡,形势极其严峻。好在宋明帝临危不乱,任用沈攸之、萧道成、张永等人死守建康周围,坚决抵抗四面的叛军。而各地的乱军缺乏统一指挥,叛乱的两个主谋邓琬居中执政,因为纵容家人贪纵而尽失人心,雍州刺史袁顗也是个只会吟咏诗文而不通战阵的庸人。宋明帝经过八九个月的苦战,终于逐次平定叛乱,杀了晋安王刘子勋及邓琬等人。

义嘉之乱严重刺激了宋明帝。他即位之初本来想笼络孝武帝诸子,但经此一战,他明白孝武帝诸子个个都有可能成为野心家们的旗号,于是大肆诛杀宗室。孝武帝的十六个儿子、长沙王刘道怜的三个孙子,以及自己的四个弟弟,包括曾经救过自己并在义嘉之乱中出过大力的刘休若,均被诛杀。

至此,宋文帝诸子、孝武帝诸子,成年的基本都被杀尽。所以到了宋明帝去世,后废帝刘昱即位时,刘宋宗室已衰弱不堪,无力应对新崛起的萧道成,最终导致江山易手。

齐永明之治真相：日夜不安的篡位者

479年，刘宋王朝被萧道成所篡，南朝步入南齐时代。南齐国祚不长，首尾二十二年多，是南朝四朝中最短的，存在感历来都很弱。这个为时不长的朝代中，短暂出现过十年被称为"永明之治"的小治世，由齐武帝萧赜所缔造。

永明时代文风炽盛，南朝一改刘宋时代粗野的风格。然而细观其背后，却会发现，标榜文学的南齐皇帝们却始终在政治的阴影下战战兢兢，这是何故呢？

一、萧氏家族的文风

永明之治历来被称为文人的盛世，萧氏皇族带头学习文化，改变了刘宋以来皇族粗鄙少文的面貌，皇族在文化上开始与士族并驾齐驱。

也正是在这一风气的影响之下，南齐诞生了文学上的"永明体"，诗歌一改汉魏以来质朴简约的特点，讲究格律、对仗，用词华美，不论质量如何，观感上是极为优雅的。永明体对后来梁朝的柏梁体也有一定的影响。南朝文风之盛，其实就是从永明时代开始的。

像沈约、谢朓、任昉、萧子良，以及后来的梁武帝萧衍，一大批文学名士竞相涌现，他们代表了南朝文学的最高水平。从这个意义上说，齐梁陈三朝更像一体贯之的南朝，而文化上稍显惨淡的刘宋，与永明之后不是一个体系。

推其原始，永明文风的原初推动力，来自萧道成。

萧道成是南兰陵（今江苏常州武进区）人，在南朝属于后进士族，门第不高，所以只能凭功业进取。与刘裕家族不同的是，萧道成不仅在军事领域勤力奋进，成为淮北武人系统的佼佼者，而且在文化上也很用功。史载萧道成"博涉经史，善属文，工草隶书，弈棋第二品。虽经纶夷险，不废素业"。这和刘宋皇族的风格是截然不同的。

刘宋皇族自相残杀的惨剧给萧道成留下深刻印象，所以萧道成夺位后，非常注重对儿孙们进行儒家文化教育，试图用正统宗法观念和文化德育，来抵消政治斗争对皇族心志的异化和腐蚀。

萧道成的次子豫章王萧嶷博学多才，不仅自己勤于学习，还督促诸子钻研儒经史籍。萧嶷的三个儿子萧子范、萧子显、萧子云都是文辞斐然的大家，并称为"三萧"。其中萧子显入梁后，以撰写史书闻名，相继著有《后汉书》一百卷、《南齐书》六十卷、《普通北伐记》五卷、《贵俭传》三十卷、文集二十卷，据传还有《晋史草》一部。遗憾的是，诸史中只有《南齐书》留传下来，成为现今二十四部正史之一。萧子显是历史上唯一以皇族身份记录本朝正史的史学家。

萧道成的学风传递到了子孙身上，齐武帝太子萧长懋学术功底深厚，能对朝臣们开讲《孝经》，还到太学中策试诸生。

齐武帝另一子萧子良，在竟陵开府置吏，聚集了众多文人，其中萧衍、沈约、谢朓、王融、萧琛、范云、任昉、陆倕八人，号称"竟陵八友"，成为文化上的一段盛景。

然而，正是通过竟陵八友的遭遇，看到了南齐永明文化盛世背后的残酷真相。

二、竟陵八友为何抛弃了主子？

萧子良（460—494）是齐武帝萧颐第二子，文学政术都很有一套。他曾多次向齐武帝上书谏言时政，比如废除刘宋以来台使过多、干涉地方政务的弊政，放宽赋税征投，开仓赈民，停止土木工费，停止对交州的战争，等等。他经历了宋末的乱世，算得上一位颇有政治担当的宗王。

萧子良在永明时代一度官至宰相，可以说除了文惠太子萧长懋之外，他是齐武帝最为倚重之人。

萧子良为人比较谦和，性格偏于内敛，再加上文采斐然，故而很受当时的文士推崇。当时一大批文士集中到萧子良的竟陵王府，或是充任萧子良的属官，或是单纯充作学士。据考证，当时曾系名于萧子良幕中的名士多达五十九人，其中杰出者，就是所谓的"竟陵八友"。

当时八友全部有官职，萧衍是司徒府东阁祭酒，范云、萧琛、任昉是记室参军，王融是法曹参军，谢朓是镇西军府的功曹（萧子良官职、军号包括镇西将军），沈约是司徒府右长史，陆倕是议曹从事参军。

八友经常在竟陵王府进行文学上的集会活动，互相之间也有大量的酬答唱和，留下了丰富的文学作品。《隋书·经籍志》中载，萧子良和竟陵八友的著作有：《齐竟陵王子良集》四十卷，齐中书郎《王融集》十卷，齐吏部郎《谢朓集》十二卷，《谢朓逸集》一卷，《梁武帝集》二十六卷，《梁武帝诗赋集》二十卷，《梁武帝杂文集》九卷，《梁武帝别集目录》二卷，《梁武帝净业赋》三卷，《范云集》十一卷，《任昉集》三十四卷，《沈约集》一百零一卷，《陆倕集》十四卷。

竟陵八友最突出的贡献自然是创造了"永明体"。据《南齐书·文学》载："永明末，盛为文章。吴兴沈约、陈郡谢朓、琅邪王融以气类相推毂。汝南周颙善识声韵。约等文皆用宫商，以平上去入为四声，以此制韵，不可增减，世呼为'永明体'。"

正如八友身上所加官职一样，他们不仅是个文学团体，更是一个政治集团。八人依附于萧子良周围，不可避免地会被政治风波影响到。

493年正月，文惠太子萧长懋先于父亲齐武帝病死，当时齐武帝也已病入膏肓，在这个关口突然遭遇如此重大的变故，建康的政治空气骤然紧张起来。

齐武帝病重时，也让萧子良在宫中日夜服侍，并允许他率领镇西军府的卫队入宫。于是当时的人都认为齐武帝可能会改立次子萧子良为太子，因为萧长懋的嫡子萧昭业虽为正嫡，却人品卑劣，不堪为君。但齐武帝最终却出人意料地下诏立萧昭业为太孙，将皇位传给他，大概是出于稳定嫡长继承制考虑吧。

虽然萧子良性格谦退，但事关皇位，他也不是没有考虑过。他提前任命范云、萧衍等人为各军的军主，让他们掌握建康的禁卫兵。八友之中，王融对政治最为热切，他一直在宫中与萧子良寸步不离，以备非常。

武帝弥留之际，王融起草了一份传位萧子良的假诏书，想等武帝一死马上就颁发。谁料齐武帝突然回光返照，命令太孙率东宫卫队入皇宫，并将朝事托付于西昌侯萧鸾。

太孙和萧鸾闻讯赶来，当时萧子良的兵把守着台城各门，不让萧鸾入宫。萧鸾疾呼有圣旨，强行破门而入。到了宫中武帝已死，萧子良正在现场，本可以当众宣布假诏书自即皇位，但萧子良行事迟疑，没有立即行动。

萧鸾趁机令太子的兵把萧子良扶出大殿，而把太孙推上主位，尊其为主。萧子良此时还有机会，如果立即举兵夺位，不是没可能。但他没想到，关键时刻八友中有人反水了。

萧衍之父萧顺之当年被齐武帝嫌猜，抑郁而死，萧衍对此事耿耿于怀。加之萧子良性格过于仁弱，远非西昌侯萧鸾的对手，于是萧衍的政治天平倒向了萧鸾。在萧鸾入宫之际，台城禁卫兵之所以没有强行阻拦，与萧衍的态度不无关系。

而范云、沈约一向对萧衍颇为看重，此时也被萧衍的态度带偏，不敢出头帮助萧子良，致使本就优柔寡断的萧子良在关键时刻迷失，从而失去了争夺皇位的最后机会。

三、外宽内忌的永明之治

竟陵八友在永明末的政治反水，直接导致了萧子良的悲剧。萧昭业即位十几天后，便恨恨地处死王融。萧子良备受猜忌，不久也郁郁而死。

除了萧衍最后建立了梁朝外，其他几位八友成员在政治上都再无作为。范云在梁朝建立第二年病死，沈约退化成一个文化符号，在政治上备受梁武帝限制。

其余四人，谢朓因为部下的异谋被连累处死。萧琛、任昉、陆倕在政治上平庸了一辈子，在梁朝都做回了专职文人。

竟陵八友与萧子良看似关系密切，但这种以文学联系起来的关系并不牢靠，远不如政治派系或是血缘关系，关键时刻根本不能指望。

齐武帝其实早就对昌盛的文学不抱什么好感，他曾说过，文士只会读读书，至于治国，他们根本不行。所以他临终时弃萧子良而不立，转而倚重不是本支的萧鸾辅政，只因萧鸾才能突出，不是只会吟咏文章的书呆子。

但这并不代表齐武帝不重视文化，只不过他更偏重于儒学的经世致用功能，以及维护礼法纲常的政治意义。对于文学之道，他似乎向来不怎么感兴趣。

这也反映了齐武帝的政治心术。刘宋末年惨烈的宗室内斗，令他对维护法统极为关注。齐高帝叮嘱他一定不能走刘宋的老路，要维护宗室的和平。齐武帝可以说一直是战战兢兢、想方设法地力保皇统不堕。对于那些自恃名士风度、对皇统稍有不敬的，齐武帝往往会痛下杀手。

比如陈郡谢超宗——谢灵运之孙，此人素来狂傲，虽然颇有文才，但经常故意显示文人做派，在禁中值班时常常醉酒吟诗。齐高帝时，谢超宗曾因悖慢被贬为南郡司马，他口出怨言说，我今日正好该当个司驴。齐武帝即位后不惯他的毛病，当年就将其下狱赐死。

齐武帝对文人不高看一眼，对宗室在保护之余也加着一分提防。刘宋的典签制度因为权力过大，素来多受宗王的吐槽，齐武帝非但没有废除，还继续发扬，让他们充当地方上的耳目鹰犬。

鱼复侯萧子响（豫章王萧嶷的养子）少年好武，行为不知检点，到荆州当刺史期间，因为违制卖兵器甲杖给溪洞蛮民，遭到长史刘寅等人举报。本来这不算什么大事，岂知犯了齐武帝的忌讳，竟然因此被杀。后来齐武帝装模作样地后悔杀了萧子响，并因此责怪当时带兵前往捉拿萧子响的丹阳尹萧顺之。萧顺之因此悔恨，抑郁而亡。

齐武帝对豫章王萧嶷的猜忌，体现了其内心的政治波澜。萧嶷是齐武帝的同母弟弟，在萧齐建国的过程中立了大功，素来受萧道成的宠爱。当年萧赜为太子时，颇有专制之风，犯了高帝萧道成的忌讳，所以当时屡有传言高帝要废太子，用萧嶷换掉萧赜。

萧赜一直胆战心惊，并因此病倒。后来所幸高帝没有痛下决心，萧赜才艰难即位，他即位后立即杀了忠于萧嶷的大臣垣崇祖和荀伯玉，对萧嶷大加贬抑。高帝驾崩后，齐武帝为防宗王们举兵叛乱，居然下令所有在州诸王不得擅离州郡，各州兵马一兵一卒不准离开辖区。老爹死了不准儿孙们奔丧，这一举动饱受世人非议，但齐武帝屁股没坐稳，出此下策也是逼不得已。

萧赜的举动引发萧嶷部下的不满，后来武帝再次生病，竟然又有人提出夺位之议。萧嶷迟疑不敢发，后来选择了专心于文学，这才得避大祸。

可见，在永明时代，前朝刘宋父子猜疑、兄弟隔阂、宗室残杀的阴影一直没有退去，齐武帝固然为政宽和，但骨子里对兄弟、大臣们的猜忌却一直没有松过半分。他那动不动便举起的屠刀，也逼得文人们不得不刻意与政治保持距离，用文学上的悠游自得，掩盖内心的焦虑与恐慌。由此观之，竟陵八友有违常理的举动，其来源正是齐武帝的猜忌与提防。

四、大龙吃小龙

齐武帝外宽内忌、苦心孤诣的政风，总算在他执政的十一年间，大体上维持了宗室的和平。但宗室之间互相提防的状况并没有得到缓解，到了明帝萧鸾夺位成功，很快演变出更甚于刘宋的惨烈宗室相残。

萧鸾是齐高帝的二哥萧道生的儿子，为人精明强干，齐朝建国时也立了功。

萧道成非常宠爱他，待之如同亲子。齐武帝临崩前命萧鸾辅政，本意是让他辅佐萧昭业顺利过渡，没想到却引来大祸。

萧昭业年轻识浅，即位后大权不出意外地被萧鸾夺走。萧鸾先废萧昭业，又废萧昭文，二人都死于萧鸾之手，萧鸾自己夺位称帝，是为明帝。

此时去宋明帝大杀刘宋宗室为时不远，萧鸾自知得位不正，对齐高帝、齐武帝一系诸多子孙非常忌惮，思量再三，终于痛下杀手。

齐武帝曾梦见金翅鸟飞上天，捕食小龙无数。鸾即神鸟，没想到一梦成真。

萧鸾在位期间三次大规模诛杀诸王，每每要杀宗室，都要先烧一炷香，不知祷祝些什么。后来，人一见其烧香，便知道当夜要杀人。

萧鸾杀诸王，都是夜间行事，派禁卫军围住诸王府邸，撞门而入，围而杀之。唯有齐高帝第十二子萧锋，颇有勇力，性格豪迈，对萧鸾杀宗室一事直书斥责。萧鸾不敢派兵到他府邸围捕，于是以计调离，让他当太庙祠官，然后半夜派兵围住太庙，将其杀死。

可怜齐高帝子孙四代，被萧鸾杀了二十三人，除了豫章王萧嶷一支，几乎全部被杀光。

南齐政权便在这无情的砍斫中伤了元气，无可奈何地走到了尽头。萧鸾防住了自家人，却没想到，有比自家人更强的人在窥伺着萧齐的江山。

东昏侯与萧衍起兵

齐明帝在位仅四年多，四十七岁便去世了。只是这位杀人狂魔临死不知悔改,教育太子萧宝卷"作事不可在人后",教唆他对宗室和诸大臣提高警惕。萧宝卷果然继承了父亲的猜疑和残暴,终于把南齐王朝推向覆灭的深渊。

一、残暴的东昏侯

萧宝卷(483—501),齐明帝第二子。齐明帝长子萧宝义身有残疾,故而次子萧宝卷被立为太子。498年,明帝崩,萧宝卷即位。由于他后来被废杀,追奉为东昏侯,故正史中以"东昏侯"称之。

东昏侯素来不喜读书,少年时便行为狂纵,当了太子也罔顾礼仪,经常为非作歹,明帝也不怎么管束。待其即位,由于明帝时代杀戮太过,根基不稳,他也对朝中老臣宿将以及残留的宗室们充满疑惧。

特别是齐明帝留下的六位辅政大臣:扬州刺史始安王萧遥光、尚书令徐孝嗣、右仆射江祐、右将军萧坦之、侍中江祀、卫尉刘暄,当时号称"六贵"。其中尤其是江祐、江祀兄弟,因是齐明帝的外戚,权势非常大。

东昏侯的所作所为令人大失所望,江祐经常粗暴地制止其胡作非为,君臣之间产生了很大矛盾。江氏兄弟便与刘暄密谋改立皇帝,但双方意见不统一,于是江祐又找始安王萧遥光商量。萧遥光见有机可乘,便想夺取帝位。

萧遥光是齐明帝大哥萧凤的儿子,本无夺位的法统正义性。刘暄不同意,萧遥光怒而派人刺杀刘暄,结果因为刘暄身边兵多而没成功,刘暄便告发了二江与萧遥光。东昏侯正愁没有借口处置二江兄弟,遂令宫中卫士擒杀之。

萧遥光于是聚集私兵发动叛乱,旋即被台城禁军剿灭。萧遥光被杀。

这起事件加剧了东昏侯本就紧绷的猜疑之心。在其左右小人茹法珍等人的撺掇下,东昏侯相继杀了中枢重臣萧坦之、刘暄(东昏侯的舅父)、曹虎。

徐孝嗣、沈文季、沈昭等人意图废帝,其谋未发,东昏侯先下手为强,把三人都毒死了。

短短时间内，朝廷连续爆发这么多惨烈的屠杀事件，弄得人心惶惶，上下相疑。

东昏侯对此毫不在意，继续过着昏暴的生活。他像父亲明帝一样深居宫中，依靠几个宫廷近侍茹法珍、梅虫儿以及直阁骁骑将军徐世标等人。外朝大臣连连被诛杀，大臣们不得不放下脸面，与茹法珍、梅虫儿等人结交，依靠他们打通同东昏侯的关系。

萧子显著史，记录了当时东昏侯很多昏暴之行，诸如大起宫殿、衣用奢侈华丽、频繁出游扰乱建康百姓、宠溺潘贵妃、对民间横征暴敛，等等。

尤其令人发指的是东昏侯对人命的漠视与歹毒。东昏侯每每外出游玩，都要命士兵用大布把所经之地围起来，居民一律赶走，称之为"屏除"。一次东昏侯到沈公城，一个临产的孕妇无法行动，东昏侯便令人剖开肚子看婴儿性别；又一次到定林寺，一个老和尚因生病无法及时离开，东昏侯竟让左右士兵将其乱箭射死。

如此泯灭人性，根本不配做皇帝。

二、二老起兵

就在东昏侯肆行昏暴之际，南齐国内连续发生了两次武装叛乱。叛乱的发起者，都是南齐的开国老臣。

499年十一月，四朝老将陈显达在江州发兵造反。陈显达（427—499）自齐高帝时代就随军征战，北魏攻陷南齐的沔北五郡，陈显达率兵争夺，在马圈（在今河南省邓县东北）把魏军打得没有还手之力。要不是北魏孝文帝亲率大军来援，陈显达就能恢复五郡。

明帝死前大将王敬则造反，也是陈显达率兵平叛，安定了局面。这么一位功高震主的老将，在朝中大臣接连被杀的情况下，自然难以自安。

陈显达时年七十二岁，本已是桑榆晚景，没什么政治野心，到江州任刺史得以远离建康，他还暗自庆幸。不过流言仍然传说东昏侯要杀陈显达，他无奈只能愤而举兵。陈显达是久经沙场的老将，满朝无人是其对手，他率兵一气打到建康台城之外。

但陈显达屡胜而骄，加之兵力有限，竟然以主帅之尊，手执大槊与台城军队搏斗，结果不幸在鸡鸣山下被台城的骑兵当场刺死，叛军便一哄而散。

陈显达起兵后，镇守寿春的豫州刺史裴叔业也异常恐惧，生怕被东昏侯杀了，索性把寿春当作大礼送给北魏，投降了敌国。

寿春是南朝最重要的国防堡垒，东昏侯随即派老将崔慧景和新任豫州刺史萧懿（萧衍胞兄）率兵进攻寿春。没想到崔慧景刚出建康没多远，就在广陵举兵谋反，掉头南渡长江，进攻建康。

崔慧景（438—500），也是南齐开国老将，他经历了高、武、明三代，当年曾是齐高帝起事时的功臣。齐明帝辅政时他还上书劝进，可以说是值得信赖的老臣。然而遇到东昏侯这样的昏君，忍无可忍，于是干脆起兵。

500年四月，崔慧景路经广陵，镇守广陵的司马崔恭祖投降，加入了叛军。崔慧景率大军过江，在京口又会合了江夏王萧宝玄——明帝第三子、东昏侯之弟，于是奉萧宝玄为主，合广陵、京口两镇之力进攻建康。

当时中枢老臣、宿将已被杀尽，既无宿德老臣居中主持局面、稳定人心，又无沙场老将足以与崔慧景抗衡。东昏侯派出抵抗叛军的将领，都是张佛护、徐元称、左元兴、王莹这种无名之辈。故而崔慧景一路所向无敌，摧毁台城军队构筑的防线后，从蒋山龙尾杀进建康城内，与东昏侯对峙于台城之北。

本来崔慧景趁此时发动猛攻，打进台城、擒获东昏侯不是难事，但崔慧景自恃年资俱长，骄恣有余而明断不足。他起初诈称奉宣德太后（宣德太后王氏，文惠太子萧长懋的发妻，郁林王在位时尊之为皇太后，居于宣德宫）之令，废萧宝卷为吴王，但并未及时尊立萧宝玄为新帝。当时竟陵王萧子良的儿子萧昭胄逃脱了齐明帝的残杀，隐姓埋名藏在民间，闻听崔慧景起兵，便前来投奔。萧昭胄乃是高、武嫡派子孙，比齐明帝一系更有政治号召力。崔慧景见之犯了踌躇，又想立萧昭胄为主。

政治上的糊涂病，使叛军的进攻顿缓。崔慧景本应趁国中各股实力派还没反应过来之时，迅速打下台城，不管是哪个皇子，先立了再说，反正都只是个旗号。但崔慧景犹豫不定，加之素来有点儿名士派头，居然在两军对垒之际，于建康城中悠游度日，与僧人们谈佛论经，置大事于不顾。

他部下两个得力干将崔觉与崔恭祖因事争功，互不相能，崔慧景也无法协调，导致军中人心不一。豫州刺史萧懿奉诏从历阳渡长江，来救建康。崔恭祖屡屡建议出兵守住采石矶，以防萧懿过江，崔慧景拒不采纳，结果萧懿大军杀至建康城南，与台城中的官军内外夹击，崔慧景力不能支，部众被击溃。崔慧景逃跑，被渔夫所杀，叛乱即告平定。

这两次叛乱虽然没能成功，但已经明确无疑地显示出，南齐政权已被明帝父子杀人杀得几乎元气丧尽。实力派们轻轻松松就能杀到建康城下，随随便便打着后宫旗号废帝。南齐末日，已经不远了。

三、萧衍建国

这一切，萧衍看得很清楚。

萧衍在萧子良事件中倒戈易帜，投入齐明帝的阵营，因此获得齐明帝的信任，被外放为雍州刺史。但萧衍内心对齐明帝及东昏侯没有多少感情可言，他的所作所为，始终带着政治色彩。

除了劝说齐明帝杀高、武子孙外，萧衍并未对时局发表过重大建议，一直坐观世事变幻。齐明帝死后托孤于六贵，萧衍冷眼旁观，认为六贵良莠不齐、矛盾重重，必然会有内乱，不久六贵果然连连出事。

雍州自宋孝武帝刘骏经营以来，地位逐渐取代荆州，成为南朝西北方向最重要的防御重镇。从关中、河东、河南迁来的流民，多居于雍州，此地民风十分彪悍，历来多出精兵，因此逐渐有了"荆州本畏襄阳"的说法——襄阳即雍州的州治所所在地。

萧衍在雍州暗暗积蓄实力。他大量打造兵器，积聚粮秣，茅草堆积如山，却都封存不用。萧衍大量砍伐竹木，沉到檀溪之中，以作起兵时打造船只之用。萧衍多次劝说哥哥萧懿（萧懿当过一段时间的郢州刺史），合雍州、郢州起兵讨伐东昏侯，但萧懿犹豫不决。

东昏侯对二萧兄弟也有提防之心，但由于距离过远，没法像杀徐孝嗣一样说抓就抓、说杀就杀。愚蠢的东昏侯派郑植以探望弟弟郑绍叔的名义，到襄阳企图行刺萧衍。萧衍得知此事，干脆领着郑植看了襄阳的府库、城防、战马、士卒，并借郑绍叔之口公然向朝廷宣示：如果朝廷来打雍州，就以这些兵马决一死战。

萧衍这半公开的态度，直接造成其兄萧懿的遇害。萧懿平定崔慧景之乱后，已然是当朝第一实力派，既有威望也有本事，手中还握着强兵，东昏侯对其十分忌惮。但萧懿自谓立了大功，忠诚天日可表，对东昏侯坦然无私。东昏侯却仍然不分敌我，500年十月，以一杯毒酒害死了这位忠心耿耿的元勋宿将。可叹萧懿临死前仍说："家弟在雍州，深为朝廷忧之。"

萧懿一死，萧衍立即举旗起兵。

当时拜东昏侯倒行逆施所赐，已有一大批文士、武将因为看不到出路，都聚集在了萧衍周围。比较知名的有张弘策、郑绍叔、吕僧珍、王茂、柳庆远等，后来萧衍依仗的麾下四员大将，除马仙琕外，韦睿、曹景宗、昌义之均已归入萧衍的军事集团。

萧衍结交这些文士、豪强、武将，无不是好整以暇、收放自如，其既有名士的雅范，也有统帅的胸怀，没有表露出丝毫急于进取的野蛮之态。所以无论韦睿这种胸有丘壑的绝世高人，还是曹景宗这样的伧荒武人，无不对萧衍倾心依附。

遍观朝野，无人能有萧衍如此做派。所以萧衍起事的消息传开，所到之处，光是他的威名就吓倒了一大批人。

500年十一月，萧衍集合一万余人，战马三千余匹，战船三千余艘，从襄阳出兵，准备先打荆州。荆州当时由南康王萧宝融（明帝之子、东昏之弟）镇守，但实权操控于西中郎将长史、行荆州事萧颖胄之手。萧颖胄之弟萧颖达也在荆州做参军，两兄弟虽说是南齐的远支宗室，但对东昏侯却不支持。

当时东昏侯遣刘山阳率兵二千抵达荆州，要求萧颖胄兄弟率兵一同进攻雍州。萧衍遣人劝说萧颖胄认清形势，说荆州力量不如雍州，别说打不过，就算攻下雍州杀了萧衍，以东昏侯残暴的性格，萧颖胄肯定就是下一个萧衍。

萧颖胄权衡利害，遂决定与萧衍联合对抗东昏侯。荆、雍二州合股，实力无人可敌。萧衍与萧颖胄共推南康王萧宝融为主，以他为旗号沿江东下进攻郢州。东昏侯遣薛元嗣等率军西上进守郢州。

当时诸将急于东下直取建康，包括萧颖胄在内的不少将领都主张留兵监视薛元嗣诸军，主力大军沿江直下，先取江州，再打建康，这样诸州就可不攻而下。但萧衍力排众议，坚持以重兵围攻郢州。双方一直打了近两百天，从501年二月一直激战至七月，虽然期间东昏侯又加派陈伯之前镇江州，陈伯之的儿子陈虎牙等人率十三军前出救援郢州，但没能挽回失利的命运。郢州军民战、饿、病死者十之七八，薛元嗣力尽而降。

郢州之战实际上是萧衍主力和南齐主力的对决。历来起兵造反者利在速战，而且荆、郢、江、扬四州一江系之，具备越城不攻、直取建康的条件。但萧衍智珠在握，不慌不忙、扎扎实实地在郢州苦战，为的就是摧毁南齐朝廷的信心，也是为了显示雍州军马的强悍实力。

不得不说，这场持续近两百天的大战，如萧衍所预判，达到了震慑天下的目的。

501年八月，萧衍率大军顺流东下，直达江州。果然，在萧衍军事、政治的双重攻势下，陈伯之按兵不战，出城投降。

九月，萧衍进至芜湖，东昏侯派出去抵抗的军队一触即溃。十月，萧衍军进抵建康城南，城中出动十万人，在城南朱雀航（台城南面架在秦淮河上的浮桥）结阵反击。萧衍大将曹景宗、王茂率兵奋击，杀台城军马无数，大军遂进抵城下，将台城包围起来。

东昏侯此时仍怙恶不悛，既不舍得发散府库赏给士兵，也不暂停寻欢作乐，就连他的亲信茹法珍都看不下去。城中军马屡战不能退敌，形势越来越坏，朝中官员都偷偷遣人出城，向萧衍表示愿意投降。

围城至十一月，城中大将王珍国、张稷发动兵变，杀进内宫，东昏侯当时刚刚吹完笙歌《女儿子》，躺下还没睡着，听见动静不对，急忙从北窗跳出。结果宦官黄泰平先赶上，一刀砍伤东昏侯膝盖，直阁将军张齐又赶上，一刀杀了东昏侯。

502年四月，萧衍接受了萧宝融的禅位，正式建立了梁朝。

齐明帝所余五子宝源、宝夤、宝攸、宝嵩、宝贞，在建康城破后，都被梁武帝诬以谋反之罪，除了萧宝夤逃奔北魏外，其余全被杀死。齐和帝萧宝融禅位后，仅仅过了十一天，便被杀死。一个短命、残暴的王朝就此结束，南朝又进入了一个更加复杂的时代。

马都不能骑，韦睿是怎么打赢钟离之战的？

梁朝最负盛名的将军是谁？许多人大概会说是陈庆之，此公率军深入北魏，打下洛阳，战绩固然辉煌，但如昙花一现，打下的疆土并没有得到巩固，对梁朝的国势和士气只有暂时的刺激作用。真正的名将，当属梁建国之初的韦睿。

一、大器晚成的老将

韦睿（442—520），字怀文，出身于英杰辈出的杜陵韦氏。韦睿经历了宋、齐、梁三朝，南齐末年诸州变乱，一直在小官位置上籍籍无名的韦睿，到了年近花甲的年纪，才终于等来了机会。

南齐雍州刺史萧衍起兵反叛，举西州之兵进攻东昏侯萧宝卷。韦睿遍观天下形势，果断地投靠了力量并不占优势的萧衍，这成为他日后跻身梁朝军界高层最成功的一次政治投资。

梁武帝建国后，韦睿先后被任命为大理寺卿、太子右卫率和豫州刺史，诸职都近在紫宸，可见受武帝信任之深。

韦睿身体素来羸弱，无法骑马，行军作战都是乘坐板舆或者车子。特别是梁朝建国以后，韦睿已是六旬的老人，身体更加无法胜任纵横奔驰的作战。然而就是这样一个羸弱之人，居然在梁初的南北大战中，焕发出夺目的光彩。

梁朝开国之初，北魏趁其立足未稳，发动大规模南侵，相继夺取了汉中、义阳、寿春等地，在西起益州、中经襄汉、东至淮南的广大战线上，取得了极大优势。梁军勉强挡住了魏军的侵袭，艰难地稳固住了战线。

梁朝建国的第四年，也就是天监四年（505），梁武帝发动北伐。韦睿率军自历阳北攻，漂亮地收复了合肥城，巩固了江防形势。但淮河沿线的形势非常坏，梁军主帅萧宏懦弱无能，尚未与魏军主力接触便不战而逃。梁将昌义之率残兵三千人据守钟离郡城（今安徽凤阳临淮关），魏军乘势反攻，主力推进至淮河一线，将昌义之团团围困起来。

二、北魏疯狂围攻钟离

寿春失陷后，钟离郡成为梁朝淮河沿岸最有力的堡垒。无论北军南下，还是南军北上，此地都是控扼淮河河道的重镇，所以双方对钟离郡都是志在必得。

但北魏内部一度出现争议。

魏军虽然连年取胜，但战场范围都在北方，利于骑而不利于步，故而胜多败少。如今进军至淮河沿线，地面径流逐渐多起来，此种环境利于南军而不利于北军。北魏军深入南方进行攻城作战，被迫放弃骑兵优势，陷入一城一地的消耗战，这同样不利于北魏军。

所以，熟悉南军作战特点的名将邢峦就坚决反对仓促进攻钟离城。

北魏一线带兵的主将是中山王元英、平东将军杨大眼等人。他们常年战斗于一线战场，在实战中积累了对梁军的心理优势，认为魏军挟屡胜之锐气，一鼓作气拿下钟离郡不成问题，因而极度抵制朝中的反对意见。

元英的计划是，十月入冬后淮河是枯水季，可趁此机会强攻钟离，至迟于次年初春，也就是二月左右拿下钟离。在此期间梁军无法救援，且水军优势受到抑制，魏军胜算应当很大。

北魏宣武帝元恪没有先祖道武、太武、孝文诸帝的战略眼光，在元英的坚持下，同意继续南攻钟离。

北魏围城兵力当在二十五万以上。证据有两处，一处是宣武帝给征南将军、中山王元英的诏书中说："今众军云集，十有五万，进取之方，其算安在？"又据《魏书·宣武帝纪》记载，为了加强前线兵力，于当年七月"发定、冀、瀛、相、并、肆六州十万人，以济南军"。

据此判断，元英亲自率领的兵力大概十五万，杨大眼等人率领的后援兵力大概十万。

北魏军到达钟离后立即展开疯狂围攻。钟离郡在淮河南岸，靠近城池的河道中有一座沙洲叫作邵阳洲，元英与杨大眼分别在邵阳洲的东西侧架起浮桥，运兵过河后迅速强攻城池。

梁将昌义之根据梁武帝的指示，甫一退入钟离，便加强了城防，在城外挖了很深的堑，以防魏军接近。魏军以车运土，逐次填平堑沟，逼临城墙。元英为了赶在梁军援兵到达前拿下钟离城，亲自到一线督战。魏军士卒奋勇爬城，虽然死伤无数，仍然死战不退。

魏军又调来飞楼、冲车撞击城墙，撞出很多缺口。昌义之指挥士兵用泥土填住缺口，魏军百般冲击无法得手。昌义之为了鼓舞士气，引弓到处驰射，哪里防守吃紧便到哪里支援。昌义之射术甚精，只要一出手便有敌兵应弦而倒。一日之中魏军冲锋数十回，伤亡士兵数以万计，尸体堆积起来快要与城墙平齐了。

三、韦虎

然而尽管昌义之英勇，毕竟只有三千人，无法长久抵抗魏军数十万人的围攻。梁武帝紧急调发二十万人马，由曹景宗和韦睿分别率领，北上救援钟离。

曹景宗是萧衍旧将，萧衍灭南齐时立有大功。但曹景宗性格莽躁，又恃功而骄，打仗不习惯与人协同。北魏南伐围攻梁朝的司州（治所在今河南信阳），曹景宗受命援助，却始终游弋不前，司州守军苦等救援不至，最后城陷。

此次曹景宗领军援钟离，梁武帝命令他等韦睿部到达后一同进攻。曹景宗不想让韦睿分享功劳，于是违令率军进攻邵阳洲，谁料忽然刮起大风，掀翻船只，淹死不少士卒，曹景宗不得不暂退。

韦睿当时驻扎在合肥，闻讯立即昼夜兼程北上，十天内行军三百多里，抵达钟离城下。曹景宗素来骄傲自负，但对韦睿这位足智多谋、坚毅果敢的老将十分尊敬。曹景宗对其执礼甚恭，并且非常罕见地表示愿与韦睿密切协同作战。梁武帝听说这一消息后非常高兴，说："二将和，师必济矣。"

兵贵神速，韦睿顾不上休整，连夜奔上邵阳洲，挖开长堑，竖起鹿角，在魏军眼皮子底下筑起一道营垒。天亮后元英发现，惊叹说："是何神也！"

邵阳洲是联结淮河南北两岸魏军的水上咽喉，韦睿上来就死死掐中要害。元英不敢怠慢，亲率众军来攻，韦睿乘坐木舆，手执白如意指挥众军抵抗。魏军白天冲锋不能得手，晚上又来斫营，韦睿亲自登上临时堆起的简易城墙奋力抵抗，魏军飞矢如雨，声势令人恐惧。韦睿之子韦黯请父亲下城避箭，韦睿坚持不下。城内一部分士兵不明情况，发生惊变，幸亏韦睿及时呵止，才稳住了形势。魏军强攻不成，反倒损失了很多兵力，元英越打越怯，只好收兵。

韦睿拼命的劲头激起了曹景宗的斗志。曹部进逼北岸，顶着魏军杨大眼的营寨筑了一座营，杨大眼出兵进攻，亦被曹景宗打退。

一时间，梁军扭转了被动挨打的态势，与魏军对峙起来。

坚持下来就是胜利。因为梁军即将等来他们最需要的有利条件：雨季。

时间很快来到天监六年（507）的三月，雨季提前到来了。事实上进入春季以后雨就一直没断过，淮水一直处于较高水位。虽然元英预先加高了邵阳洲两侧的浮桥，还安装了保护浮桥的栅栏，但魏军自北岸向南岸的交通仍然受到严重影响。特别是到了三月，雨水极多，淮河水位暴涨六七尺，梁军的机会来了。

梁军随军携带了很多大船，他们还根据梁武帝的指示把船加到与魏军的浮桥同高。韦睿定下火攻之策，与曹景宗各攻一条浮桥，并以小船载发火之物猛冲浮桥，魏军无法抵挡，一南一北两座浮桥都被点燃。邵阳洲上的魏军全靠两座浮桥通行，船舰略近于无。元英一看浮桥被焚，再加上连日作战不利，斗志本就衰颓，当场放弃了抵抗，逃往北岸。

梁军诸部烧桥后大杀魏军，失去组织的魏军被斩杀及落水者达二十万人，弃甲投降的亦有五万人。当然，这一数据来自《梁书》记载，估计有所夸大。

昌义之破围后见到韦睿，劫后余生的庆幸与高兴，令他拉着韦睿直呼：更生！更生！

钟离之战的意义是相当重大的。以此战为标志,魏军连年南伐的势头被有力遏制了,梁军则稳定了淮河一线的国防形势。战役的过程,再次宣告了南北战争的一条铁律:淮北北军强,淮南南军强。此后数十年,北军基本不敢轻易南下侵袭。韦睿经此一战,打得北魏军心胆俱裂,被其称为"韦虎"。一个身体羸弱的老人,却被称为"虎",南北战史之奇人异士,少不了韦睿一例。

陈庆之北伐败在这群人手里,不亏!

528年,陈庆之率七千军马,拥北魏北海王元颢北伐。

陈庆之北伐在历史上很著名,此处只叙其概略经过。

529年四月,陈庆之在睢阳遭遇丘大千的七万大军,硬攻,破其三座军城,丘大千投降。

同月,魏济阴王元晖业率二万来援,屯于考城,陈庆之击而败之,生擒元晖业。

五月,陈庆之攻打荥阳城,久战不下,魏军大军号称三十万围攻梁军,梁军情急之下爆发强大的战斗力,一边攻破城池,一边背城击败魏军主力。

同月,北魏虎牢关守将尔朱世隆弃城而逃。陈庆之杀进洛阳,魏军乘虚收复大梁、荥阳,陈庆之反杀获胜。

情节至此,看起来热闹非凡。其实《梁书》的作者完全是在玩障眼法,真正的高潮远未来临。

陈庆之此前击败的诸路北魏兵马,统军将领都是不入流的人物,而军队也基本不是魏军的主力。

为何如此说？据《北史》《魏书》载，北魏起初并没拿陈庆之北伐当回事。彼时邢杲正作乱于济南，魏庄帝决定先让元天穆率主力东征平叛。

也就是说，陈庆之一路遇到的部队，都是北魏的地方守备部队。

陈庆之率领的是梁朝屯集在北部边境的主力军队，此前经常与魏军攻防，可谓百战精锐之师。

以强击弱，陈庆之打胜是情理之中的事。

北魏丘大千等部兵力被夸大了，无论如何，睢阳城不可能有七万人马。毕竟魏军主力也就二三十万人，在六镇起义的混战中已经损失不少，丘大千又怎能掌握七万大军？

所以说，陈庆之攻下三十二城、入敌国首都，战果固然辉煌，但成色不足，真正的检验远未到来。

那么北朝有资格检验陈庆之的是谁呢？

尔朱荣。

当陈庆之进入洛阳时，尔朱荣正在晋阳避暑歇马。这位契胡族的天才将军，是位擅长以少胜多、奉行精兵主义的绝世名将。他手下的契胡骑兵，刚刚以一敌十击败起义军葛荣所部。

魏庄帝从洛阳渡河逃走，避居山西长子。尔朱荣闻讯后立即率兵南下，决定反攻洛阳。

一大批北朝顶级名将随后登场，南北决战的高潮即将到来。

尔朱荣派人到黄河北岸侦察，发现船只都被梁军搜集到南岸，河桥也被梁军占据，无法过河。

尔朱荣本就害怕洛阳暑热，见此情景便想班师，待秋凉再战。元天穆苦劝方止。此时当地豪强杨氏，在马渚献上小船，并愿为向导。尔朱荣遂遣其侄子尔朱兆、都督贺拔胜等率一千精锐骑兵先过河突袭洛阳城，自率主力与陈庆之大战于黄河北岸的中郎城。

尔朱荣手下的所谓顶级名将，到底都有哪些人呢？

大概有高欢、宇文泰、贺拔岳、贺拔胜、于谨、赵贵、独孤信、李虎、李弼、侯莫陈崇、宇文贵、王雄、达奚武、侯莫陈顺等。

那么这些人都是什么成色呢，是否够得上陈庆之的名头？

高欢与宇文泰，前文已述。于谨、赵贵、李弼、侯莫陈崇、独孤信、李虎这六位是北朝著名的"八柱国"中的人物。

八柱国是西魏、北周八位柱国大将军，另外两位是宇文泰和北魏宗室元欣。宇文泰虽名为柱国大将军，其实是西魏的统帅，元欣只挂名不领兵，实际领兵的就是于谨、赵贵等六人。

此六人，随便拉出一个都是响当当的角色，在西魏、北周参与的历次大战中都有其身影。宇文泰之所以能在关中立足，之所以屡屡以寡克众，六位柱国大将军功不可没。

贺拔岳、贺拔胜是亲兄弟，都是北朝名将，其中尤以贺拔岳厉害。贺拔岳起家于六镇起义，也有许多以少胜多的战绩。陈庆之北伐战争结束后，贺拔岳率二千步卒深入关西，击败万俟丑奴十余万起义军，实力相当强大。

达奚武、王雄、侯莫陈顺、宇文贵，都是西魏至北周"十二大将军"中的人物。

所谓"大将军"，是仅次于柱国大将军的高级军官，共有十二位，故称"十二大将军"。

说到这些人的特长，同样也是以寡克众！

二十多年后，达奚武、王雄均以少量兵力，数路侵入梁朝，分别夺取梁州和汉中，打得梁朝毫无还手之力。

也就是说，人到中年的名将陈庆之，虽说也是以寡克众的高手，但他对上了一大帮精于此道且比他更年轻、更有朝气和锐气的猛将。

战况如何呢？

陈庆之虽说抢占了主动，但在战斗力上不占优势。王牌对王牌，战术、技巧、谋略都已没有施展的空间，剩下的只是生死相搏。可惜，尔朱荣大军养精蓄锐已久，又是以逸待劳，梁军却是久战疲惫之师。双方血战三天，梁军死伤惨重，尔朱荣大军也未能速胜。

三天后，梁军听说洛阳已被魏军偷袭，黄河上最重要的通道河桥已被魏军焚烧。惊惶之下，陈庆之迅速脱离战场，渡河南撤。如此一来，更犯了临敌后退的兵家大忌。

尔朱荣反应极快，立即发兵追袭。形势成了一边倒。

名将的成色，在吃了败仗时更能看得出来。

陈庆之在败逃时路线没有选择好，也完全没有精力观察天气，撤兵途中遭遇山洪，部众完全溃散。陈庆之化装为僧人，单枪匹马逃回南梁。

高手虐菜鸟，场面固然极其拉风，但并不值得称道。唯有洛阳、河北的终极之战，才能看出陈庆之的真正水平。

北朝出动了日后主宰天下命运的全部名将，而南梁只有陈庆之一人。这场仗即便输了，也输得堂堂正正，不丢人！

攻人不成反害己，浮山堰的责该谁负？

浮山堰惨案，是梁朝历史上一件影响深刻的大事。

事件经过大致可以概括为：梁武帝为了拿下淮河要塞寿阳，在淮河上筑起浮山堰，企图截流淮河倒灌寿阳城，结果寿阳城没拿下，大堰却被淮河冲垮，酿成惨烈的悲剧。

一、寿阳争夺战引出的截河策略

利用水战进攻敌人，历史上有很多。但大多是在上流截水，冲灌下游敌兵，利用的是水流的正常之势，截流不过是让水流顿时变得更猛。

而浮山堰却反其道而行之。浮山堰在寿阳的下游，梁朝的意思是截住淮河，让其上游大水泛滥，水灌寿阳城。堰一旦筑起来就不能扒开，工程技术难度相当大。后来的结果证明，梁朝逆势而为，最终败就败在这上面。

那么，梁朝为何要费这么大的劲去打寿阳城呢？这还要从南北对峙说起。

刘宋末年，南朝在北部边境一再退缩，终于在南齐时退缩至淮河一线。坚守淮河是南朝国防的重中之重，而坚守的关键在于淮河南岸的几座要塞，大概有寿阳（今安徽寿县）、马头郡（今安徽怀远）、钟离（今安徽凤阳东）、盱眙、淮阴（今江苏淮安）。

其中南北双方争夺最为激烈的，就是寿阳。寿阳西北方向的河流，大致都是向东南流，而且河网相对不密集，北方军队可以从河南方向直插寿阳，过寿阳后又可长驱直入，威胁重镇合肥。其余诸镇，由于北面河网较多，过河后又会迎头撞上淮南江北密集的河湖，都不具备寿阳这样的便利条件。

南齐末年镇守寿阳的裴叔业，因为末帝萧宝卷滥杀大臣，惧怕祸及己身，举城投降北魏，导致这一重镇荒诞地易手。梁朝建国后，最棘手的问题就是如何夺回寿阳，堵住这个国防线上的超级大漏洞。

但怎么打是个问题。北魏军陆战强于梁军，硬攻坚城又极为被动。数年前梁军打胜的合肥之战、钟离之战，都是以数十万兵力鏖战许久，再加上借力水势方才取胜。针对寿阳，梁朝上下逐渐形成了借水进攻的战略打算。

正在此时，从北魏投降过来的将军王足，向梁武帝建议说，可以在浮山峡筑起大坝，迫使上游淮河水位上涨，倒灌寿阳。他还绘声绘色地给梁武帝引述了一首北方童谣："荆山为上格，浮山为下格，潼沱为激沟，并灌钜野泽。"

梁武帝很感兴趣，立即派水工陈承伯、材官将军祖暅前往浮山峡实地勘察。

二、创造世界纪录的浮山堰

浮山峡在寿阳以西四百余里，为何要选这么远的地方筑堰呢？

淮河有三个关键的峡：其一是硖山口，在今安徽凤台；其二是荆山峡，在今安徽怀远；其三就是浮山峡。硖山口在北魏控制之下，荆山峡地处魏梁对峙的前线，不具备进行大规模工程建设的安全环境，于是浮山峡就成了唯一选择。

浮山峡北岸峰山海拔八十二米，南岸紫阳山海拔一百一十一米，两峰相距五千米，从空间上说确有筑堰的地理条件。但陈承伯、祖暅勘察后发现，浮山峡附近地质松软，多为沙土，不利于筑造大坝。

梁武帝听信了王足的策略，不顾一切地强推浮山堰工程上马。514年，梁武帝下诏发徐州、扬州民丁，每二十户出五人参加筑堰工程。另以太子右卫率康绚为都督淮上诸军事，总领浮山堰的筑造和军事防卫工作。参与此役者，连兵带丁多达二十万人。

筑堰采取的是两岸倚山、南北对进的办法，从河边逐次向淮河中填土截流。梁军起筑的时间在春季枯水期，淮水径流不大，故而推进得很顺利。到了第二年，大坝就要合龙了。

然而不幸的是，这年淮水大涨，把堰给冲垮了。

有人说这是因为淮水中有蛟龙作祟，蛟龙怕铁器，于是把附近的铁器全部搜集来投入河中，不论大小，釜、镬、锄等皆有。这个迷信的说法自然不能解决问题，梁军还是采用了传统办法，伐木制造拦水栏、笼，投入石头，然后才填上土方。沿淮百里内铁器、石头、树木一扫而空,终于勉强止住了溃坝之势。

古代土木作业没有工程机械,全靠人力扛抬。许多人的肩膀磨破了,夏季到来,大规模人群聚集,导致传染病流行,大量军民病死,苍蝇嗡嗡之声昼夜不绝。梁武帝闻知,派人到浮山堰慰劳。当年冬天天气特别冷,淮河、泗河都封了冻,军民缺少冬衣冻死不少,梁武帝再派人运送一批衣物。慰劳、救济是一回事,但就是不撤兵、不停工,梁武帝不惜一切代价要筑成大堰。

河冻水枯,筑堰的速度也加快了,眼见就要成功了。寿阳的魏军早已侦知梁军在筑堰,此时也沉不住气了。515年十一月,北魏遣名将杨大眼率军进攻,扬言要扒开浮山堰。

康绚率梁军严阵以待,康绚的儿子康悦主动迎击魏军,斩杀魏咸阳王的司马徐方兴,魏军暂时退却。十二月,北魏又令尚书仆射李昙定率军来战,梁朝方面反应非常迅速,前线康绚与徐州刺史刘思祖顽强抵抗。梁武帝又派右卫将军昌义之、太仆卿鱼弘文、直阁曹世宗、徐元和增兵援助。在梁军的坚决保卫之下,魏军毁堰的企图破灭。

516年,经过两年艰苦卓绝的建造,一座气势恢宏的大堰终于在号称千年难治的淮河下游河面合龙了。

据《梁书·康绚传》记载,张敏先生推算,浮山堰长九华里,底宽三百三十六米,顶宽一百零八米,高约四十八米(十六层楼高),蓄水量达到惊人的一百亿立方米。这座大堰当时不仅在中国是空前绝后的,在世界范围内也创造了纪录。国外有史料记载的超过三十米高的大坝,直到七百年后才出现。

堰成之后收到立竿见影的效果,上游沿线城镇淮河水外溢,淹没了数千平方公里,寿阳城虽在四百里外,但也受到巨大威胁。好在魏军早有准备,在八公山的高处筑了座军城,以防寿阳城溃倒。

三、堰破

梁朝逆天而行，强行截断淮河，在土质不适合的地段建坝，其中的危机，头脑清醒者早就看出来了。

浮山堰是纯粹的土质坝，坝顶不能漫水，否则会浸毁破坝。为了控制好水位，必须开挖溢洪道，把过量的河水泄出去一部分。

康绚接受专业水工的建议，开挖了溢洪道，向下游放水。同时还散布谣言说浮山堰利在截水，如果上游把河道挖开泄水，那堰就无法发挥功效了。

北魏果然上当，于是在寿阳附近开挖，把水引向北面。但淮河水位既已高涨，小小的泄洪道并不能缓解水势。随着水越泄越多，淮河水位也不见下降，魏军明白中了计，只好撤退了。

然而这座敌军破坏不了的大堰，却在自己人手里毁掉了。

徐州刺史张豹子（大概是刘思祖的后任）嫉妒康绚在其州内兴造大堰，屡屡向梁武帝进谗，说康绚背地里与北魏有来往。梁武帝素来对武将不太信任，康绚已在前线督军两年多，恐怕时日再久会尾大不掉，于是以堰成事毕为由，将康绚提升调往他处，而由刺史张豹子继续负责。

挤走了康绚的张豹子对堰一无所知，既不根据水位增挖泄洪道，又不及时修补堰体。当年秋八月，经过几个月雨季的蓄势，平日里温和的淮河逐渐变成一条咆哮的巨龙。当这条巨龙发现浮山堰挡住了去路时，发作得就更加厉害。

终于，在九月丁丑，不堪重负的浮山堰再也抵挡不住一波又一波洪峰的冲击，轰然间垮塌了。上游被拦蓄已久的巨量洪水，发出震人心魄的雷鸣之声，释放出恐怖的力量，无情地奔向下游。沿淮数百里的城镇、乡村，以及数十万人口，都被洪水疯狂地卷走。

耗费数十万人力、穷四年之功的浮山堰，终究还是垮了。淮河水大、浮山土软，这都是堰破的直接动因，然而这场惨剧的账，终归要记到梁武帝头上。正是他不顾自然条件，强推没有经过详细论证的方案，导致了惨烈的失败。浮山堰垮塌之后，北魏寿阳城依然牢牢耸立，仿佛看透世事的智者，无情地嘲讽着自大颟顸的梁武帝。

梁武帝四次舍身为僧，是其亡国之因吗？

504年，梁武帝下了一道惊世骇俗的诏令——《舍事李老道法诏》，明确宣布"老教为邪、佛教为正"，把在江南传承已久的道教斥为邪派，尊佛教为正派。

之后，梁武帝四次舍身为僧，在同泰寺做"皇帝菩萨"。中国佛教戒荤茹素的做法，也是由梁武帝而来的。

说起梁武帝自我得之、自我失之的人生悲剧和政治悲剧，很多人都会第一时间想起他的佞佛。的确，梁武帝是南朝历代皇帝中，推崇佛教最为积极的。特别是他四次舍身于同泰寺的事迹，遭到极大非议，并被很多人视为梁朝衰亡的一大动因。

然而可以肯定地说，这是一个流传甚广的误会。梁武帝固然崇佛，但对国运并没有那么大的消极影响。

一、既不是首创者，也不是终结者

南朝崇佛的风气很浓厚，皇帝、贵戚舍身为僧的例子很多。梁武帝不是第一个吃螃蟹的人。

据统计，在梁武帝之前，宋齐梁三朝老臣沈约、南齐文惠太子萧长懋舍过身；梁武帝之后，陈朝武帝陈霸先、文帝陈蒨、后主陈叔宝都曾舍过身。可见帝王、权贵中舍身为僧的，并不止梁武帝一个。

梁武帝之所以惹人注意，主要是他舍身的规模、次数以及影响都破了纪录。

简要回顾一下梁武帝的四次舍身过程。

第一次发生在527年三月，幸建康同泰寺舍身，四天后自动还宫为帝。同时改元为大通。注意，这次舍身时间很短，一不讲经，二无群臣请还朝，三没有出钱赎身。

第二次发生在529年九月，梁武帝再度舍身。他除去皇帝舆服，身穿僧衣，居住在简陋的僧房，开坛讲《涅槃经》。群臣再三请求"皇帝菩萨"赎身，并献上一亿万钱的赎身钱，他才答应还宫。但其仍意犹未尽，又召集僧俗五万人开了四部无遮大会，之后才御驾回宫。这次舍身事件，仪式和排场都非常大，前后持续了十六天。舍身事件结束后，再次改元。

这次舍身仪式规格之高、参与人员之多、影响力之大，在南朝都是空前绝后的。梁武帝把此次舍身仪式，定位为像郊祀、祭太庙之类的典范仪式。因此，无论当世还是后世，都把这次舍身作为梁武帝佞佛的标志性事件。

第三次舍身在第二次的十七年后，也就是546年。当年三月武帝舍身，开坛讲经，召开法会。闹腾得差不多了，皇太子领衔群臣奉钱赎身，皇帝回宫大赦、改元。此次舍身时间长达二十六天。

第四次舍身发生于547年，年已八十三岁的老皇帝萧衍按照第二次舍身的全套仪式，进行了人生中最后一次舍身。前后一共折腾了四十七天，群臣三次请赎、奉钱一亿万，萧衍才依依不舍地回宫。

崇佛向法，舍身表示一下诚意，对于虔诚的佛教徒来说倒也无可厚非。只是由于梁武帝身份特殊，舍身的规模、次数又出了格，才招来物议。

然而，舍身事件究竟对梁朝国政有多大的影响呢？

二、儒释道三教合一，梁武帝的统治思想并未翻车

非议梁武帝者，大概一方面指责梁武帝用佛教思想治国（事实也并非如此）；另一方面，梁武帝不顾国政艰难去当和尚，四次舍身中三次都逼群臣花费大量金钱赎身，助长了奢侈风气。

花钱赎身、舍身怠政，这本身就是对君主责任与国家政事的戏弄。当然从大局看，几亿钱在当时算不得多么巨量的财富，因为梁武帝将流行货币由铜铸造改为铁铸，钱币大幅贬值。一时间各地纷纷铸造私钱，铁钱对比铜钱百不当一。到梁武帝晚年，甚至铁钱也铸造得不足额，以三十五钱的分量当原有的一百钱。所以赎金数额看起来十分吓人，其实与之前的价值概念相差甚远。

至于怠政之说，有很大危害吗？并不见得。梁武帝晚年怠政成了习惯，朝政大事都交给了朱异等新晋贵臣，他花在朝政上的功夫本就不多。547年，梁武帝第四次舍身前夕，北方发生严重的分裂和战争。梁武帝怠政成习，懒洋洋地派了两路军队北上骚扰北朝，其余时间大多无所作为。在这种情况下，即使去同泰寺住上十天半月，对本就死水一潭的朝政，也没有太大影响。

真正需要关心的是，梁武帝究竟有没有将佛教思想引导为治国思想，并由此带来社会价值体系和思想领域的混乱？

这要从梁武帝萧衍的宗教信仰说起。萧衍出生于江东，江东地区自晋朝南渡以来一直盛行道教，萧衍的乳名是炼儿，炼即是其信奉天师道的明证。道教的信仰以一种土生土长、自然而然的宗教文化融入其少年生活。但当萧衍长大成人进入仕途后，儒学思想便成为他信奉的主要内容。

儒学信仰肩负着精神寄托和仕途指导理论的双重意义，萧衍也像万万千千汉人子弟一样，把儒学奉为唯一的、独尊的指导理论。虽然道教思想萧衍接触得更早，但因为儒、道两者地位悬殊，道文化没有影响儒文化，并成为后者的一种补益。萧衍自然而然地以儒家思想指导人生和政治实践，用道家思想陶冶精神。这

一两种文化并融、毫不排斥、并行存在、相互影响的习惯，直接影响了后来萧衍接受佛教的态度和方式。

萧衍成年后方接触佛教。他在《会三教》诗中自叙："少时学周孔，弱冠穷六经。……中复观道书，有名与无名。……晚年开释卷，犹月映众星。"大概点出了他对三教的态度，儒学接触得早，道学尽显自然，佛教最痴迷。

但梁武帝也就嘴上说说而已，作为一个开基立业的成熟的政治家，他不会不知道什么是维护统治伦常最有力的工具。

是君君臣臣父父子子的儒学好使，还是阿弥陀佛、四大皆空的佛教好使？

梁武帝在统治思想的选择上有着明确的判断，他并没有让佛教思想占据哪怕一丁点儿的统治地位。

几次舍身为僧，虽然仪式、排场闹得轰轰烈烈，但梁武帝一不退位、二不让权，国家权柄牢牢控制在手里。

他一边念着佛经，一边又按照儒家礼法，有板有眼地执行祭祀、典礼，按君臣父子之道统治着万民。骨子里，梁武帝仍是一个不折不扣的儒士，根深蒂固的儒家思想在他的头脑中筑起了帝王思想的坚固堡垒。

在梁武帝的控制之下，佛教没有超出自己的教义而染指政权，佛教势力也只局限于文化层面，顶多在聚敛财富方面走得更远，而没有像北朝一样，不断有胡僧干预政治。南朝佛教势力也远远不如北朝。北朝僧尼二百余万，占总人口的十五分之一；而南朝僧尼仅有三万余，占总人口的比例仅为约六十分之一。南北佛教影响力之大小，于此可见其大貌。

三、舍身的真正目的是什么？

梁武帝崇尚佛法，到底意义何在呢？

说到底，其实不复杂。只不过由于他皇帝的身份，把这件事搞复杂了而已。

梁武帝虽说在504年，也就是开国第三年，下达了将佛教定为国教的诏令，但无论他本人还是当时的社会，都没把佛教太当回事，也没有把这道诏令作为依规，去崇佛抑道。

其实，就连这道诏令本身的真实性也存疑。成书于陈朝的《梁书》，与梁武帝时代距离很近，作者姚察就是梁朝人，他在《梁书》中并没有提及这道莫名其妙的诏令。这道诏令的出处是佛教书籍《广弘明集》。这本集子是僧人所撰，在涉及儒、释、道之争的问题上有一定的倾向性。编排灭佛的周武帝下地狱被虐待的段子，就是出自这本书。

所以后人对比《梁书》与《广弘明集》，都不大愿意相信梁武帝真干过如此愣头青的事。毕竟天师道在江南势力甚大，在民间也很有基础。504年，梁朝正被北魏摁在地上打，数千里北部防线处处烽烟，梁武帝怎会火上浇油去搞乱民间意识形态？

甚至到了518年，梁武帝下令在国家级的祭祀大典中，用果蔬替代血食——这就是后世佛门茹素戒荤的渊源，也遭到朝臣的激烈反对，以至于梁武帝不得不委委屈屈地在宫中坚持自己的素食习惯。

真正到了527年，梁武帝才铺开架子，正式开始崇佛，并且逐渐有意识地开始把佛事升格为与郊祀、庙祭规格相同的大礼仪，群臣也不得不跟着武帝耍花架子。

这是为了什么呢？纵观梁武帝的所作所为，大致可以得出两个结论。

其一，解决生死这个终极哲学问题。

527年，梁武帝已经是六十三岁的老人了。每个人到了这把年纪，都不免对生死问题越来越重视，梁武帝也不例外。

梁武帝毕生笃信的儒教是入世的哲学，其理论重点在于指导现世人生，对死后的世界没有解释。道家推崇的修真羽化，看起来是一个美好的希望，从本质上说仍是延长人的现世，对来世亦没有什么帮助。梁武帝让陶弘景为他炼制丹药，他自己心知肚明，古往今来，并没有羽化登仙、长生不老的人。

佛教则以其独特的理论体系，对现世、来世的哲学关系进行了深邃而奥妙的解读，并构建出往生的美妙逻辑。梁武帝对此无疑是非常渴望的。怎么看待自己的皇帝生涯，怎么评价自己的治绩，怎么预判自己的往生世界，佛学给了他足够多的想象和答案。

从这个角度看，四次舍身以及虔诚的向佛，都自然而然。

其二，打造圣王的政治人格。

从政治角度看，梁武帝向佛也有着鲜明的目的：学习阿育王，打造圣王的形象。

阿育王是古代印度孔雀帝国的伟大国王，约公元前270年至公元前234年在位。阿育王是世界历史上第一位以佛法治国的帝王，他推崇佛法、推广佛教的事迹，在世界佛教徒中享有极高的美誉。

梁武帝对阿育王非常推崇，他仰慕阿育王的治绩与佛名，专门组织人力翻译《阿育王经》。他还多次礼拜阿育王寺、塔，并把阿育王佛舍利迎入皇宫供奉。

至于舍身为僧，更是对阿育王的直接效仿。阿育王曾三次舍身，同样是臣下以钱赎回。

或许在梁武帝看来，阿育王既是统治孔雀帝国的强大人王，又是推广佛法的人间佛圣，这两重人格合二为一，是所有中国皇帝都没有达到过的境界。梁武帝不仅自己崇拜阿育王，还暗示臣子们奉承他为"转轮王""皇帝菩萨"，这其实就是在向阿育王靠拢，打造自己的光辉形象。

人老了，大都会有些想法，或是想千古留名，或是想江山永固、万世一系。梁武帝想当圣王，想寻求精神的寄托，倒也情有可原。

只不过错就错在，一个皇帝不顾自己的职责所系，闹得出格出圈，到后来惹人耻笑，这就是自作自受了。

梁朝的诸王争位大戏

说起九王夺嫡，大家的第一反应必然是清康熙朝的皇位之争。然而，历史上还有一场"九王夺嫡"大战，其过程和结果之惨烈远比清朝更甚。这场惨绝人寰的夺位大战发生在南朝第三个朝代——梁，主角是梁武帝的儿、孙以及侄孙们。

一、悲剧人物昭明太子

九王夺嫡是从一个人身上引起的，此人在中国文学史上大大有名。萧统，字德施，小字维摩，其编纂的《昭明文选》是中国历史现存最早的诗文总集。然而萧统的命运，却远远不如他的《昭明文选》。

萧统系梁武帝嫡长子，梁朝建国第一年他便被立为太子。无可撼动的嫡长地位、无可争议的良好品德，以及无人能及的父亲的宠爱，都显示着他储君地位的绝对稳固。

世间万事，但凡人力能及的，他都拥有了。唯一无法拥有的，是一个健康的身体，这也是他最大的不幸。

531年，萧统因病去世，年仅三十一岁，梁武帝痛不欲生，追谥萧统为昭明。昭明太子留下的储位空白，立时成为众多皇子、皇孙觊觎的目标。

梁武帝共八个儿子，第二子萧综先前已叛逃北魏，第三子晋安王萧纲，第四子萧绩先于昭明太子去世，第五子是庐陵王萧续，第六子是邵陵王萧纶，第七子是湘东王萧绎，第八子是武陵王萧纪。

按封建法统立嫡不立长的原则，太子之位应由嫡长孙继承。萧统有五个儿子，分别是萧欢、萧誉、萧詧、萧譬、萧鉴，理当由其长子萧欢继为太子。

然而梁武帝在议立太子之事上犯了嘀咕。梁朝社稷乃新创，第二子萧综叛逃事件令人心有余悸，人心不稳啊！

梁武帝也年近古稀，天下猝有大事，恐怕萧欢年少，根本无法应付。梁武帝迟疑了一个多月，最终立三子晋安王萧纲为太子。

他这一犹豫，直接开启了梁武帝末年诸子孙争位的大幕。

世间万事，坏就坏在不按规矩出牌。既然可以舍弃嫡长制，那么余下的皇子皇孙们都有继位的权利。

二、野心勃勃的五王、六王

首先跳出来的是第五子庐陵王萧续。萧续为人雄武有力，被武帝誉为"我之任城"（任城王指曹操的儿子曹彰）。当时新立的太子萧纲与第七子湘东王萧绎关系较好，第五子庐陵王萧续自恃有父亲宠爱，对储位很有想法。湘东王萧绎到荆州当刺史，擅自要了荆州行宫一名宫女为妾。萧续遂向皇帝举报，企图借此事搞臭萧绎，并连带着对太子萧纲施加影响。

萧纲看出了五弟背后藏着的咄咄逼人的刀子，于是以太子之位劝和萧续与萧绎，萧绎主动把宫女送还荆州行宫。萧续大概看出，光凭此事尚不足以整垮太子和萧绎，表面上接受太子之劝，但自此之后，五、七二王形同仇敌，绝交不相往来。但萧续天生无福，过了不久染病而亡，他这一派的夺储风波就此终结。

第二个跳出来的是第六子邵陵王萧纶。萧纶天性骄傲，对萧纲接任太子十分不满。萧续死后，萧纶自我感觉良好，便在州中大聚兵马，称萧纲德行不足，任非其位。被梁武帝申斥后，萧纶一度想在贡酒中下毒。梁武帝发觉后将萧纶关押起来，想要治其罪。

然而梁武帝生子时年龄已在三十开外，对诸子极为宠爱，又痛心于宋、齐两代宗室互相残杀的惨剧，因而对犯了罪的宗室子弟一律宽大为怀。萧纶被关了一段时间，都没舍得多吓唬便放了出来。

宽纵宗室子弟，自毁国家法度，后果是极其严重的。梁武帝晚年时终于为此自食恶果。这是后话，暂且不说。

侯景之乱爆发后，萧纶又被委以重任，持节都督淮南江北诸州军事，负责统一指挥数路大军围剿侯景。萧纶起初追剿侯景甚是用心，大概想借军功自重身份，以借机羞辱一下在台城坐观成败的太子萧纲。

然而侯景的强悍令萧纶的如意算盘落空，仅有八千人的侯景叛军从数万梁军松散的包围圈中脱身，渡江杀到建康台城。萧纶率本部兵追击，在钟山与侯景遭遇。已经稳住阵脚的侯景掉转矛头，迎头将萧纶揍了一顿。

眼看偷鸡不成蚀把米，如果打光了手中这点兵，不要说夺嫡争储，恐怕连身家性命都要断送了。萧纶当机立断，大兵驻守台城之外，不管城内梁武帝的死活。至于勤王解围的事，谁爱干谁干去吧。

建康外围救兵云集，然而一者慑于侯景强悍的战斗力，二者目睹萧纶的不作为，大家心有灵犀地作壁上观，拒不发兵解围。不久，在数十万勤王军的静坐战中，台城被破，梁武帝父子被生擒。萧纶无奈，只好率兵远走郢州，靠手中残存的万余人马当了个一方诸侯。

此时所谓的梁帝国法统到底授予何人，已不取决于被俘虏的老皇帝萧衍，而是全靠实力来夺取了。萧纶手中兵力寡弱，远比不上荆州的七王萧绎和益州的八王萧纪，他又不甘于在郢州当土皇帝，转而又树起为武帝复仇的大旗，企图在政治上加分。只可惜，没过多久，北朝的西魏趁火打劫杀入南朝。萧纶东奔西走无处可逃，被西魏俘虏后处死。

三、狗咬狗的七王、八王

第七子湘东王萧绎，是个心机深重的人。他分封为王并且掌管荆州后，自知在法统上绝无与萧纲争位的可能，于是退而求其次，在荆州"独善其身"。

虽然他与太子萧纲感情较好，但在储君之位的巨大诱惑面前，虚情矫饰的萧绎表面上不像其他皇子那般蠢蠢欲动，只是一直闷头经营自己的势力。

侯景之乱爆发后，萧绎立即意识到他的机会来了。梁武帝飞檄调诸州兵入援，萧绎迁延日月，只派出少量部队到建康勤王，未及与叛军交一阵，台城便陷落了。

萧绎自恃荆州乃是梁朝第一大镇，除了丧家犬般的六哥萧纶，余下的便以他的实力最强。诸州败军也以荆州的指示为遵，盼望他早日与侯景决战。但萧绎并不忙于进兵讨伐侯景，而是把屠刀挥向了河东、岳阳的二王。

河东王萧誉、岳阳王萧詧都是昭明太子萧统的儿子。萧誉的封地在湘州（今湖南长沙），萧詧的封地在雍州（今湖北襄阳）。从法统上来说，他两人是嫡长子的儿子，更有权力继承皇位，对诸州军队也有号令权。

萧绎久与长兄家这两个侄子有怨，因此率先撕破脸皮，发兵攻打湘州，杀死了亲侄子萧誉。萧詧势孤力弱，不敢与萧绎硬碰硬，便举州投降西魏。

之后侯景势力扩张，萧绎被迫迎战。由于人心还倾向于梁朝，侯景数度作战不利，被逼回建康。萧绎发兵将其围困，最终消灭了全部叛军，收服了江南失地。在攻打台城之前，萧绎丧心病狂地授意，一旦拿下城池，便将被叛军俘虏的梁武帝、梁简文帝萧纲全杀掉。所幸沦陷期间梁武帝已经饿死，即位的萧纲也被处死，萧绎没机会犯下弑父杀兄的大恶。

此时六王萧纶也被西魏擒杀。放眼天下，梁武帝所遗诸子以萧绎为长——实际上就剩下他和老八萧纪。萧绎挟平叛之功，便在群臣劝进下自立为帝，是为梁朝第二代、第三位皇帝梁元帝。

不过就在萧绎称帝的同时，益州的萧纪也以巴蜀、汉川之地为基础，改元称帝，年号天正，公然与萧绎分庭抗礼，号称自己才是梁武帝的后继正统。

如果不称帝，像萧纶那样只是称制摄政，七王、八王之间的矛盾未必会立即公开化，毕竟当时梁朝大乱甫定，需要时间巩固内政。但二者同样对帝位充满了强烈的欲望，所以他俩立即撕破脸皮，兵戎相见。

八王萧纪在益州经营日久，自恃实力不亚于七王萧绎，遂倾川中之兵，沿江东下决战。双方在三峡苦战良久，七王内部爆发了湘州叛乱，外部又遭受北方西魏攻击，随郡、安陆一带被攻陷。为了求得一个安稳的局面，萧绎甘愿割让随、陆二郡，并与西魏修好，请西魏协助出兵消灭八王。西魏遂趁火打劫，越过秦岭攻入汉中、蜀中，端掉了八王的老窝。萧纪前后不能相顾，战败被杀。

至此，七王最终在争夺储位的大战中胜出，靠着屠戮兄弟、侄子，割让土地，终于勉强当上了皇帝。不过他这个皇帝的成色相当差。益州被西魏拿下，扬州、江州又处于半独立状态，七王手下其实只有荆湘二州。没过多久，这个弱小的梁朝就被西魏攻灭，梁元帝被俘后被处死。

四、卖国贼与带路党

临贺王萧正德，是梁武帝恨不得剁成肉泥的卖国贼。萧正德是梁武帝的亲侄子，梁武帝早年不知是何缘故，就是生不出儿子，怕绝了后的他就把弟弟萧宏家的儿子萧正德过继了来。后来梁武帝开基建国，萧正德开始有了非分之想，感到自己可以当储君了。结果梁武帝这边战场上春风得意，那边生儿育女也是战果颇丰，梁朝刚一建国，昭明太子便呱呱坠地了。于是，梁武帝便把萧正德还给了萧宏。

萧正德怨望连连，可惜他在血统上完全没有机会，只好把怨恨埋在心里。梁武帝为了补偿他，特意超格封他为郡王，仅次于皇帝亲子。然而喂不熟的狗，永远都不会感恩。侯景之乱爆发，叛军打到长江渡口，萧正德提前给叛军送去三千艘大船，又拱手让出建康城的南门，把一座坚城白白送给了侯景。

他本来幻想着侯景打下建康后会扶立他当皇帝，哪怕是傀儡也甘愿，只为过过皇帝的瘾。只可惜，卖国贼在敌人那里也不受待见。侯景假意立他为帝，等到俘虏萧纲后立即尊萧纲为帝。无耻的萧正德被侯景处死,落了个罪有应得的下场。

岳阳王萧詧则沦落成了带路党。萧詧自昭明太子死后便获封岳阳王,掌管雍州,手中亦有一部分兵力。建康被叛军攻陷后,萧誉、萧詧兄弟二人与七王萧绎死掐,结果河东王萧誉兵败身死,萧詧力不能敌,便投降了西魏,甘心为西魏带路进攻荆州。西魏连哄带骗地驱使萧詧率兵当先锋。梁元帝被俘后,萧詧亲自监刑,处死了自己的亲叔叔,为哥哥萧誉报了仇。然而阋墙之争徒然给外人看热闹,西魏将萧詧经营许久的雍州夺走,把江陵一郡之地留给他,扶立他当了梁帝。萧詧悔之无及。

萧詧的梁政权被后人称为西梁。萧詧小心谨慎,总算战战兢兢地延续了两代国脉,直到隋朝时才被和平废黜,也算是不幸中的万幸了。

然而于梁朝的大局来看,这场争位大战直接导致了国家的覆亡,可以说毫无意义。九王之中,除昭明太子和萧续早亡、萧詧当了儿皇帝得以善终,其余六人(太子萧纲、六王萧纶、七王萧绎、八王萧纪、河东王萧誉、临贺王萧正德)都死在互相倾轧的恶潮之中,于国于家于己,都是一场彻头彻尾的悲剧。

"死神"侯景,一个人向南北朝三个国家宣战

侯景之乱是南北朝历史的一个关键转折点。南朝历经一百二十多年,与北朝对抗不落下风,侯景之乱后,南朝彻底衰落,从此沦落到任人欺负的境地。侯景是何许人,为何有这么大能量?

一、北朝往事：侯景与高欢

如果没有高欢这个不世出的奇才，侯景或许早就称孤道寡了。

侯景（503—552），羯族人，早年在北魏六镇之怀朔镇当镇兵。

不得不说，北魏六镇确实是北朝最神奇的名将培养基地，不仅孕育了开创隋唐帝国的君臣将相，还培养出一大批名将，侯景也是其中之一。

六镇起义爆发后，侯景随波逐流，被各股义军裹挟流离，后来百川入海，与高欢、宇文泰、贺拔岳等一同归入契胡首领尔朱荣帐下。尔朱荣被魏庄帝刺杀后，尔朱荣的侄子尔朱兆接掌尔朱氏大权。侯景遇到人生第一个机遇。

为什么说是机遇？

尔朱氏以凶猛强横的部落兵力控制北魏大权，但其内部结构非常脆弱，契胡族人固然战斗力极强，军事理念和组织形态却非常落后。尔朱荣在世时，凭借天才的军事能力和绝顶聪明的头脑，才使得契胡人百战不殆。但尔朱荣死后，族中找不出能和他比拟的首领。尔朱兆只不过是一个猛将，当不了部落首领，更驾驭不了复杂的北魏政局。尔朱荣在世时，就忧心忡忡地说尔朱兆是庸才。

尔朱荣一死，分散在各地的尔朱氏势力马上陷入四分五裂的状态。在关西统军征伐起义军的尔朱显寿，立即被贺拔岳反手干掉。高欢也在晋州公开与尔朱氏为敌，并接连击败尔朱兆派去的讨伐军。

当时，侯景如果果断出手，夺取尔朱氏兵权，就有可能借而控制北魏朝廷，与贺拔岳、高欢三分北朝。

只可惜侯景没有抓住这个机遇。高欢消灭尔朱兆，率兵打进洛阳。侯景早年与高欢在怀朔镇素有旧交，此时见大势已去，便率部众投降了高欢。高欢对侯景之才心知肚明，立即任命他为丞相府长史，倚之为心腹之臣。

高欢扶持元善见建立东魏，将国都从洛阳迁往邺城，高欢自己开府于晋阳，国家的重心移向北方。河南一带处于与西魏对峙的前线，常年发生战事，高欢为稳定局面，任命侯景为河南道大行台，专一负责河南方向的军政大权。这个职务，侯景一干就是十四年。

史书关于侯景的八卦很多。

其一是侯景跟名将慕容绍宗学兵法，结果学了没多久，侯景就出师了。

其二是沙苑大战后，高欢忿于战败，侯景请求率精锐骑兵数千，直入关中擒斩宇文泰，以雪此奇耻大辱。高欢起初打算同意的，回家和夫人娄昭君提起此事，娄昭君说，以侯景之能，干掉宇文泰后他肯定不会回来。一语惊醒高欢，他当即停止了这个动议。

这种有细节的小段子看起来特别吸引眼球，很多人对其深信不疑。其实北朝史事失于荒疏，北朝武人不像南朝文士高官那样时常作些家传以记录家事，所以越是写得有鼻子有眼的，就越有杜撰的可能。

虽然不知真伪，但反映出侯景在东魏的地位确实比较高，才能也确实不一般。

二、造反于河南：侯景同时挑战三个国家

侯景在河南的十四年，一直兢兢业业为高欢镇守着南部边陲，从未有过异心。

但547年高欢一死，侯景内心深处掩藏了半生的野心，突然之间蓬勃地爆发出来。

其野心源于十几年间对东魏将相群体的观察。

高欢部下大将，以高岳、高昂、窦泰、彭乐、斛律金等人为主。除了高岳，其余大都是勇猛多于智略的莽将，侯景常常讥笑他们有勇无谋，是像野猪一样只知道猛冲猛打的蠢货。

即使高欢本人，在与西魏的五次大战中也暴露出长于政略、短于将略，锐于

决斗、短于大局的缺点。事实上东魏第一次在野战中击败宇文泰的河桥之战，正是侯景的杰作。

高欢唯一令侯景胆寒的，是高欢在识人用人方面的高深智慧。侯景在这方面自叹弗如，他与老上司心照不宣：你活着，我甘心供你驱使；你不在，天下任我行。

高欢临终前，干脆放弃了继续争取侯景的希望，直接向世子高澄挑明：侯景必反，但是儿子你别担心，我雪藏了慕容绍宗。你一上台马上提拔他，他是侯景的克星。

这边高欢刚死，那边侯景探知消息，毫不犹豫地在豫州造反。

智者善于造势，就连造反也反得别具一格。

若换作一般人，造反就是为了过把称孤道寡的瘾，但侯景不是冲动的人，他从来不是只用蛮力的选手。反出东魏的同时，他派人向南朝梁武帝上了一道降书，声称愿以河南之地降梁。光向梁朝投降还不够，侯景还遣使向西魏宇文泰请降，声称愿意搁下双方血战十四年的深仇大恨，共同对付高澄这个黄口小儿。

两个国家都垂涎河南十四州之地，都第一时间接受了侯景的请求。昏愦老迈的梁武帝（时年84岁）迫不及待地遥授侯景为河南王。西魏宇文泰深知侯景是只抓不住的老狐狸，但他也知道机会难得。河南十四州处在东魏、西魏、梁朝三国交界之地，侯景以一己之力势难独存，但其如果冒险一搏，未尝没有趁乱得利的可能。

西魏、梁朝在互相不知道对方已经接纳侯景之降的情况下，同时派兵策应侯景。

一人造反，三国同时开动，处于风暴之眼的侯景，着实是位造势大师。

高澄相继派韩轨、刘丰、高岳等大将率兵进攻豫州，侯景从荥阳南撤至长社，与东魏军对峙。西魏援军东出弘农，在东魏军侧后制造威胁。梁军也北上夺占汝南一带，并以一部主力北出淮水，进攻东线重镇彭城。

高澄三面受敌，一时间被侯景弄得狼狈不堪。

如果这样持续下去，北方极有可能打破二强并立的局面，恢复当年五胡之乱时多国并立的态势。这正是侯景的终极打算，所谓投降西魏、梁朝只不过是个幌子。

但人算不如天算，他计划中重要的一环——梁朝，首先崩盘了。

梁军在东线发起的攻势本来最具威胁性，吸引了东魏军大量的主力。但数十年未经大战的梁军腐败不堪，在坐拥优势兵力的情况下，被东魏名将慕容绍宗击败。被高欢、高澄父子寄予厚望的慕容绍宗掉头进入河南，集中火力进攻侯景。

慕容绍宗稳下心来，对侯景实施消耗战略，凭借东魏强大的国力后盾，一点一点地消耗着侯景的实力。

西魏援军到达河南与侯景进行了有限接触，惊恐地发现其与南朝勾结。侯景打算继续诱骗西魏诸军来援，但西魏发现上当后，在边境集结军队准备进攻这个无耻的骗子。

梁朝在彭城大败后有了心理阴影，豫南方向的援军迟迟不敢北上。

各路援军断绝，侯景陷入孤军作战之困境。偏偏慕容绍宗又掐准了他的死穴，侯景连战失利，最终在涡阳被慕容绍宗打垮，手中四五万人大部分被歼。

侯景率八百残兵南渡淮河，逃入梁朝寿阳郡。

梁朝众臣本欲收拾掉这个危险的瘸子（侯景一条腿短，走路跛行），但梁武帝又想留着他制衡北朝，导致政策来回变动。后来侯景获知东魏、梁朝意欲讲和，还想把他当战利品送还东魏。走投无路之下，侯景断然据寿阳造反，目标直指南梁的政治心脏——建康。

三、八千人灭掉南朝

侯景在北朝作战多年，是与高欢、宇文泰齐名的统帅之才，虽然晚节不保，最后沦为东魏众将练兵的靶子,但其功力还在,拿到南朝对比,几乎无人可敌。

所以他敢只以八千人马起兵——即使是这八千人,也是他在寿阳城闭城大抓壮丁拼凑起来的。这份勇气,实在大得吓人。

梁武帝起初并没当回事。他调集四路大军,由皇六子邵陵王萧纶持节,都督各路兵马十余万人围剿侯景。

侯景何等人也,早已在北方见惯了各种形式的战争。虽然梁军势大,但诸部之间相隔数百里,包围圈根本衔接不起来。侯景敏锐地率军脱离寿阳,一头扎进东南腹地,从历阳渡江,昼夜兼程杀奔建康附近。

梁军当时是内轻外重的格局,即诸方镇拥有强兵,但京师直接指挥的兵力却仅有一两万人。侯景渡江后几乎是如入无人之境,为了扩充实力,他把沿路抢掠所得全都赏赐给部下士卒,又不断收编梁朝溃兵。其队伍渐渐庞大起来,杀至建康台城时,居然也有了数万之众。

梁武帝在位四十余年,执政晚期政治非常腐败,内有奸佞用事,外有诸子争位,已经到了崩溃的边缘。梁朝北伐战败、十余万人打不死只有八千人实力的侯景,都是临近衰亡的表现,之所以没有立即崩溃,全靠梁武帝积累了数十年的超高威望在维系。

侯景直取建康的策略,无情地击中了梁朝的死穴。如果他一直困守寿阳,虽然不至于被梁军击败,但梁朝百足之虫,死而不僵,以一城与一国相抗,绝无胜算。此时直击建康,切断梁武帝与外界的联系,中枢一乱,梁朝立时就会陷入混乱。

事实也正是朝着侯景预判的方向发展的。侯景乱军围攻台城,虽然百般进攻无法得手,但随着时间的推移,梁朝中央的权威一点点丧失,国内矛盾逐步激化。

以荆州刺史萧绎(梁武帝第七子)、益州刺史萧纪(梁武帝第八子)为首的外镇势力,都坐观建康被围而不出兵勤王,希望叛军干掉梁武帝,他们好起而争取皇位。其余各镇勤王军队见皇子都不愿救亲爹，便都消极不战。

可怜建康城坚守五个月，终因外援断绝、粮尽力竭，被侯景攻入城中。梁武帝被饿死，后继的梁简文帝萧纲被废黜、杀害，梁朝第一次被灭亡。

堪叹侯景以败亡之余数百残兵，居然入人之国、夺人之地、陷人之都、执人之君，南北朝二百余年的历史中，从未有过这样辉煌而怪诞的胜利。

侯景结发从戎，从来都不靠蛮力与人争斗。善于造势、善于批亢捣虚，是其军事思想中最突出的特点。

然而，月满则亏，日中则昃。这样的行事特点，能令侯景在南北朝三国对峙的乱局中造势取利，却无法在取得胜利后保持状态。攻取台城是他一生功业的顶点，然而当他以并不强大的力量，面对梁朝真正的实力派的围殴时，还是露出了强大面具背后的虚弱。

梁元帝死前为啥烧了十四万卷书？

梁元帝萧绎，字世诚，梁武帝萧衍第七子，少年时获封湘东王，又出镇荆州，侯景之乱后自立为帝，数年后被西魏消灭。这是他一生的简要历程。

梁元帝不是一般的皇帝，他自幼生长于帝王之家，受教育程度非常高，一度可以开坛讲学。然而就是这位学识水平深厚的皇帝，国破家亡之际，居然把怒火撒到书上，把梁宫中珍藏的十四万卷书，统统付之一炬。梁之亡，在历史长河中本不值一提，但这十四万卷书之焚，却是堪比秦始皇焚书坑儒的文化浩劫。

亡国焚书是什么缘故呢？这还要从萧绎的生平说起。

一、年幼眼盲，性格偏激

萧绎出生于萧梁建国之后（508年出生），自幼接受的教育非常好，加上他天资聪明，故而很早就体现出极高的文化素养，五岁时便能背诵《曲礼》的上半部，少年时代博览群书，下笔成章，才华横溢。

梁武帝对这个儿子十分喜爱。萧绎十七岁的时候，梁武帝问他："当年孙策在江东创业，你可知他几岁？"萧绎回答说："十七。"武帝说："正好和你同岁。"孙策是开创东吴基业的人物，梁武帝这么勉励萧绎，足见对其喜爱之深。

然而天不假福。萧绎刚出生的时候，一只眼有病，从来不会治病的梁武帝不知从哪儿来的自信，居然亲自给儿子诊治，结果把一只眼给治瞎了。身体上的残缺，让萧绎性格产生了变化，他长大后极其忌讳别人说他眼瞎，经常因此发怒责罚触了忌讳的人。

梁武帝十分注意对儿子们的培养，除了教授文化知识，还让他们到外州做官历练。萧绎自十二岁起就开始当外州刺史，期间短暂地被召回建康负责过石头城防务，其余时间全在外州。

547年，三十九岁的萧绎徙任荆州刺史，负责荆、雍、湘、司、郢、宁、梁、南北秦州等九州的军事事务。自此再也未回过建康。

在二十余年的外任生涯中，萧绎与父亲、兄弟们的关系逐渐疏远，终至恶化。

为什么呢？这都是梁武帝种下的祸根。

梁武帝长子萧统中年夭折，梁武帝按顺序立第三子萧纲为太子（第二子萧综亦死）。萧统的嫡子萧欢、萧誉、萧詧等极度不满，萧绎和几个兄弟也产生觊觎之心。大家彼此各怀鬼胎，又长年不在一处，心生嫌隙在所难免。

侯景之乱爆发后，萧绎诸兄弟手握重兵，却坐视叛军围攻建康台城，不肯发兵救援，导致梁武帝、萧纲都被叛军害死。

皇统中断后，萧绎与河东王萧誉、岳阳王萧詧两兄弟的矛盾激化。二王一在湘州长沙，一在雍州岳阳，名义上受萧绎节制，萧绎一直想吞并二王，为称帝做准备。但建康陷落后诸萧各自为政，萧誉兄弟并不听萧绎的，双方各不相让，终于兵戎相见。

萧绎坐拥荆郢诸州，毕竟地大兵强，手下又有王僧辩、王琳、胡僧祐等猛将。萧誉、萧詧根本抵挡不住萧绎的攻击。萧绎大将王僧辩率兵围困长沙，生擒并斩杀萧誉。萧詧据襄阳一地，无力与萧绎对抗，只好投降了北边的敌国西魏。

二、错误决策，株守江陵

萧绎兼并了湘州的地盘，随即集中力量与侯景叛军决战。巴陵一战消灭了侯景主力，建康一战彻底消灭侯景，萧绎获得了空前的威望。在荆州诸臣僚的拥戴下，552年，萧绎于江陵即位称帝，是为梁元帝。

梁元帝称帝之前，其八弟武陵王萧纪早一步在益州称帝，两者实力非常强大。萧纪率兵东出三峡，与梁元帝决战。

梁元帝起初抵挡不住川兵攻击，于是向一直窥伺南朝土地的西魏提出条件，请其出兵袭取两川，事成之后，川中土地任由西魏取走。送上门的礼岂有相拒之理，西魏随即乘虚而入，接连攻陷汉中和蜀中。两面受敌的萧纪全军崩溃，萧纪父子在峡口被俘杀。

至此，萧绎终于克成帝业，放眼南朝大地，确实没有人再有与其争夺帝位的资格了。

然而称帝的代价也太了些。

这几年中，他杀死一个弟弟、一个侄子。他的嫡长子萧方，因为其母徐昭佩不受待见，也被排斥至死。

萧绎部下头号大将王僧辩，攻湘州、灭侯景、击萧詧，立下大功无数，却被萧绎猜忌甚深。以至于王僧辩后来出镇扬州，竟然拥兵自重尾大不掉。

国防形势上，萧绎处于十分不利的局面。由于北面的襄阳、西面的益州全被西魏夺取，长江北岸的随、陆、蕲、黄诸州被西魏、北齐趁乱夺走。梁武帝时代，纵然国力不济，北朝来侵时，战争也就在淮河南北打一打，为何现在北军能轻易深入长江北岸？就是因为萧绎不顾外敌在侧，拼命发动兼并战争，从而失地辱国。

消灭内部敌人后，萧绎面临一个问题：到底是把老巢江陵作为新都，还是迁回建康旧都。建康经过数年战火早已残破不堪，但此地是东晋至南朝数百年来的政治中心，其意义是任何城市都无法比拟的。而萧绎群臣多是江陵人，并不愿千里迢迢徙都建康。

江陵城在长江以北，其地无险可守，直面北方西魏的军事压力，其实并不适合作为首都。即使萧绎不愿到建康，退而求其次，把都城迁到武昌，把长江天险利用起来，也不失为中策。然而忙碌一生，终于登上大宝的萧绎，似乎对享乐已经迫不及待了，他压住所有反对的声音，坚决地把首都定在江陵。

三、自取其辱，亡国焚书

萧绎是一个出色的文学家，辛苦了一辈子，终于有闲工夫了，是时候发展发展爱好了。

他一生著书无数，看看下面这些条目：

《孝德传》三十卷，《忠臣传》三十卷，《丹阳尹传》十卷，《注汉书》一百一十五卷，《周易讲疏》十卷，《内典博要》一百卷，《连山》三十卷，《洞林》三卷，《玉韬》十卷，《补阙子》十卷，《老子讲疏》四卷，《全德志》《怀旧志》《荆南志》《江州记》《贡职图》《古今同姓名录》各一卷，《筮经》十二卷，《式赞》三卷，文集五十卷。

你无法理解一个文学家对学术的痴迷。

萧绎开始了疯狂的学术研究，天天聚集群臣开坛讲学。至于危险的国防形势，王僧辩、陈霸先等尾大不掉，统统放在一边。

西魏一直对南朝虎视眈眈，特别是夺取益州和襄汉一带后，从西、北两面对南朝形成夹击之势，发起进攻是迟早的事。西魏宇文泰探知萧绎的情况，派身为八柱国之一的名将于谨率五万军马南下攻梁。

梁朝边境上的城戍发现西魏调兵的迹象，屡屡向江陵报告情况，怎奈萧绎认为魏梁交好，不可能发生战事。

西魏要的就是萧绎这份麻痹。于谨率大军迅速南下，江陵城以北糟糕的防守劣势顿时暴露出来。魏军只花了二十天时间，就全部开到江陵城下。萧绎急切之间要召各地兵马前来救援已然来不及了。

魏军一边分头掐住江陵南面的渡口，一边以主力猛攻江陵外城。梁朝老将胡僧祐亲自上城督战，结果中了流矢阵亡。文学家萧绎不谙战阵，在主力尚存的情况下，令诸军退入内城，企图负隅顽抗，等待各地援军来解救大难。

然而扬州方面，王僧辩心怀疑贰，早就定下决心自保建康，拒不发一兵一卒救江陵。广州的王琳开到湘州，却被魏军死死阻隔在长江南岸。

萧绎困守内城，迟迟不见一兵一卒来援。他越等心越凉，随着魏军的进攻愈加猛烈，他终于知道，没有希望了。

萧绎不由悲从中来。他让人把自己收藏的书籍集中到东合竹殿上，一把火全部烧了个精光。这些书共有十四万卷，包括从建康为避兵灾而转移到江陵的八万卷书，其中很多是古籍，有的还是孤本。魏晋、南朝几百年传承下来的文化精粹损失惨重，这实在是一场不亚于焚书坑儒的文化浩劫。萧绎又拿出自己的佩剑，砍斫庭柱把剑折毁。有人问萧绎这是何意，萧绎说："文武之道，今夜尽矣。"

烧书折剑也要找个理由，这是萧绎一生难改的性格。

什么错都不是自己的，都是别人的，连自己的藏书也有错。

其他人觉得好笑，他却觉得这是理所当然。南朝贵族绝于梁朝，缘由就在于他们彻底朽坏了。

这场焚书颇有殷纣王鹿台自焚的气势，只不过熊熊烈火中，纣王烧掉的是金银珠宝，而萧绎烧掉的是魏晋数百年来最宝贵的文化财富。痛哉，惜哉！

焚书之后，萧绎出降。这个穷途末路、自作自受的懦夫还想苟活，哀哀地向魏军元帅于谨乞命。于谨不假辞色，一声令下，杀！

萧绎卒，亡年四十七岁。

西梁风云——梁帝国苟延残喘了这么多年

西梁，因为首都建在江陵，区别于东边的以建康为首都的梁朝，故有此称。这个附庸国虽然微小，却完整地经历了北朝由大乱到大治、由分裂到统一的过程。更令人称奇的是，它居然比宗主国北周活得还长久。这段传奇故事的开端，还要从南朝规模最大的浩劫说起。

一、引狼入室的萧詧

南朝梁武帝末年，在政治腐败、制度混乱以及外交政策严重失误等多重因素叠加下，爆发了前文讲到的"侯景之乱"。

梁朝开国皇帝、梁武帝萧衍在首都建康被侯景叛军活捉，不久后饿死于台城，即位的简文帝萧纲也死于叛军之手。梁武帝第七子、湘东王萧绎发兵平定了侯景之乱，在江陵即位，是为梁元帝。

侯景之乱触发了梁朝掩盖已久的诸子争位的矛盾。梁武帝嫡长子、昭明太子萧统先于其父去世，梁武帝出于稳定政局的考虑，弃昭明太子的嫡子而立第三子萧纲为太子。这个决策打破嫡长继承的规矩，引起萧氏皇族的集体不满。梁武帝死后，第六子邵陵王萧纶、第七子湘东王萧绎、第八子武陵王萧纪，以及皇孙河东王萧誉、岳阳王萧詧（二人皆为昭明太子的儿子），纷纷举兵互相攻伐，企图夺取帝位。

诸皇子皇孙中以湘东王萧绎势力最大，他先后消灭了武陵王、河东王，逼死了邵陵王，与岳阳王萧詧结下不共戴天之仇。

为争位大打出手的萧氏子孙，早已丢弃了一切人伦道德。萧氏内战之时，北朝西魏国趁火打劫，先后攻陷了益州、汉中、随郡等大片南朝领土。萧詧受攻于七叔萧绎，不得不投靠西魏以求自保。

西魏是鲜卑国家，实际执政者宇文泰是一位以策略超级灵活而著称的政治家和战略家。一旦被拖进他的战略计划中，任你本事通天，也难逃魔掌。萧詧正是一个被宇文泰吞噬的猎物。

萧詧的封地在襄阳，是南朝雍州的治所，州境大致在今湖北襄阳的周边。其地一贯是南北朝交界之地，由于常年有战争，民风十分彪悍，为南朝贡献了不少精兵。正因如此，襄阳才得以苟延残喘，没有被萧绎攻灭。然而及至南朝大乱甫定、萧绎称雄于江陵时，萧詧不论如何挣扎，也再难以一州之地与其抗衡，迫不得已，只好求救于西魏。

549年，萧詧以藩国的名义附于西魏，宇文泰欣然纳之。萧绎闻讯即遣大将柳仲礼进攻襄阳，以免该地落入西魏手中。西魏将军杨忠（隋文帝杨坚之父）自襄阳反击，击败梁军、擒杀柳仲礼，随手还打了一个反突击，挖走随郡、安陆两地。说句题外话，正是这场随郡之战，开启了大隋帝国国号的渊源。

随郡之战后，西魏势力侵入荆汉一带，襄阳开始慢慢落入西魏控制之中。

550年，西魏册封萧詧为梁王，但本着不激化矛盾的原则，宇文泰并没有解除萧詧的武装，而是利用萧詧对萧绎的刻骨仇恨，让他率本部军马时刻威胁萧绎。

554年，西魏发兵进攻江陵的梁元帝萧绎，萧詧率本部人马参战，配合于谨于当年年底打破江陵城，生擒梁元帝。萧詧亲自监刑处死了梁元帝，一生大仇得报。

然而之后，萧詧忽觉后心一凉：他的老巢襄阳没了。

二、以襄阳易江陵

襄阳的易手，不得不服宇文泰的高明。

萧詧经营襄阳多年，在当地根深蒂固。如果宇文泰硬碰硬地武力解决，虽然结果还是收入囊中，但是否会因此引发其他矛盾，便不得而知。借打江陵将襄阳武装调离本地，既光明正大又顺理成章。等到江陵城破，萧詧所部杂处西魏军中，已成孤军客居之势。挟战胜余威的西魏军，即使以武力解决萧詧也不在话下。

但宇文泰仍然没有下狠手。

梁元帝虽亡，但梁军尚拥有江南半壁，梁名将王僧辩、陈霸先都不是易与之辈，宇文泰还没有一鼓克定江南的实力。多方揣度之下，宇文泰将萧詧就地放在江陵，于554年十二月册封其为梁帝，所领之地仅江陵一州。西魏军在江陵留置军队，表面上是帮助萧詧驻防，实则是留兵监视。至于萧詧老巢襄阳，早就被西魏顺手牵羊拿走了。

萧詧有苦说不出，只能委屈地在江陵当了个小皇帝。555年正月改元为大定，尊其父昭明太子为昭明皇帝，立第三子萧岿为皇太子。昭明太子是梁武帝萧衍的嫡长子，从这个角度看，西梁反而较江陵的梁元帝政权以及稍后的建康萧方智政权更为正统。

西梁国实际上是西魏与南朝的缓冲区，使西魏不至于和南朝撕破脸，而能抽出精力应付东方的世仇北齐。所以，西梁国是南北朝三个国家互相牵制的产物。对于萧詧这个所谓的萧梁正统，西魏其实也视之蔑如。

没过几年，江南爆发王琳之乱时，北周（西魏的后继王朝）把永嘉王萧庄送过长江，并支持王琳扶立萧庄为梁朝皇帝。这位永嘉王是梁元帝萧绎的长孙，江陵城破时被西魏军俘虏。赤裸裸的事实表明，在北朝眼中，萧詧和其他萧氏子孙一样都只是傀儡。

萧詧君臣并非没有洞悉宇文泰的本意，他们也绝非心甘情愿地做附庸。西魏甫下江陵时，曾纵兵在城内屠杀、抢掠。萧詧虽与萧绎势同水火，但对生养之国仍有香火之情，眼见魏军暴行，内心痛苦万分。

萧詧的部将尹德毅建议说，趁魏军立足未稳，设宴犒师，在宴席之间擒杀魏军主帅于谨，再乘其军中无主发兵偷袭，应当可以击败魏军、恢复梁朝江山。这个天真的想法未免低估了西魏第一智将于谨的水准，萧詧托词说西魏待自己不薄，不能做反复小人，没有采纳尹德毅的建议。

西魏大军撤离之前对江陵进行了彻底的破坏，还掳走了城中数万居民，给萧詧留下一座残破不堪的废都。萧詧感伤战祸之惨烈，作了篇《愍时赋》抒发内心的苦闷与悲伤。表面上看，是他对战祸的哀叹，实则是疆土缩水与称帝野心的巨大落差带来的心理失衡。

其赋中说："昔方千而畿甸，今七里而盘萦。寡田邑而可赋，阙丘井而求兵。"昔日是地阔万里、千里犹畿的大梁帝国，今天却只剩区区数里的王京！

如此露骨地抱怨，难道不怕惹怒心狠手辣的宇文泰？大概萧詧觉得生无可恋，说就说了，爱谁谁吧。不过幸运的是，宇文泰刻意忽略了萧詧的吐槽。原因无他，毕竟萧詧还有作用，且没有什么威胁。

三、附庸国的无奈

事实上，附庸小国西梁还真不是简单地混吃等死。梁陈易代之际的南朝形势，容不下任何一个吃安稳饭的国家，哪怕只是个附庸。

梁元帝政权灭亡后，一大帮梁朝故将无视萧詧的存在，一口气又立了好几个梁国。最大的当属平叛功臣王僧辩、陈霸先扶立的萧方智政权。萧方智是梁元帝的儿子，这个政权被后世史家认定为正统，萧方智也被写进梁朝本纪，后来陈霸先于557年受禅称帝，建立陈朝，取缔萧方智政权。其次，则是梁将王琳于558年拥立的萧庄（梁元帝长孙）政权。这两个梁国论其渊源都是梁元帝系统，对萧詧抱着满满的敌意，而敌意带来的是连绵不断的军事进攻。

554年，萧詧刚刚称帝，据守湘州的梁将王琳就遣兵来攻，萧詧将其击败。558年，为巩固江防形势，萧詧派大将王操进攻湘州，拿下长沙、武陵、南平等郡。这次冒失的行动很快招致王琳的报复。559年，王琳又攻至江陵近旁，拿下监利郡，太守蔡大有战死于该郡。萧詧的实力连王琳都不足以应付，本已有亡国之危，好在湘州东部陈霸先的军队虎视眈眈，令王琳不敢倾全力进攻江陵，萧詧得以勉强存活下来。

陈朝削平湘州、统一江南后，由于同北齐处于敌对状态，不敢过多树敌，因而对北周保持友好态度。北周同样因为强敌在侧，迫不得已联陈以制齐。睦邻友好的大背景，使得北周虽然对江南土地垂涎三尺，自己却不好出兵进攻。在此情势下，西梁被推上了蚕食江南土地的前线。

虽然国力贫弱之极，却还要被迫当炮灰进攻已经统一的陈朝，这份虐心、悲惨和别扭，已经无法用言语形容了。萧詧好歹也是梁武帝的嫡派子孙，却沦落到这个地步，精神大受摧残，身体状况也日渐萎靡。562年，当了八年附庸皇帝的萧詧一命呜呼，皇太子萧岿即位，次年改元为天保。

天保这个年号，饱含着北周的浓浓恶意。

天保是北齐第一位皇帝文宣帝高洋的年号（550—559）。高洋执政晚年以残暴著称，朝野对他的非议随着他的暴政纷至沓来，而最恶毒的则是针对天保这个年号的谣言。有人说，"天保"是一大人只十，也就是说高洋只能当十年皇帝，巧合的是，高洋真的在第十个年头暴病身亡。

嗣君萧岿和西梁群臣不会不知道这个年号的不祥，之所以如此巧合地选用，有可能是受北周之迫。已经沦落成炮灰，还要在名号上饱受侮辱，想来这也是称帝的代价吧。

567年，陈朝文帝驾崩、宣帝夺位，文帝心腹韩子高被宣帝杀死，韩子高在外朝的党援、湘州刺史华皎无法立足，便据湘州叛降于西梁。陈宣帝发倾国之兵围攻湘州，萧岿与华皎势不能支，向北周请求发兵救援。北周卫王宇文直亲率大军南下迎击陈军，不料在沌口失利，周军仓皇北撤，只余江陵驻防军和萧岿一同抵御陈军。

宇文直不愿承担败军之责，一股脑儿推到萧岿的柱国将军殷亮头上，北周朝廷责令萧岿治其罪。事实上，宇文直并没有成功地掩盖罪责，他被剥夺了兵权，并被免除了官职。即便事实如此清晰，殷亮仍然不免于死，萧岿心知其冤，却无法为自己的臣子伸张正义，个中憋屈，只有萧岿自己去消化了。

沌口之战触发了陈宣帝敏感的自尊心，一个小小的附庸国居然也敢捋虎须，真是不成话了。自567年开始，陈军发动了对西梁连绵不断的进攻。

北周军北撤后，陈将吴明彻乘胜大举进攻西梁，拿下其河东郡，生俘郡守许孝敬，送建康处死。568年，吴明彻再率水军沿江进攻江陵，引长江之水灌城，萧岿无法抵挡，率众退出江陵城，据守于纪南。北周驻江陵军队奋力出击，总算暂时击退吴明彻，保住了江陵城。

570年，陈军另外一位悍将章昭达又掀起新一轮攻势，连连进逼江陵。由于江陵外围战略空间有限，过江便是都城，一旦战事爆发便直接殃及江陵，西梁就有亡国之危。虽然北周军能捍御一二，但因其地临长江，利水战而不利陆战，北周军在陈军面前很难讨到便宜。

基于这样的国防形势，降将华皎向北周提出建议，请赐江陵附近基州（今湖北荆门）、平州（今湖北当阳）、郢州（今湖北钟祥）三州给西梁，以增加江陵的防御纵深。

北周此时正在全力准备攻伐北齐的大事，无暇抽出力量对付南陈，于是"大方"地把三州割于西梁。

与此同时，南北朝大势慢慢变化。北齐受政治腐败、民族矛盾、主臣倾轧等交相攻逼，日渐走上衰败之路。陈宣帝遂调整了战略方向，将主要军力用于进攻淮南江北，发动了气势恢宏的太建北伐。北周武帝杀宇文护夺权后，也清楚地厘定了先北后南的国策，不断调遣兵力，向北齐发动进攻。

在各方同时松劲后，江陵自549年以来，二十余年无年不战的局面终于暂时结束。西梁国从困境中脱身，好歹喘匀了一口气。

四、体面的终结

577年，北周消灭北齐统一北方。情商远比父亲萧詧高得多的萧岿，立即放低姿态，亲自到邺城向北周武帝朝贺。北周武帝对这个肉盾附庸国一贯不怎么放在眼里，萧岿此来，他虽然以国君之礼待之，但并不怎么看重。萧岿心知与不值钱的面子相比，能维持西梁国祚才是大事。他在北周武帝举行的庆功大宴上，极尽所能地夸赞宇文氏的存亡继绝之功，说到动情处，又是恸哭流涕，又是山呼拜舞。饮宴到酒酣耳热之际，北周武帝兴奋地亲自弹起了琵琶，萧岿则亲自下场跳舞，气氛热烈之极。北周武帝大悦，对这位有趣的西梁皇帝收起了轻蔑之意。萧岿临别之时，北周武帝"赐杂缯万段、良马数十匹，并赐齐后主妓妾，及常所乘五百里骏马以遗之"。

一顿声色俱至的马屁，换来赐物不说，还换取了西梁国暂时的安宁，也算对得起萧岿的良苦用心了。

578年，北周武帝暴死于北征突厥途中。580年，其子宣帝又暴死。主少国疑之际，外戚杨坚攫取了实权。北周各地握有兵权的总管纷纷起兵讨伐杨坚，势力最大者当属邺城尉迟迥、益州王谦、郧州司马消难，史称"三方之乱"。

西梁群臣眼见北周内部大乱，纷纷建议乘势起兵，与三家诸侯联手推翻杨坚，并趁乱复取山南（指秦岭以南的豫西南和鄂北）。萧岿思量再三，终于没敢动手，而是选择了做个太平天子。

这无疑是个明智的选择。事实上，"三方之乱"虽然声势浩大，却因为政治运筹失了先机，不到半年便相继被平定。萧岿因为其明智的选择，得到杨坚的极大肯定。隋朝取代北周后，萧岿继续当西梁的宗主国国主，双方维持了良好的宗藩关系。萧岿之女还被杨坚纳为儿媳，即后来隋炀帝的萧皇后。

萧岿在位二十三年，于585年去世，其子萧琮即位。

此时隋陈南北对峙，隋朝实力远远超过陈朝，事实上已没有必要维持一个南北之间的缓冲区。587年，梁主萧琮率其朝臣二百余人到长安朝见隋文帝，随即君臣被扣留。隋文帝下诏废梁国，将江陵正式编为隋之州郡。

至此，立国三十三年的小朝廷西梁，终于和平地走完它的历程，为梁朝划上一个平淡的句号。

陈霸先与王僧辩：你不坑我，我坑你

当侯景肆虐于南朝之时，梁朝看似已没了希望。但无论世事如何，总有人在做实事，总有人能担当起时代的责任。

侯景之乱后的南朝，就有这样两个人：王僧辩、陈霸先。他们承担起了最终消灭侯景的责任，并且站到了左右历史走向的时代关口，任谁都能开基建业，建立新的朝代。历史最残酷之处，就在于把英雄推向舞台的中央，然后逼迫他们决出胜负。

一、荆州砥柱王僧辩

王僧辩，生年不详，大约是490年至500年，出身于太原祁县王氏。其父王神念于梁初自北魏投降梁朝，长期居于荆襄一带。王僧辩出身将门，军事造诣非凡，素来为湘东王萧绎所信任。

梁末诸州势大，各拥强兵分治一方，湘东王萧绎与河东、岳阳二王构隙，双方互相征伐。王僧辩为萧绎立下的头一功，便是攻灭河东王萧誉。

河东王萧誉、岳阳王萧詧两兄弟都是昭明太子的儿子。梁末诸王争位前文已述，萧誉据有湘州（今湖南长沙一带），萧詧据有雍州（今湖北襄阳）。侯景之乱时诸王发兵救建康，萧绎以叔父之尊，意欲乘机兼并两个侄子的兵马，但二王都不理睬，并且还暗中聚兵聚粮，意欲南北夹击灭了萧绎。萧绎先下手为强，先后遣其世子萧方等、大将鲍泉进攻湘州，但都未获成功。关键时刻王僧辩出马，指挥大军围攻长沙城，萧誉城破被擒。这是王僧辩立下的第一桩大功。

邵陵王萧纶（梁武帝第六子、萧绎之兄）占据郢州，称制置百官，试图总领各州兵马讨伐侯景。且不论萧纶是否真心打侯景，在当时诸王争权的政治环境中，称制本身就是一件容易惹出政治矛盾的事。萧绎忌惮萧纶占据名分，于是不顾侯景尚在肆虐的情势，派兵进攻郢州。这次领兵征进的，又是王僧辩。

王僧辩不会看不出兄弟阋墙乃是亲痛仇快之举，但他仍忠于萧绎的差遣，率军打破郢州。后来萧纶北逃，死于西魏之手。梁武帝诸子存世者，除了被侯景控制的老二萧纲（即简文帝），便以老七萧绎为大，为后来萧绎占据名分上的优势打下了扎实基础。这又是一桩大功。

但论其实质，这两桩功劳都是助萧家人自相残杀，没法端到台面上说。从当时的政治伦理上说，帮助别人杀兄弟，于理于法都是要受到谴责的。

梁武帝中年信佛，时人传言，就是因为当年萧衍劝齐明帝尽杀高、武子孙，犯的杀孽太重，所以才心向佛教，以示忏悔。

王僧辩如果一直沿着这条道走下去，一旦祸人家室的声名成立，他就有很大概率会被时代抛弃。但幸亏侯景之乱正炽，很快乱军势力进抵郢州，直接威胁荆州，王僧辩过人的军事素质终于又派上了用场。

面对侯景越来越严重的威胁，萧绎不敢再玩忽纵敌，拼尽全力在郢州一带与侯景决战。551年初，王僧辩先在巴陵一战尽歼侯景叛军主力，并生擒任约、宋子仙、丁和等叛军核心将领，后又挥军猛攻，收复了郢州。

巴陵之战是侯景之乱的转折点，昭示着梁朝政治、军事力量开始形成了一个新的核心，而叛军经过长期战争后，终于走向人疲力竭的下坡路。王僧辩在这一历史关头发挥的作用可谓无与伦比。

巴陵之战后，侯景力量不足，被迫退出江州，收缩兵力固守建康周围。王僧辩率大军进至九江湓口，在这里，他与人生中最重要的搭档，也是其宿命中的敌人相遇了。

二、南天豪霸陈霸先

王僧辩大军进至湓城时，来自广州的陈霸先大军前后脚跟了过来。

陈霸先（503—559），吴兴长城（今浙江长兴）人。吴兴陈氏号称是汉朝名士陈寔的后代，永嘉之乱时渡江南下，寓居于长城，到陈霸先时已基本土著化，成了标准的寒族。陈霸先以军功起家，一直活动在广州、交州一带。侯景之乱前,他靠一枪一刀的拼杀,积功封为子爵,当上了高要太守、西江督护,威名遍于岭南。

侯景之乱爆发后,各州镇一片哗然。陈霸先闻警后,立即就要率兵北上救援建康,但岭南人心丧乱,无人愿意北上,对陈霸先的军事行动也多有掣肘。

陈霸先攻杀广州刺史元景仲,迎梁朝宗室萧勃做广州刺史,自己率众在始兴(今广东韶关)聚兵积粮。但谁料萧勃闻知梁朝诸王自相攻杀,也有了割据岭南的异志,还与江州豪强蔡路养勾结,阻挠陈霸先北上。陈霸先率兵向北猛攻,并遣使到江陵向萧绎表忠。此后他一路击败江州豪强蔡路养、李迁仕等,率军进至江州。551年八月,陈霸先与王僧辩会师于湓城,双方在白茅湾正式会盟。

陈霸先虽知梁朝诸王相攻而仍然执意到建康勤王,忠君思想固然起着重要影响,但从中能看出陈霸先的眼界之高远。

岭南天高皇帝远,元景仲、萧勃等人妄图割据一方,的确是比较容易实现的战略选择。但通常来说,容易做的事空间小、前途窄,越难的事才越有出息和前景。以当时形势而论,割据于岭南并没有什么长远的出路。侯景也罢,湘东王萧绎也罢,双方厮杀到最后,总会有一个胜者。以岭南诸州的实力,并不能与荆、扬、江、豫、湘等州相抗。所以陈霸先不愿坐困天南一隅,更愿蹈险北上,在更广大的战局中角逐更大的胜利。

能于危局中迎难而上,陈霸先在政治格局上远超当时诸人,这使他迅速脱颖而出。不仅始兴郡的豪强竞相归附,江州南川的诸路豪强也被陈霸先折服。陈霸先的兵力、财力不断扩大,还没打到建康,实力就已经远远超过那个只愿坐守广州的萧勃了。

陈、王会师后兵力达到七八万人,从湖口直扑建康。虽然两军都受江陵湘东王萧绎指挥,双方主帅也会盟明约,但实际上还在争功。王僧辩水军实力强大,在长江中大破叛军水军,歼灭侯景大将侯子鉴所部二千余生力军。

陈霸先随即以其主力奋死攻城,连连拔除叛军在建康城外构筑的堡垒。侯景亲率铁骑出城反攻陈霸先。侯景当初在建康城下大破十五万梁朝勤王军，就是以铁骑奔袭战术先败柳仲礼的主力，才迫使勤王军诸部不敢前进。此时侯景故伎重施，却被陈霸先来了个硬碰硬，以重装步兵列阵对抗，又以二千弩兵截断侯景的后路，两军合战。侯景左冲右突不能取胜，只好落荒而逃。

建康城遂被陈王二将联手攻破，侯景后来乘海船逃跑，被仇家杀死。一场持续五年的大乱终于平定。王僧辩、陈霸先因此成为南朝最闪亮的两颗将星。

三、尾大不掉的王僧辩

侯景之乱虽平，局势却一点儿也不安稳。

一方面，北齐不断趁火打劫，大军已进至江北，时刻准备过江进攻建康。另一方面，打下建康后，王僧辩、陈霸先各拥强兵，与远在江陵的萧绎政权各怀心事，彼此之间的矛盾逐渐扩大。

王、陈二人经过平侯景之战，表面上似乎结下了亲厚的关系。王僧辩之子娶陈霸先之女为妻，两将面对北齐强大的军事压力，基本上能做到同心协力。特别是陈霸先，始终保持着对王僧辩的尊敬，以示主次之分。

平定建康后，王僧辩一度班师西撤，先后参与了平定湘州陆纳之乱，以及武陵王萧纪与萧绎的内战，两战都取得全胜。王僧辩威望如日中天，无人能比。

但萧绎揣人不细，以为王僧辩是个忠臣、纯臣，没有对他采取防范措施。公元553年二月，北齐遣侯景的旧将郭元建等人率二万军马进攻建康，萧绎急忙遣王僧辩再度率军东下。北齐军本没有多强的实力，况且陈霸先仍在京口，以之抵挡北齐绰绰有余。就算实在不放心，萧绎也可择一部将，率一部分兵力东下。但萧绎或许是对刚刚光复的旧都太过关注，把王僧辩这个功高震主的大将远远撤了出去。

王僧辩把荆州的主要兵力全部带走，在建康与陈霸先再度联手击败北齐军。

而这一次离开荆州，王僧辩终于摆脱了萧绎的控制，成为事实上的独立力量。

554年十月，西魏发兵进攻江陵，萧绎手中兵少无法抵抗，急忙召王僧辩再回江陵勤王。这一举动彻底惹恼了王僧辩。且不说他是梁朝第一名将，不能像使唤奴婢一样呼来喝去；单从军事上说，千里长江，哪能把大军调来调去形同儿戏？

王僧辩故意拖延，声言等西魏军围攻江陵久战而疲，建康大军要西上江陵，断西魏军的后路。其实用意就是不管不顾，让萧绎自求多福。萧绎苦等救兵不至，终于被魏军攻破城池，被俘后被处死。

四、王陈相噬

梁元帝萧绎死后，王僧辩与陈霸先在554年年底共同迎立元帝之子晋安王萧方智为太宰、承制。南朝的政治中心，经过几年短暂的西移江陵，现在重新回到了建康。

摆脱了萧绎这个政治宗主后，王僧辩、陈霸先两个实力派成了南朝的权力核心。一山不容二虎，新生的萧方智政权掌控在两个人手里，迟早会爆发矛盾，之所以暂时相安无事，只不过还缺一个爆点罢了。但混乱的南北对峙、东西相争的形势，很快就把爆点送到了建康城。

北齐效仿当年梁武帝趁六镇之乱时立北海王元颢为魏帝的做法，把萧梁宗室萧渊明立为梁主，企图搅乱南朝的局面，并多次致信南朝头号人物王僧辩，请求他接纳萧渊明入梁。萧渊明系梁武帝萧衍之侄，547年梁军北伐徐州时兵败被俘。其人本就猥琐，又是敌国所立，自然不能接来，王僧辩严词拒绝。

北齐派上党王高涣率兵护送萧渊明南下，企图像陈庆之送元颢入洛一样强行进入南朝。梁军在合肥东关阻击高涣，资历极深的梁将裴之横竟在此战中被齐军斩杀。王僧辩闻之大惧，遂改变之前的主意，同意接纳萧渊明为主。

陈霸先在京口听说此事后，多次致书王僧辩，劝其不要犯糊涂。但王僧辩另有所虑，执意要接纳萧渊明。二人遂生嫌隙。

接纳萧渊明之策初看殊不可解，但如果站在王僧辩的角度看，并非全然没有道理。王陈二人兵力相侔，名望相亚，王僧辩要巩固自己的地位，甚至谋求一家独大，陈霸先正是心腹之患。面对北齐日甚一日的压力，王僧辩内外交困，处境着实不利。与其死扛北齐的压力，不如权且缓一缓，接纳一个傀儡萧渊明对王僧辩的实力并无实质损害。

王僧辩遂率龙船和皇帝法驾接萧渊明过江，并迎立其为新皇帝。萧方智则被废去帝位，降封为皇太子。

从表面上看，王僧辩纳萧渊明确如他所想：萧渊明和萧方智本质上没有多大区别，都是完全掌控在他手中的傀儡。更大的好处是换取北齐撤军，建康的形势一下子稳定下来，真是一件两全其美的事。

但长远来看，王僧辩此举无疑是一个低级错误。

梁朝自武帝以来几经挫折，简文帝、废帝萧栋、萧纪、梁元帝、萧方智陆续登台，还有西魏扶植的西梁之主萧詧，搞得江南局势乱象频仍，其中最大的原因乃是法统不正。

梁元帝虽私德堪忧，但凭灭侯景之功，已成为江南最合理也最具号召力的法统继承者。王僧辩要想稳定局面，光凭军事力量远远不够，他迫切需要一个合理的旗帜来凝聚江南散乱的人心，梁元帝的儿子萧方智无疑是最佳人选。

王僧辩此前迟迟不派兵援救江陵，坐看梁元帝被西魏擒杀，已经在政治上大大减分，此时废萧方智，则是在政治上又失一分。这无疑给手握重兵而又一直位居王僧辩之下的陈霸先送上一个天大的政治礼包。

555年八月，江淮之间传言，北齐军再度大规模集结于寿春，似乎又要大举入寇，王僧辩遣使告知陈霸先，让他严加戒备。坐观形势的陈霸先敏锐地感觉到时机来临，决定动手。

555年九月壬寅，陈霸先遣大将侯安都为先锋，率水师进攻石头城。石头城北城墙临接高冈，侯安都弃舟登岸，带头从城北爬城而入，陈霸先自率主力部队杀进石头城。王僧辩当时正在升帐议事，左右忽报城南城北有兵，紧接着忽见乱兵自外而入。王僧辩情知不妙急走而出，左右数十人护驾，但哪里是侯安都众军的对手。情急之下，王僧辩和他的三子王頠逃上南城楼，这才发现是陈霸先的兵。

王僧辩在城上苦苦哀求，希望能饶其一命。陈霸先不为所动，命诸军纵火烧楼，王僧辩急忙下城，束手就缚。

陈霸先大声质问王僧辩："我有何罪，王公你竟要和齐人讨伐我？"稍后又问："既然要对付我，为何石头城没有防备？"

王僧辩明知陈霸先这是故意泼脏水，却也不敢辩驳，只好低声下气地说："我把建康的北大门给陈公你守卫，怎能说没有防备？"但多说无益，事变既已发生，王僧辩也就没有生路了。当夜，王僧辩父子二人被绞死。

王僧辩因缘际会，走在南朝各股势力的最前列，本来最有机会取代梁朝开创新的时代，但从他控制建康特别是在江陵政权灭亡后的所作所为来看，他大概是一位军事才干重于政治素质的将帅，对南朝风云变幻的政治局势没有清醒的认识和正确的判断。江陵政权灭亡前后，他以抛弃故主的政治代价，换取对建康地区的实际控制权，其长远意图应该是另立新朝。虽然此举备受原江陵系势力的非议，对王僧辩立新主的政治正义性带来极大影响，并由此引发了王琳另立萧庄为主的重大事变，但王僧辩没有挂碍地继续控制建康，舍名而图实，勉强还算及格。到了萧渊明事件时，王僧辩面对的政治形势更加复杂，一方面有来自南朝内部的责难，另一方面有来自敌国的军事压力。他做出的令人大跌眼镜的选择，基本上断送了政治前程。即使陈霸先的兵变没有成功，接纳伪主的愚蠢行为也将引发南朝各地实力派群起而攻之，其下场可想而知。

王僧辩被杀后，其余部勾连北齐军两度渡江进攻建康。陈霸先率军苦战，干净利落地消灭之，稳住了建康的形势。其后他又接连出兵攻灭王僧辩旧将侯瑱、广州刺史萧勃等势力，并对周迪、陈宝应、留异等江南土著豪强大加抚慰，基本上统一了江南半壁江山。557年，陈霸先废梁敬帝萧方智，即帝位，建立陈朝。

陈武帝是梁末最杰出的人物之一。南朝三武一高（宋武帝刘裕、齐高帝萧道成、梁武帝萧衍、陈武帝陈霸先），开国形势最恶者非陈朝莫属。其恶首在于南朝内部崩坏的程度最烈，其次在于北朝国力太强。陈霸先能于四面皆敌的形势中奋勇而起，外抗北齐之压，内平诸股敌对势力，苦心经营，收拾起侯景之乱后十余年的局面，也算得上顶级人物了。

虽然他有生之年没有彻底统一南朝，但经历梁陈禅代，局面日趋稳定，江南人心慢慢由梁转而向陈，可以说日后南朝统一的政治基础已逐步建立起来，这是陈武帝最大的功业。

缔造南朝末世辉煌的陈文帝

565年七月，陈文帝陈蒨终于等来了盼望已久的消息，为祸数年的江州豪强周迪被斩首于临川，临川太守骆文牙以最快的速度把周迪的首级送到京师建康，皇帝陛下心中一块悬着的大石头落了地。但这场为时六年的超级叛乱似乎耗尽了陈文帝的心血，八个月后他便溘然长逝。不知临死前的陈文帝能否想起559年他刚刚听说江州豪强叛乱时的心情……

一、陈文帝意外继承皇位

与我们后来熟悉的陈叔宝的后人在隋朝遍地开花、子孙数以万计不同的是，在陈朝兴起之初，陈氏家族人丁非常稀少。

陈文帝（约522—566），名蒨，陈武帝之侄。其父陈道谈在侯景之乱中阵亡，他随陈霸先起事，多次险遭杀身之祸。

陈霸先平侯景时，为了取得江陵梁元帝的信任，把仅存的儿子陈昌和侄子陈顼（即陈宣帝、陈文帝的弟弟）送到江陵当人质。江陵被西魏攻陷，陈氏兄弟都被俘虏到长安。后继无人这一尴尬情况直到陈霸先去世时都没能解决，559年，陈霸先唯一的儿子陈昌还被北朝扣留在长安。

559年，陈霸先去世。面对皇帝新亡、无人继位的危险形势，陈霸先的心腹中书舍人蔡景历、中领军杜棱秘不发丧，急请在皖口筑城的陈蒨还朝。

陈霸先的遗孀章皇后想让自己的儿子陈昌回朝即位，陈蒨也过于谨慎谦让，不敢站出来接位。关键时刻，大将侯安都力排众议说："如今四方未定，哪有工夫去等陈昌回来，临川王有大功于国家，理应即位。"然后按剑上殿，威胁章皇后把玉玺交给陈蒨，随即解开陈蒨的头发，把他推到孝子主丧的位置，这才勉强完成了帝位交接。

陈蒨即位之后并不是一帆风顺。陈朝的敌国北周，为了搅乱陈朝政局，使出极其阴狠的一招——把陈昌放归。名义上是两国修好放还人质，实际上是为了挑战陈文帝的法统地位，引发南陈宗室内战。陈文帝机敏地应对了这一政治危机，派大将侯安都亲自过江迎接陈昌，在过汉江时设计了一场溺水事故，让陈昌意外地死在了江中。

稳定了宗室内政后，陈文帝还需要面对陈朝略显尴尬的大局。

统治版图上，只有扬州一带统治比较稳固，其余郢州、湘州都被梁朝故将王琳占据。岭南虽是陈霸先起家之地，但也先后由萧勃和欧阳氏控制。江州则是最闹心的一块地方，针插不进、水泼不入。

经济上，江南连年战乱，百姓流离，三吴地区出现了饥荒，陈朝的国用捉襟见肘。陈文帝应付战争的同时，多次下诏减省皇室用度，减轻百姓负担，并以国家诏令的名义劝课农桑。陈朝朝政在外有大战的情况下，得以慢慢恢复元气。

与三吴地区战乱频仍、百业凋敝不同的是，江州、闽中经过南朝二百余年的开发，农业经济逐渐兴旺起来，而且由于侯景之乱波及江州较少，这片区域比较繁荣和稳定。

政治上，陈朝面对的难题最大。陈初政局呈现出王纲不振、豪强遍地的特点，国家统治力量在地方上反不如豪强有影响力。许多地方豪强掌控了地方政权，并且可以私相授受，在子弟中世袭交接，不顾国家意志。

例如，巴山太守黄法氍被调离本郡后，其太守职位给了族人黄法慧；大将程灵洗的部众在其去世后，由其子程文季统领；大将徐度在湘州刺史任上去世，其职务便由儿子徐敬成袭之；岭南欧阳颁去世，广、交等十九州诸军事便由其子欧阳纥接管。

不仅地方上的军权和政权是这样运行，连在朝为官的大将也是如此，如侯安都、周文育、吴明彻等大将都有由其子代为统领部众、出征时代监政事的记录。这种政治格局无疑极大地削弱了中央的权威，使梁末以来天下碎裂的趋势延续了下来。

二、消灭四大豪强

江州一带所谓四大豪强，正是这种政治传统的典型代表。

四大豪强是指东阳（今浙江金华）留异、临川（今江西抚州）周迪、豫章（今江西南昌）熊昙朗、晋安（今福建福州）陈宝应，他们都是当地的大族代表。梁亡陈兴之际，他们一边响应陈霸先起兵，一边利用宗族势力称雄一方。

以晋安陈宝应为例，梁末晋安的地方官无力维持地方政府运行，面对逐渐崛起的陈氏豪强，不得不把太守职务让予陈氏头面人物陈羽。

陈宝应极有谋略，他趁着三吴地区被侯景搅得一片糜烂之际，不断派兵从海道北上，抄掠浙东临安、永嘉、会稽等郡县，掠夺人口。同时他还带着晋安的米粟到会稽等地进行贸易，换来大批玉帛财货。彼时三吴地区天灾人祸横行，发生严重的饥荒，许多饥民都逃到相对富庶的晋安，充实了晋安的人口。陈霸先代梁后，为了安抚江州的形势，允许陈羽将太守之位传给陈宝应。到了陈文帝即位后，因为要应付湘州的战事，不得不对江州诸豪强表示出更大的诚意。陈宝应被录入陈朝皇族宗籍，家中子女无论大小都被赐予了爵位。

四姓豪强势力互相呼应，胶缠固结，与陈朝中央对抗，几乎占去了东南腹地三分之一的地盘。在梁陈易代之际，他们利用陈朝对外战争频繁、无暇顾及地方势力的机会，盘踞一方，彼此勾结，把江州（包括今浙江一部、江西和福建大部）这一广大地区几乎经营成豪强势力的自留地，给陈朝中央带来无穷的祸乱。

在打击豪强问题上，陈文帝很是踌躇。为何？因为陈霸先本身就是地方豪强出身，陈霸先起家靠的就是始兴豪强。要强化皇权就必须打击豪强势力，这是非此即彼的问题，不存在和谐共容的环境。然而要抵御外敌还必须依赖豪强武力，陈文帝在两难环境中如履薄冰地一路前行。

但是再怎么犯难、踌躇，豪强问题也要解决。江州是建康的后院，如果容忍豪强问题继续合理合法地存在，陈朝将难以维持。

560年，洞悉了朝廷必欲灭之而后快的决心后，豫章熊昙朗趁陈文帝西征王琳之际，发动叛乱，截击开赴湘州前线的陈军。陈文帝恼怒万分，一边调遣军队围攻，一边拉拢临川周氏，两下夹攻，消灭了熊氏。

东阳留异兔死狐悲，自料中央与豪强无法善罢，本就想发兵造反。东阳距离建康太近，而且态度一直恶劣，陈文帝遣将军沈恪前去武力接管，双方针尖对麦芒，当即开战。沈恪初战不利，陈文帝又遣头号大将侯安都和心腹韩子高率重兵会剿。

晋安陈宝应先前与留异结成儿女亲家，政治上攻守相随，见陈朝对留异动手，当即发兵到东阳助战。留异兵力不多，顶不住陈军猛攻，老巢被攻破。留异脱身逃到晋安，投靠了陈宝应。

与此同时，先前被陈文帝挑拨得内部产生矛盾的临川周迪，也发兵造反。周迪为人仗义，爱护本乡百姓，在本郡左近根子扎得很深。陈文帝先派大将吴明彻挂帅征讨，不料因为吴明彻资历不高，无法有力协调陈军诸老将，结果迟迟无法讨平周迪。文帝又命陈顼（即后来的陈宣帝）出征，这才扫平临川。

但没过多久，周迪又啸聚于本郡，许多郡民复又投奔周迪，与朝廷作对。陈文帝不得不再遣大将章昭达出征，经过一番恶战后周迪崩溃。为了彻底打压豪强势力，章昭达在临川大开杀戒，消灭了一批大小豪强。

消灭熊、留、周三家后，陈文帝再无顾虑，于563年发动六路大军，以章昭达、程灵洗等大将分路进攻陈宝应。陈宝应拒战不力，水陆两路都被陈军击溃，陈宝应和投靠他的留异都被擒杀。

到了564年，窜伏于山林之间的周迪不甘失败，第三次召集部众发动叛乱。陈文帝经过四年多的平叛战争，军力大大提升，早已不惧豪强，随即命大将程灵洗率军进讨。

可怜周迪被陈朝顶级名将轮番收拾，饶是他颇有民众基础，在陈军主力的坚决打击之下，终于再也支持不住了。乱军被打得星落云散，周迪与十余名心腹辗转藏匿于山川洞穴。陈朝严令临川诸郡县加强搜索，追寻周迪的下落。周迪左右从人耐不住逃命的辛苦不断逃散，一天周迪遣人到临川市中买鱼，被临川太守骆文牙侦获。随即临川太守派遣勇士潜入山中，终于抓住周迪，并迅速斩于当场。

至此，为祸数年的江州四姓豪强终于全部灰飞烟灭。

三、天嘉小康

经历了四姓豪强的叛乱，陈文帝对豪强势力更是深恶痛绝，以至于在留异叛乱刚刚削平、周陈二姓已萌叛意的情况下，发生了陈朝唯一一例诛杀大将的恶性事件。

这起事件的主角是陈朝首屈一指的大将侯安都。侯安都拥立陈文帝即位、平灭留异，功勋之高，满朝文臣武将无人能比，于是他慢慢变得骄傲自大：向文帝奏事时，已经封好的奏表马上要呈上，侯安都突然想起来忘了某事，便随意拆开，添上某某事项；与文帝宴饮时，他随意箕踞斜倚，不尊重皇帝的威仪。有一次饮酒正酣，侯安都想起自己拥立皇帝的功劳，便问文帝："此时的感觉比当临川王怎么样？"文帝对这样极不礼貌的提问非常不满，没有回答。侯安都反而再三追问，文帝心知这个莽夫是要自己夸耀他的功劳，便强忍着不高兴道："虽说我即位是天命所归，但也多亏了侯公的助力。"

能臣恃功而骄是常有的事，侯安都这种行为，反映的不过是其自身修养不够，说白了倒也没什么大不了。真正触怒文帝的是侯安都招纳士人、庇护不法之徒。侯安都自诩是陈朝第一功臣，招纳了不少文士武将，或是举行骑射较艺，或是进行诗赋答对，根据其优劣进行赏赐，俨然一副天子之下即我的派头。其部下将士也被他带得骄横异常，许多人在京师横行不法，一旦被问罪便跑去找侯安都，侯安都则庇护他们使其免罪，隐然与朝廷分庭抗礼。

陈文帝派钦使多次查问侯安都部下犯法之事，侯安都心怀惴惴，想通过中书舍人蔡景历探听文帝的虚实；然而陈文帝决心已定，很快逮捕侯安都，并专门下诏痛斥其意图谋反，赐死于台城西省。

侯安都事件实质是陈文帝对豪强势力的公开宣战，然而这场宣战却显得力不从心。虽然诛杀侯氏令大大小小的豪强有所收敛，但帝国武力的基本盘面仍然是各路豪强在支撑。陈文帝在加紧培养自己亲信将领的同时，不得不继续依靠像黄法氍、鲁悉达、樊毅等豪强进行征战。他能做的，只是在力所能及的范围内限制豪强势力扩大，然后用时间消灭那些功勋卓著的开国宿将。皇帝做成这样，实在是不容易。

但从总体上看，陈文帝面对内忧外患，顶住北方两大强敌的威胁，逐次削平内部叛乱，这份功绩实在不凡。

陈朝承梁末余烬，江南本已残破至极，濒临亡国之危，陈霸先忽施擎天之手，打理出一派江山，竟然又将南朝国脉延续了三十多年。然而相比宋齐梁三朝，陈朝领土狭小，东边丧失淮南，中部丧失荆襄，西部失去益州，只以大江为限，与北周、北齐对峙，形势可谓极其险恶。北朝周、齐两国的国力军力都远远强于陈朝，对南朝领土都垂涎三尺。特别是北周，接连夺下益州、荆州两大区域后，又企图染指湘州一带。所幸北人不擅水战，最终陈军反击成功，稳住了西线形势。

天嘉年间，北朝由于周、齐两国不断相互攻杀，给陈朝留下了休养生息、巩固统治的良好机会。偏巧此时发生江州豪强叛乱，陈朝相继投入数支主力进行围剿。这一系列战争因为规模不大、烈度不高和旷日持久的特点，成为陈军主力极佳的练兵场。

陈军先后投入平叛战争的将领极多，开国大将侯安都、周文育、吴明彻相继为帅，使得陈霸先一系的大将有了统御指挥地方军队的机会。第一次进剿临川周迪时，吴明彻主力序列中便有豪强樊猛的部队。樊氏豪强在侯景之乱中自为一军，原是与陈霸先分庭抗礼的一支力量，此时经过统一的指挥和调度，逐渐融入陈军序列。

陈文帝在位七年，留下一个国势初定、民生恢复的良好局面，后世称之为"天嘉小康"。结局善则善矣，个中忧恼，也只有文帝自知。

往者已矣，当时、当事之人如陈文帝、吴明彻等辈，毕竟不能像我们作为后人这样对讨伐豪强战争做出全面而深刻的分析。或许他们在发动战争时，心中想的只是：尽人事，听天命。

或许，在未来不可预料这个层面上，陈文帝比我们更能享受到前途不可知的期许与乐趣。而这，正是与命运抗争的独特魅力！

太建北伐：陈朝痛打落水狗

自晋朝南渡以来，北伐始终是南朝一个顶级战略任务。凡是有作为的南朝君主，无不想借北伐拓地树威。

陈朝到了陈宣帝时代，也发动了一场被后世称为"太建北伐"的北伐战争。历来被视为南四朝中最弱的陈朝，居然爆发出极大的能量，兵锋直指淮北，堪称南朝最后的奇迹。

一、雄心勃勃的陈宣帝

陈宣帝（530—582），名顼，陈文帝之弟。陈文帝于566年去世，太子陈伯宗即位。时为安成王的陈顼掌握了实权，在毛喜、蔡景历等老将支持下，入宫夺位，于568年即位。

陈宣帝即位后颇有作为，国内局面延续了陈文帝以来的安定局面。反观北朝两国，北周于567年趁华皎叛乱时发兵进攻陈朝的湘州，结果沌口一战，北周、西梁联军被陈军击溃。陈军趁机反攻，兵锋直指江陵，北周数年之间不敢再南下。

北齐则已进入后主高纬时代。后主不理政事，把朝政一股脑地扔给录尚书事高阿那肱、侍中穆提婆和领军大将军韩长鸾。这三位都是佞幸之辈，根本不会处理朝政，闹得忠良离位、政局糜烂。571年，北齐后主高纬的亲弟弟琅琊王高俨在邺城发动兵变，企图杀后主而自立，结果被大将斛律光镇压。

被兵变吓坏了的北齐后主对老将们不放心，国内各股政治势力利用后主年轻识浅，互相倾轧，大搞政治屠杀。572年，鲜卑勋贵与汉人力量发生剧烈冲突，汉臣祖珽联合宫中和士开等人造谣鲜卑贵族斛律光谋反，北齐后主不辨是非，竟将斛律光处死。

573年，北齐后主又因猜忌，赐死了兰陵王高长恭。北齐军事上原有三大名将，分别是斛律光、段韶、高长恭。段韶于军中病逝，斛律光、高长恭死于内斗，军中支柱崩塌，军事形势从此大坏。

陈宣帝意欲乘机北伐，召集大臣朝议。自梁末北伐失利以来，南朝二十余年间兵锋不敢过长江一步，公卿大臣慑于北朝积威，大多数不同意北伐。但陈宣帝力排众议，坚持北伐。573年三月壬午，陈宣帝下诏，以侍中、镇南将军吴明彻为都督征讨诸军事，调集十万大军，出师北伐。

陈军共分四路出击，中路吴明彻率主力渡江攻秦郡；西路黄法氍自采石过江，西攻历阳；东路吴兴太守徐敬成（老将徐度之子）率偏师渡江，攻广陵。这三路部队全是建康大军，另外，西阳太守周炅同步从西阳、武昌一带策应主力，进攻北齐罗州（今湖北蕲春北）。

北齐对江北州郡的控制并不十分严密，军队力量配置较弱，加之齐人对淮南江北之地很不重视，认为这只是意外得来的边鄙之地，统治十分残暴，科敛极其严重。

文宣帝高洋初取淮南时，为安抚淮南民心，免淮南诸州郡十年赋税。北齐勋贵视淮南为异己之地，多数人心中有芥蒂。期满之后，北齐采取了报复式的征税行为，淮南赋税徭役繁重，民众十分不满。除此之外，北齐还禁断江淮间渔猎，百姓不能捕鱼补贴家用，怨声载道。

更有甚者，一些奸臣猾吏还枉法胡为，把鲜卑胡商所欠官家的债务转记到江淮富人头上，令州县强制缴收；北地收来的战马，强迫高价卖给江淮豪强，钱刚收上来，又借口国家将有战争，强制无偿征用马匹。如此一来，北齐把江淮间的豪强和平民全部得罪完了，民心所向可想而知。

陈军过江后连战连捷，诸州郡士民终于盼来救星，或是应声归附，或是杀北齐守令而降。吴明彻大军过江，沿滁河入六合，猛将程文季率水师直逼州城。先前齐人在城外河口竖上大木栅，以防备陈人水军。程文季率兵拔掉木栅，扫清障碍，进至州城下。由于州城坚固，一时不能得手。

二、陈军高歌猛进

陈军渡江的消息传到邺城，北齐立即举行朝议商量对策。以散骑常侍王纮为首的众多朝臣反对出兵救淮南，理由是周齐两国常年作战，齐军屡屡失利，如果现在重兵战于南方，恐怕北周会联合北方的突厥兴兵入寇，到时会有更大的损失。

重西北轻东南一向是北齐的国策。高洋时代国力鼎盛尚且不能南北两面同时用兵，此时国力下滑，与北周对峙的同时更无力南下与陈军开战。但后主并未同意王纮的建议，派尉破胡与高景安两路大军数万人，分别救援秦郡和历阳。

梁朝故将王琳被陈朝击溃后，率亲信逃到北齐。此次北齐大军南下反击陈军，王琳也随军出战。王琳非常熟悉南方情况，他建议说：陈军轻锐，不宜上来就与之决战，应当以长策制之。尉破胡不听，率军直扑秦郡。

陈军与北齐军的遭遇战首先在秦郡城外打响。北齐军初来乍到，士气正锐，两军一交，大力、苍头、犀角等鲜卑精兵奋勇向前，杀得陈军连连后退。一名来自西域的胡人善射，箭无虚发，连连射倒陈军士卒，陈军甚是忌惮。吴明彻见迟迟打不开局面，便对部下勇将萧摩诃说："如果杀了那个善射的胡人，敌军肯定为之夺气。"萧摩诃让人到阵前指认西域胡人，然后饮了吴明彻赐的酒，翻身上马，单人独骑去冲敌阵。北齐阵上西域胡人见萧摩诃冲过来，也挺身出阵十余步，要射杀这名敢于犯阵的陈将。他抬手正要开弓，说时迟那里快，萧摩诃一边策马急驰，一边掷出一柄铣锃，正中西域胡人额头。

齐军中十多名大力士兵出战来杀萧摩诃，萧摩诃左挡右刺，斩杀数人。陈军被萧摩诃勇悍绝伦的表现所鼓舞，大呼合战，将齐军击溃。吴明彻乘胜收复秦郡城。

吴明彻率军乘胜北进，攻克泾州（今安徽天长），直迫淮河一线。北齐败军向寿阳方向逃窜，吴明彻分遣数路偏师，分头攻打盱眙、钟离（今安徽凤阳）两个要点，其自率主力穷追北齐败军。为防王琳等人逃到淮北，吴明彻不惜绕路，先北渡淮河打下仁州（今安徽固镇），遮断寿阳北逃的通路，然后调头向西，拿下寿阳西面的硖石口（在今安徽凤台），将寿阳城牢牢围在口袋中。

西路陈军渡过长江，进围历阳。北齐历阳王高景安率援军来到历阳以西的大岘（今安徽含山东北），黄法氍分遣部将任忠、鲁广达迎击高景安，将其击溃，阵斩北齐敷城王张元范，随后乘胜逐北，拿下濡须河上重要关隘东关（今安徽巢县）。黄法氍猛攻历阳城，以拍竿猛击城墙，齐军抵挡不住，投降陈军。随后诸军高歌猛进，相继攻破合肥、庐江、南谯州（今安徽滁县）。

东路陈军以水军为主，沿长江北出运河，过广陵而北，淮泗之间豪强纷纷响应陈军，运河沿线诸城守军不敢出战，多有弃城而降者。由于淮泗间水网纵横，利水军而不利步军，加之北齐主力都在淮西，徐敬成得以率军一直沿泗水北进，连克淮阴（今江苏清江）、山阳（今江苏淮安）、盐城、沭阳等地，兵威直逼下邳。

西线战场，陈军周炅击败北齐陆骞，尽取巴州（今湖北鄂州）、罗州（今湖北蕲春）等江北诸城；樊毅部越过大别山，攻下楚子城（今河南息县），西路军黄法氍部与之配合，包举淮河上游。

至573年九月，除了齐昌、霍州等为数不多的州郡外，陈军北伐夺取淮河以南大部土地，西至于周，东至于海，沿淮要塞，只剩寿阳尚在北齐手中。

三、擒杀王琳

短短四个月时间，北齐尽失淮南之地，朝野极其震恐。北齐令自秦郡败回彭城的王琳再回淮南，任其在江淮招募士卒，以抗陈军。

王琳受命后急赴寿阳。此时形势大坏，陈军吴明彻的主力遮断寿阳北面的通路，西线樊毅所部沿淮河东下，掐住颍口，阻断河南方向的通路。寿阳陷入四面包围，已成死地。

573年七月，吴明彻尾追王琳而来，乘其新入寿阳防守未固，指挥大军一举攻克寿阳外城。王琳无法抵挡，率军退入内城固守。

吴明彻令大军引淝水灌寿阳城，城中遍地大水，引发传染病，士卒死者十之六七。北齐闻讯遣皮景和率兵数万南下救援，皮景和畏敌，不敢渡淮，在寿阳三十里外屯扎。

陈军诸将恐怕前有坚城，后有援军，问吴明彻怎么办。吴明彻说，兵贵神速，皮景和不敢前进，肯定是害怕我军，于是决计先不管皮景和，全力猛攻寿阳城。吴明彻亲着甲胄到城下督战，陈军大受鼓舞，四面攻城，终于打破城池，生擒王琳、卢潜、王贵显、可朱浑道裕、李骝骝等人，吴明彻派兵押送回建康。

皮景和在严令催促下渡淮，但他听说寿阳已陷，再前进已没有意义，便迅速北撤。途中在寿阳西北苍陵遭到陈朝猛将萧摩诃的截击，皮景和尽弃驼马辎重轻装北逃。

陈军中有不少王琳的旧将，昔日与王琳交情甚好。现在王琳虽身陷缧绁，来探望慰问的旧将仍然不少，大家回忆旧情，相顾唏嘘，不少人找吴明彻请免王琳一死。昔日枭雄困羁笼中仍有这么大的号召力，吴明彻心惊胆战，生怕王琳酿成变乱，便令人追斩王琳于寿阳城东二十里处，送首级到建康示众。寿阳民众闻者莫不流涕，一个老叟不畏吴明彻责罚，带着酒脯来祭奠王琳，大哭尽哀，收起王琳的血，藏于怀中而去。王琳故吏仓曹参军朱瑒向当朝用事的尚书仆射徐陵求情，得以将王琳首级带到寿阳八公山下葬，前来会葬者的老部下达数千人。后来朱瑒偷偷逃到北齐，向齐主请命了结王琳身后之事。扬州人茅知胜等五人把王琳的灵柩送到邺城，北齐便追赠王琳为忠武王，以礼下葬，王琳的长子王敬承袭了王爵。吴明彻心理上受到很大影响，经常梦到王琳向他索要首级。

王琳生前身后的遭遇着实令人感叹。他为人豪迈大气，待人宽厚，治军有方，是梁陈之际杰出的人才。只是生不逢时，所遇王僧辩、陈霸先都是一时雄杰，江南群雄逐鹿，他无法争得头筹。等到当世英雄人物凋零殆尽，形势逐渐稳定之时，他占湘郢、攻建康，因为不得人心而失败，委身北齐更是志气萎靡。他力图掌控命运，终于被命运所左右，无所作为，以至于兵败身死，传首千里，唯有不变的人心，差可慰藉泉下之灵。

太建北伐，陈军拓地数百里，将国防线成功推进至淮北，战果极硕。北伐之所以取得如此迅速的胜利，一是靠陈朝天嘉小康打底，国力有了较大提升；二是江淮之间水网纵横，陈军水师的优势能够充分发挥出来，北齐军骑兵的优势被极大地限制；三是北齐战略安排失误，始终没有投入足够多的精锐力量。尉破胡、皮景和、陆骞之流都是籍籍无名之辈，与陈朝第一流将帅对阵，而且兵力不占优势，自然胜算不大；四是陈朝挟开国之锐气，军队求战立功欲望强烈，故而多面开花，处处能胜；五是淮南距离陈朝本土不远，后勤补给畅通无阻。

客观地说，太建北伐向世人展现出一个弱国的爆发力，展现出一个小国的尊严。如果说刘宋北伐气吞万里，初升之日光芒万丈，陈朝北伐同样余晖夺目，为南朝数百年的历史点缀上灿烂的光辉。后因对北周作战失利，吴明彻被俘。579年冬，淮南地区被北周占领。

隋灭南陈：二百年南朝终结于胭脂井

自316年晋朝南渡，南北朝并立，到隋朝于581年建立，天下分裂的局面已经持续了265年。严格来讲，按420年刘裕建立刘宋、589年隋灭陈国这个说法算，南北朝也已经对立了169年。天下大势，合久必分，分久必合。隋朝建立之前，事实上天下已呈现出统一的趋势了。

南朝方面经历了宋、齐、梁、陈四朝的禅代，国势越来越弱，陈朝的疆域仅有刘宋的一半。陈宣帝以倾国之力发动的太建北伐，在徐州一线遭到北周强势阻击，陈朝十余万精锐兵力损失殆尽。陈朝从此一蹶不振。

588年，灭陈的各方面条件基本成熟了。

一、深谋远虑的灭陈准备

隋朝早就把灭陈之事列入议事日程，只不过起初由于内政不稳，许多准备都只做不说。

重臣李德林提出过灭陈的总方略。隋朝建立之初，李德林就频频向隋文帝杨坚献策，隋文帝对其非常看重——当然看重的只是意见，而非个人，李德林早年间因为反对屠杀北周宗室而被疏远。李德林的方略史籍中没有记载，但从隋文帝对其的重视程度看，应当是一个全面的战略计划。588年，隋文帝决定不再隐蔽灭陈的企图，将李德林所有的灭陈计划统统抄录下来，送到晋王杨广的中军帐，而杨广已经转任淮南行台尚书令。这个所谓的淮南行台，正是针对江南的作战指挥中心。

另一位重臣高颎提出了一个相当毒辣的"消耗计划"。相比李德林的宏大战略，高颎的策略更务实、更具操作性，对南陈的杀伤力也最强。他建议，利用长江南北庄稼成熟的时间差，在江南农忙而江北农闲时，征发军队做出渡江南攻的样子，陈朝必然会夺农时征兵防备。次数多了，陈人不仅错过农时、消耗储粮，还会因为隋军屡屡备而不打产生松懈心理。日后隋军真的举兵南渡，便可以打个出敌不意。

同时，高颎还建议，江南百姓的房屋设施多是竹茅结构，遣小股人马偷偷过江，顺风放火，毁掉陈人财物。等他们在灰烬中重建好了，再遣人放火。如此这般，肯定能极大消耗陈人的财力。

隋文帝依法施行。这个小刀慢割长流血的办法，既使隋陈两国关系没有全面破裂，也没有令心大的陈后主引起丝毫警惕，而陈朝沿江一带的战争潜力却在一点一点被消耗掉。

负责军事行动的将军们也拿出了作战计划。右仆射杨素、虢州崔仲方、吴州总管贺若弼，从战役指挥到具体行动，各自提出了灭陈军事行动的实施计划。其中以崔仲方的建议最具代表性。

崔仲方认为，隋军进攻的方向应定为三个，分别是峡口（指西陵峡口，为长江出蜀的险隘）、汉口和建康。峡口和汉口是陈军水军聚集之地，扼守一地便可控制数百里长江江面，届时两地必然发生大规模战役。隋军必须大修战船，投入大量水军，以牵制长江中游的陈军。

建康江北、江西两面的州郡，乃至淮南淮北一带，则应集结大量步军，待中游战事一起，步军便渡江直捣陈朝国都。如果陈军水军沿江东下救建康，那么隋军水师乘虚追击，必定大胜。如果中游陈军坐视不救，那么建康空虚，势必无法守备。

隋文帝对崔氏的计策很赞成，于是任命他为基州（今湖北荆门）刺史，让他依策大建水师。

灭陈战争的总评估也已出炉。隋著名文士薛道衡，对于隋陈双方的形势对比一直保持着密切的观察，并得出了客观的判断。他对左仆射高颎分析，隋朝有四胜：九州一统是大趋势，分裂必然不能永远持续下去，而江东历来敌不过中原，这是第一胜；隋主勤于政事，励精图治，而陈叔宝却荒淫无道，国人日渐离心，这是第二胜；陈朝用人严重失策，施文庆、沈客卿、江总都是奸佞无能之辈，却把持着陈朝大政，这是第三胜；隋朝疆域广大，人口众多，而陈朝疆土狭小，军队不过十来万人，强弱悬殊，这是第四胜。

隋文帝采纳多方意见，节奏分明地逐渐落实为具体行动。到588年左右，隋军主力全部调遣部署至长江沿线，以晋王杨广领衔，高颎、杨素、虞庆则、王世积、韩擒虎、贺若弼等一流将帅全部改任长江沿线的指挥官。黑云压城城欲摧，全面进攻陈朝的条件已经基本具备了。

二、浪荡子弟陈后主的迷之自信

回过头看陈朝。这些年来，陈朝后主陈叔宝在干什么呢？

陈叔宝即位以后的政治生活，可以用"昏""懒""蠢"三个字概括。

"昏"是说他用人不明。

陈朝老臣毛喜，经历过陈朝开国战争，又是陈宣帝时代的核心谋臣，有着丰富的军政经验。如果能用好此人，陈朝国政应当会维持良好的运转，不至于数年之间便糜烂不堪。但陈叔宝不喜欢这位老臣动不动就说教其喜好酒色，于是把他贬到福建南安当了个小小的内史。

而居中用事的江总、孔范、沈客卿、施文庆之流，全都是顺风接屁的好手，在陈叔宝做太子时便环绕左右。等到陈叔宝上位，这几位把持朝政，这边哄着陈叔宝在诗酒美人之间麻醉身心，那边一手遮天贪污腐败，把陈朝本来尚称清简有序的政治局面弄得乌烟瘴气。

"懒"是指陈后主懒于政事。

陈朝开国的基础十分薄弱，长江以北寸土皆无，长江天险与隋朝共之。西边又失去了益州，中游失去了荆州，只剩江南一小片国土。陈开国以来一直致力于扩大战略空间，陈宣帝发动太建北伐，一度占领了江北、淮南大片土地，有效增加了国防纵深。周末隋初，陈朝丧失了江北土地，实力越来越不足以挑战隋朝，陈朝必须认真思考，积极应对新的南北对峙形势。

唯一可以有作为的，就是利用水军优势防御上游、进取中游、巩固下游，甚至可以趁隋朝忙于应对北方突厥战事，在隋朝力量薄弱的荆州、峡州一带尝试反击，未尝不能扩大战略空间。然而这一切都付之阙如，陈后主根本无心进取，对国家整体战略既没有也不想做什么筹划考虑。

"蠢"则是指陈后主对国势的自信。

陈后主自幼生长于深宫，整日混迹文士圈，没有经过战争历练，对军国大事没有完整的概念，外交技巧、军事运筹更是丝毫不通门径，对隋陈两国实力、未来走向也没有任何判断。他沉浸在皇帝的尊荣中无法自拔，认为老子天下第一，谁也无法挑战。

这样一个荒唐透顶的皇帝，真是上天送给隋文帝的一份大礼。

三、瓜熟蒂落，天下一统

开皇七年，隋朝附庸国西梁发生了叛逃事件，梁主萧琮的叔父萧岩、弟弟萧瓛率兵逃入南陈，陈后主接纳了二萧。隋文帝遂以此为借口，展开了伐陈的实质行动。

（一）隋军全面出击

隋军在益州制造大量战船，有人请示是否需要保密。隋文帝说："吾将显行大诛，何密之有！"不仅公开造船，还把废弃的木料扔到长江中，故意让陈朝人看见。

隋文帝又命人抄写了三十万份诏书，指斥陈后主二十大罪，散发于长江沿线，营造以有道伐无道的政治声势。

588年十月甲子，隋文帝正式下诏出师南征。先前已部署在长江沿岸的隋军，在西起永安东至六合的广袤战线上，迅速发起了全面进攻。

具体的部署是：晋王杨广为征南总节度，率长史高颎、司马王韶等兵出六合，直接渡江进攻建康；秦王杨俊率军出襄阳；蕲州刺史王世积出蕲春；庐州总管韩擒虎出庐江；吴州总管贺若弼出广陵；青州总管燕荣出东海。此次南征，共有总管（一路军队的将官）九十位，军队合计五十一万八千人，声势极其浩大。

（二）上游和中游势如破竹

杨素率军下三峡，数年间大造水师的效果体现出来：陈军扼守三峡的戚昕所部被击溃；稍后，荆门陈军吕仲肃部拦江不成，又被杨素水陆夹击打败；镇守安蜀城的信州刺史顾觉、镇守公安的荆州刺史陈纪无心抵抗，纷纷顺江东下逃窜；湘州刺史陈叔慎不战而降。杨素遂得以安然东下，一路高歌猛进，杀到汉口，与秦王杨俊的大军会合。至此，陈军上游防线崩溃。

王世积则从中游进攻，率军进入九江。陈军中游主力纪瑱所部扼守溢城，此地是连接长江中游、捍卫建康的门户，故而陈朝投入兵力较大。王世积率众苦战，击败纪瑱。因为九江以南陈军尚多，而且赣江水道畅通，陈军部署于江州的兵力随时能北上增援建康，王世积便停军于此，死死把陈军阻挡在九江以南。不过，这使得建康当面的隋军主力可以放心地渡江进攻。

（三）建康沦陷

晋王杨广的主力军分为南北两个方向进发，北路由贺若弼率领，从六合渡江进攻京口，南路由韩擒虎率领，从采石矶渡江，以钳击之势奔袭建康。

陈朝沿江诸镇的急报雪片一样飞送建康，后主此时正筹划着举办新年元会（皇帝于元旦朝会群臣），掌管机要的施文庆、沈客卿一心哄着后主高兴，把急报全部拦下。危急关头，陈后主又令镇守九江的南平王陈嶷、镇守南徐州（侨州，治所在京口，今江苏镇江）的永嘉王陈彦率所部兵马乘船回京师，一面要参加元会，一面夸耀军威，以震慑叛逃而来的西梁萧岩、萧瓛。九江和京口本来就是隋军攻击的重点，这个愚蠢的决策无疑又帮了隋军的大忙。

陈将樊毅、萧摩诃以及尚书仆射袁宪都是久历大事的老臣，他们感到京口和采石矶守备空虚不是好兆头，商量后建议从建康派一万精兵，各乘金翅舰加强防守，又被江总、施文庆和沈客卿否决。

陈后主全然不把江防当回事，愚蠢地说："王气在此，齐兵三来，周师再来，无不摧败。彼何为者邪！"都官尚书孔范顺竿爬，说："长江天堑，古以为限隔南北，今日虏军岂能飞渡邪！边将欲作功劳，妄言事急。臣每患官卑，虏若渡江，臣定作太尉公矣！"陈后主大笑，于是不做周密准备，与群奸喝酒吟诗去了。

时间到了589年元旦，陈后主大宴群臣，醉酒昏睡，到了下午才醒。采石矶的守军也在欢乐的气氛中进入新年，大部分人都喝得烂醉如泥。

隋军贺若弼部抓住机会迅速渡过长江，不费吹灰之力拿下京口，生擒陈朝守将黄恪。韩擒虎也顺利地渡过采石矶。陈后主闻报大惊，慌乱地分派诸将四出抵御。然而为时已晚。韩擒虎过江后一路向东北方向狂奔，南豫州姑孰（今安徽当涂）守将樊巡率军抵抗，不到半天便被击败。

贺若弼急进至钟山，准备直扑建康台城。陈后主忧惧不已，计无所出。萧摩诃和任忠建议派水军到六合截断隋军后路，将其主力与前锋隔绝，然后坚守台城，拖死人少势孤的贺若弼。后主不敢派兵外出，在孔范的撺掇下，将台城内剩下的十万余军马排成大队，令萧摩诃为前锋，到钟山与贺若弼决战。

萧摩诃在前方对敌，陈后主却在后方私通其妻，萧摩诃遂无战心。结果大军一交，贺若弼虽只有八千人，却将陈军打得大败亏输。萧摩诃在阵上被生擒，只剩下将军鲁广达还在苦战。

陈后主逃回台城，任忠谎称出城整顿余众和船只，预备逃至江州或湘州的主力军，再图复振。陈后主给了他两袋金子，让他安抚人心。不料这位老将军一出宫门，马上就投敌了。韩擒虎大军原来已经杀到台城二十里外的新林浦，任忠二话不说就到韩擒虎军中投降，并把台城的情况一五一十告诉了韩擒虎。

韩擒虎于是速拣轻骑五百，狂奔至城下，顺利地杀进毫无防备的台城。陈后主无处躲避，便和张、孔两个宠妃藏进枯井。隋军冲进后宫，将后主父子、宗室诸王及江总、施文庆等在朝诸高官一股脑儿生擒。贺若弼扫除了鲁广达余部，也于当晚杀进台城。

隋军占领台城，进行政治宣判后，陈后主及陈朝所有宗室子弟被俘至长安。隋文帝自信足以驾驭得了南朝的人心，见陈后主不过是个酒囊饭袋，大方地封他为长城公。陈后主后来安然活到五十二岁，于604年病逝于洛阳。

隋军又迅速兵分数路，深入扫荡陈朝南方的地盘，占领了南方诸州郡。至此，陈朝自557年建国，历经武帝、文帝、宣帝、后主，共三世四位皇帝，享国三十二年，宣告寿终正寝。

隋文帝杨坚终于完成了统一大业，结束了西晋末年以来二百余年的分裂局面，中国历史走进了全新的时期。